100
STÄDTE DER WELT

W0464074

Copyright © Parragon Books Ltd
Queen Street House
4 Queen Street
Bath BA1 1HE, UK
www.parragon.com

Producing: Natalie Blei/Petra Hammerschmidt, alex media, Gierstorfer, Ferstl & Reichert GbR, Augsburg

Konzept: Michaela Mohr/Gerhard Klimmer/Michael Kraft

Lektorat: Michaela Mohr/Michael Kraft, mimo-booxx | textwerk., Augsburg; Konstanze Allnach, Augsburg

Illustrationen: Evgen Lutskevych

Bildredaktion: Michaela Mohr/Stephan Kraft

Wichtiger Hinweis: Alle Angaben und Daten in diesem Buch sind sorgfältig recherchiert und geprüft worden, dennoch kann eine Garantie nicht übernommen werden. Eine Haftung der Autoren bzw. des Verlags und seiner Beauftragten für Personen-, Sach- und Vermögensschäden ist ausgeschlossen.

Alle Rechte vorbehalten. Die vollständige oder auszugsweise Speicherung, Vervielfältigung oder Übertragung dieses Werks, ob elektronisch, mechanisch, durch Fotokopie oder Aufzeichnung, ist ohne vorherige Genehmigung des Rechteinhabers urheberrechtlich untersagt.

Printed in China

ISBN 978–1–4454–6807-5

100

STÄDTE DER WELT

DIE GRÖSSTEN METROPOLEN UND SCHÖNSTEN STÄDTE RUND UM DEN GLOBUS

Falko Brenner

Parragon

Bath • New York • Singapore • Hong Kong • Cologne • Delhi
Melbourne • Amsterdam • Johannesburg • Auckland • Shenzhen

Inhaltsverzeichnis

Vorwort

In diesem Buch sollen nicht nur Weltstädte zu Wort kommen und ins rechte Licht gerückt werden. Natürlich werden Sie hier auf New York stoßen, auf Paris, London, Moskau und Tokio und viele andere der großen Städte dieser Welt. Aber kennen Sie eigentlich St. Louis, Quito oder Algier? Die Namen hat man vielleicht schon einmal gehört, doch wenn es ins Detail geht, dann müssen die meisten wohl eher passen. Auch diese Städte haben ihren Reiz, spielen und spielten in der Geschichte ihres Landes eine herausragende Rolle. Oder wussten Sie, dass St. Louis der bedeutendste Ausgangspunkt für die Besiedlung des Wilden Westens war, oder dass von Quito aus jahrhundertelang nach dem sagenhaften Goldland Eldorado gesucht wurde?

Viele der hier beschriebenen Städte sind jedoch tatsächlich echte Weltstädte. Als erster unbestrittener Prototyp der Weltstadt gilt Rom. Von hier aus wurde einst fast die gesamte damals bekannte Welt regiert – und wenn nicht ganz, so wurde doch die Welt nachhaltig durch Rom beeinflusst.

Was aber zeichnet eine Weltstadt, eine Metropole aus? Allgemein werden Weltstädte als Städte von überragender globaler Bedeutung betrachtet. Im Gegensatz zum teilweise synonym verwandten Begriff Metropole, einem politischen, wirtschaftlichen, kulturellen, sozialen Mittelpunkt einer Region.

Weltstädte im wirtschaftlichen Sinne sind vor allem die globalen Finanzzentren. Die drei relevanten Wirtschaftsregionen haben jeweils eine führende Metropole herausgebildet: Tokio, London und New York. Ergänzende Finanzzentren mit überragender internationaler Bedeutung sind Hongkong, Shanghai, Sydney, Mailand und Madrid sowie Chicago.

Kulturelle Weltstädte sind weit schwerer definierbar. Kulturmetropolen haben zentrale Funktionen für das Verbreitungsgebiet einer Weltsprache. Kulturhochburgen sind außerdem Anziehungspunkte für Künstler und Kulturschaffende, Standorte wichtiger Institutionen wie Museen und Theater von überragender Bedeutung oder Wegbereiter kultureller Entwicklungen. Man kann wohl für dies alles einen ganz simplen Nenner finden. Ein Weltstadt ist eben eine Weltstadt, wenn beim bloßen Nennen des Namens jeder Zuhörer sofort weiß, was Sache ist.

Ein einheitliches Bild afrikanischer Städte sucht man vergeblich, zu vielfältig sind die Kulturkreise auf diesem Kontinent. Rund um die Sahara beleben arabische und koloniale Elemente das Antlitz der Städte mit ihren Moscheen, Minaretten und Europäervierteln. Im Süden herrschen dagegen die modernen Silhouetten mit ihren imposanten Skylines vor.

AFRIKA

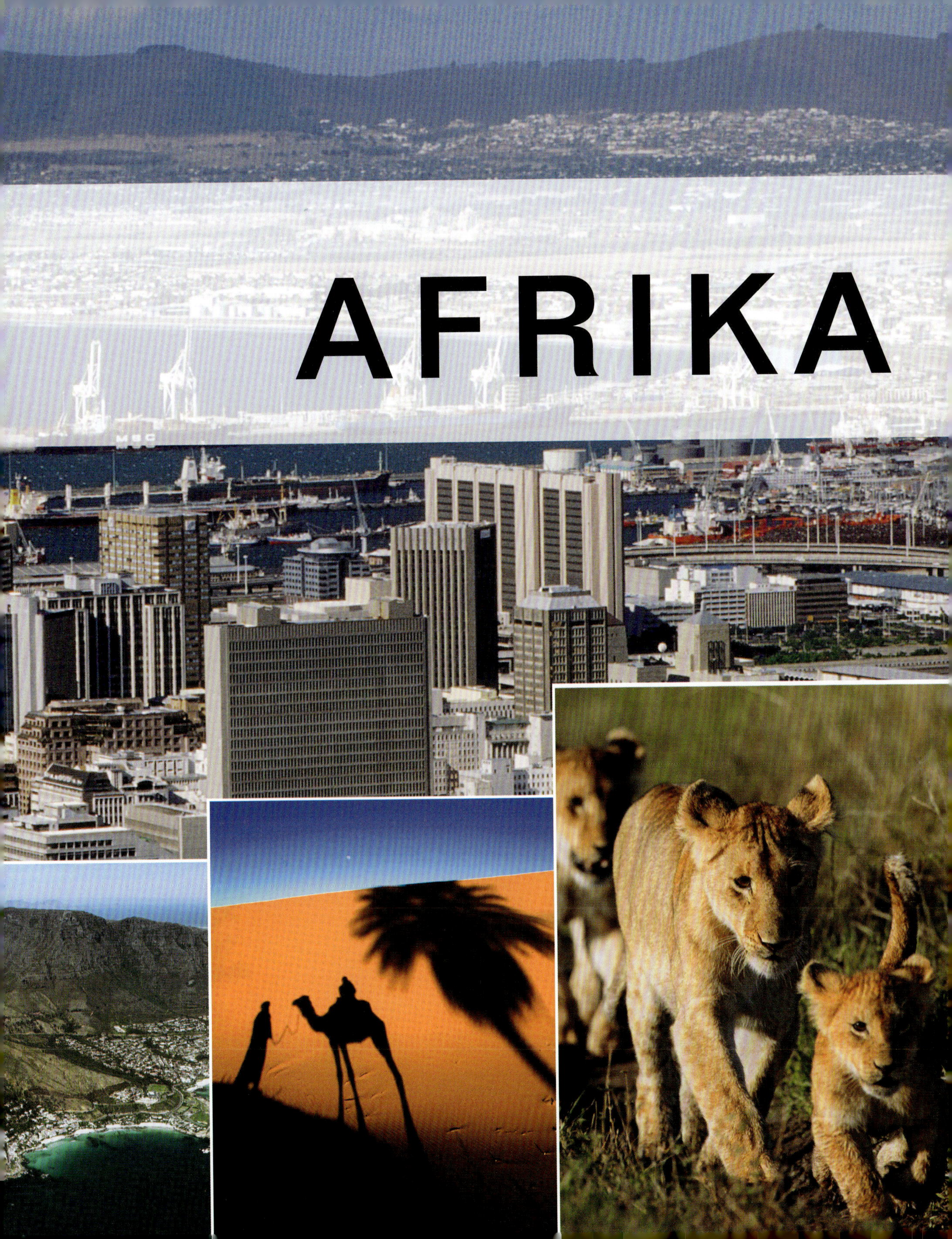

ALGERIEN

Algier

ES HERRSCHT EIN WUNDERSAMES GEMISCH AUS FRANZÖSISCHER ELEGANZ, MAURISCHEM STOLZ UND AFRIKANISCHER LÄSSIGKEIT, GEPAART MIT DEM SCHMUTZ EINER GESCHÄFTIGEN HAFENMETROPOLE – DAS IST ALGIER.

Die nordafrikanische Terrassenstadt liegt malerisch an den Hügeln, die zum Meer hinunterführen, überragt von den Wällen der mittelalterlichen Kasbah, dem alten Algier. Von blühenden Ortschaften und schönen Villen mit üppig grünenden Gärten umgeben, bildet die Stadt am Mittelmeer ein riesiges Dreieck, das in dem am Meer gelegenen europäischen Viertel seine breiteste Basis hat. Es wird dann immer schmäler, steigt zur maurischen Stadt in engen gewundenen Gassen am Hügel hinauf und erreicht schließlich oben an der alten Burg der Deis seine Spitze.

Die Möweninsel. Die ersten Siedler an Algiers Küste waren im 4. Jahrhundert v. Chr. neben den einheimischen Berberstämmen karthagische Händler auf der Suche nach einem günstigen Hafen im westlichen Mittelmeer. Im Verlauf der Punischen Kriege zwischen Rom und Karthago fiel auch diese Siedlung – Ikosim, die „Möweninsel" – an das Römische Reich.

Die eigentlich bedeutsame Geschichte der Stadt Algier setzte jedoch erst mit der Eroberung des altrömischen Numidiens durch die muslimischen Araber um das Jahr 700 ein, eine eigentliche Stadtgründung gar erst im Jahr 935. Al-Djazair nannten die Berber ihre neue Stadt („die weißen Inseln"), die damals die Altstadt des heutigen Algier umfasste.

Rechts: Algier besitzt den zweitgrößten afrikanischen Mittelmeerhafen.

Unten: In der Kasbah – Die Altstadt von Algier wurde 1992 zum UNESCO-Weltkulturerbe erklärt.

Algier wird Piratenbastion. Nach der Vertreibung der Mauren aus Spanien im 15. Jahrhundert war Algier der Ausgangspunkt für viele Feldzüge auf die Iberische Halbinsel. Doch den Mauren blieb die Rückkehr nach Spanien verwehrt. Und dann eroberten schließlich die christlich-katholischen Spanier im Jahr 1509 Algier. Die Erlösung von der christlichen Herrschaft brachte erst 1519 der osmanische Kapudan Pascha (Marinebefehlshaber) Chaireddin Barbarossa, der damit allerdings auch das Ende der Glanzzeit der arabischen Kalifen besiegelte.

Chaireddin Barbarossa, ein tollkühner und sehr erfolgreicher Kaperfahrer, baute in den Folgejahren Algier zu einer der mächtigsten Bastionen des Mittelmeeres aus. Er nutzte es bis zu seinem Tod 1546 als Ausgangspunkt für unzählige Kaperfahrten entlang der Mittelmeerküsten, überfiel spanische wie maurische Städte und unterwarf ganz Algerien. In Europa wurde der Name Algier gleichbedeutend mit einem Seeräubernest – nur nicht in Frankreich, dessen Verbündeter Chaireddin war.

Vom Verbündeten zum Eroberer. Und was die europäischen Nationen auch immer versuchten, bis ins 19. Jahrhundert hinein scheiterten alle Versuche, die Stadt einzunehmen, kläglich. Bis ausgerechnet die Franzosen kamen. 1830 begann mit der Landung in Sidi Fredj nahe Algier die Eroberung Algeriens, dessen endgültige Unterwerfung jedoch noch über 50 Jahre dauern sollte – bis 1882. Dann aber setzte ein großer Zuzug französischer Unternehmer und Arbeiter ein und Algier wuchs stark an. Die für die Europäer damals errichteten Wohnviertel prägen noch heute das Stadtbild von Algier; insbesondere der zwei Kilometer lange Boulevard durch das Hafenviertel.

In den Gassen der Kasbah. Der Kontrast aus arabischem Stolz, osmanischer Schlichtheit und kultiviertem französischem Charakter verleiht Algier besonderen Reiz. Offenkundig wird dies, wenn man von der französisch geprägten Hafenstadt hinaufsteigt zur Kasbah (um 1500 erbaut und 1992 zum UNESCO-Weltkulturerbe erklärt), der alten Zitadelle der Deis von Algier. Die labyrinthischen Gassen werden enger und enger. Beinahe berühren sich die Häuser oder Balkone und Altane bilden eine Verbindung über die Gasse hinweg. Mitten in diesem Gewirr liegen drei für die muslimische Bevölkerung wichtige Moscheen: die Lapua des Mohamed-ech-Scherif, die Djamma Safir und die Djamma Sidi Ramdan.

FAKTEN

*** Einwohner in Algier:**
ca. 1,52 Mio.

*** Einwohner in der Agglomeration:**
ca. 2,6 Mio.

*** Sehenswürdigkeiten:**
Armeemuseum, Bardo-Museum, Djamma Safir, Djamma Sidi Ramdan, Kasbah, Lapua Mohamed-ech-Scherif, Zitadelle

BERÜHMTE PERSONEN

*** Jacques Attali**
(geb. 1943), französischer Ökonom und ehemaliger Berater von François Mitterrand

*** Albert Camus**
(1913–1960), französischer Schriftsteller (Nobelpreis 1957)

*** Alain Savary**
(1918–1988), französischer Bildungsminister

TUNESIEN

Tunis

TUNIS IST EINE DER ÄLTESTEN STÄDTE IM GESAMTEN MITTELMEERRAUM. DAS NUMIDISCHE „TUNES" EXISTIERTE BEREITS VOR DEM EINTREFFEN DER PHÖNIZIER IM 9. JAHRHUNDERT V. CHR. UND DAMIT NOCH VOR DER GRÜNDUNG KARTHAGOS, DES ERZRIVALEN ROMS.

Erst im 7. nachchristlichen Jahrhundert erhob sich Tunis aus dem Schatten Karthagos. Oft belagert wahrte Tunis dennoch bis ins 16. Jahrhundert hinein seine Unabhängigkeit, ehe es von den Türken erobert werden konnte. Wie das Nachbarland Algerien geriet auch Tunesien im späten 19. Jahrhundert unter die französische Kolonialherrschaft, aus der es sich erst wieder 1956 befreien konnte.

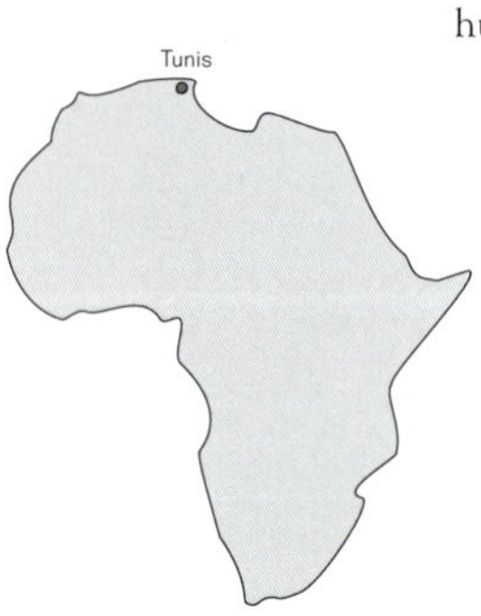

Zentrum der arabischen Welt. Tunis war und ist ein Schmelztiegel nordafrikanischer und islamischer Kulturen. Berber, Araber, Türken und Mauren gaben sich hier ein Stelldichein. Damit nicht genug, haben auch christliche Seefahrer und jüdische Händler ihr Erbe hinterlassen. Rund 700 Monumente – Paläste, Moscheen, Mausoleen, Wohnhäuser, Märkte und Arkaden – zeugen heute von der ruhmreichen und prunkvollen Vergangenheit der Stadt. Sie war während ihrer Blütezeit vom 12. bis zum 16. Jahrhundert eine der größten und reichsten islamischen Städte und als Hauptstadt der mächtigen Hafsiden-Kalifen Zentrum der arabischen Welt.

Zauberhafte Medina. Herz des alten Tunis ist die Medina. 1981 wurde sie in die Liste des UNESCO-Weltkulturerbes aufgenommen. Souks – Basare, die sich über mehrere Gassen hinziehen – beherrschen das Bild. Und hier gibt es nahezu alles zu kaufen. Auf dem Souk

Die Ez-Zitouna- oder Ölbaum-Moschee steht im Herzen der Altstadt.

FAKTEN

*** Einwohner in Tunis:** ca. 728 400

*** Einwohner in der Agglomeration:** ca. 2 Mio.

*** Sehenswürdigkeiten:** Dougga, Ez-Zitouna-Moschee, Hammamet, Karthago, Nationalmuseum im Bardo, Medina, Sidi-Youssef-Moschee, St. Vincent de Paul, Tourbet el-Bey-Mausoleum

BERÜHMTE PERSONEN

*** Loris Azzaro** (1933–2003), italienischer Mode- und Parfümschöpfer

*** Roberto Blanco** (geb. 1937), deutscher Schlagersänger

*** Claudia Cardinale** (geb. 1938), italienische Schauspielerin

el-Berka verkauften einst muslimische Freibeuter Sklaven. Verschiedene Gassen führen bis zum Mittelpunkt der Altstadt, wo die 732 erbaute Ez-Zitouna-Moschee, die Große oder Ölbaummoschee, steht, die als Wahrzeichen der Stadt gilt. Hier wandeln die Gläubigen in der Gebetshalle, deren Säulen aus dem unweit gelegenen antiken Karthago stammen.

Fast wie in Paris. Unter französischer Herrschaft entstand das andere, neue Tunis. Orientalische Tradition, französisches Flair, moderne Wolkenkratzer und Industrieregionen prägen heute das Stadtbild. Am Stadtrand haben sich wie andernorts Slums entwickelt. Die französisch gefärbte Innenstadt von Tunis, die Ville Nouvelle, wird beherrscht durch die Avenue Habib Bourguiba, die den Champs-Élysées in Paris nachempfunden ist. Sie wird gesäumt von luxuriösen Hotels und zahlreichen Geschäften. Auch die vielen Straßencafés und Konditoreien tragen zum europäischen Charakter bei. Hauptattraktion ist die Kathedrale von St. Vincent de Paul.

Unbedingt besuchen sollte man als Tunis-Reisender das Bardo-Museum. Es befindet sich im ehemaligen Bardo-Palast (erbaut im 15. Jahrhundert). Einst war er offizielle Residenz der Husseiniden-Beys, heute tagt hier das tunesische Parlament. Das Museum liegt nur etwa vier Kilometer westlich des Stadtzentrums und ist ganz leicht mit dem Taxi oder der Straßenbahn zu erreichen.

Und natürlich Karthago. Die Ausgrabungsstätten von Karthago gehören zu einem Besuch der tunesischen Metropole einfach dazu. Es sind nur 15 Kilometer ins heutige Carthage, einem noblen Villenvorort. Der beste Ausgangspunkt für eine Besichtigung, sofern einem nicht die Menschenmassen schon vorher zu viel sind, ist der Byrsa-Hügel, von dem man eine gute Sicht über die antike Stadt hat. Sehenswert sind auch die römischen Villen oberhalb des Amphitheaters, mit einem herrlichen Blick auf den Golf von Tunis und die Thermen des römischen Kaisers Antoninus Pius (138–161) direkt am Meer, die nach den Caracalla-Thermen in Rom die größten des Imperium Romanum waren.

Mitte: Die St.-Vincent-de-Paul-Kathedrale bildet das Zentrum des europäischen Tunis.

Unten: Für Tunis-Reisende ein Muss: Ein Besuch in den Ruinen von Karthago, hier die Antonius-Thermen.

MAROKKO

Casablanca

HIER WURDE GESCHICHTE GESCHRIEBEN: 1943 TRAFEN SICH IN CASABLANCA DER BRITISCHE PREMIERMINISTER WINSTON CHURCHILL UND US-PRÄSIDENT FRANKLIN D. ROOSEVELT, UM SICH AUF EIN GEMEINSAMES VORGEHEN GEGEN DAS DRITTE REICH ZU VERSTÄNDIGEN.

Wenn man heute Casablanca hört, denkt man unweigerlich an Humphrey Bogart und Ingrid Bergman. Doch Casablanca ist mehr als nur die Kulisse für den Hollywoodklassiker von 1942. Das heutige Casablanca ist eine moderne Wirtschaftsmetropole am westlichen Ende der arabischen Welt am Atlantik. Die ehemaligen Kolonialherren aus Frankreich haben der größten marokkanischen Stadt viel von ihrem europäischen Flair hinterlassen.

Von Anfa nach Casablanca. Elf Kilometer von Casablanca entfernt haben Archäologen und Paläontologen im Steinbruch von Sidi Ahmed er Rahman fossile Schädelfragmente aus der Altsteinzeit (vor 8000 v. Chr.) entdeckt, was auf eine weit zurückreichende Besiedlung hindeutet. Eine echte Siedlungsstruktur findet sich aber erst im 8. Jahrhundert unserer Zeitrechnung mit der Berbersiedlung Anfa.

Mit der Eroberung von Anfa durch die muslimischen Almohaden im 12. Jahrhundert setzte ein großer Aufschwung ein. Das neue Anfa entwickelte sich zu einem wichtigen Handelsplatz, aber noch viel mehr zu einem Stützpunkt für islamische Piraten, die von hier aus die Iberische Halbinsel mit Kaperfahrten in Angst und Schrecken versetzten. Die Konsequenz: Portugal schickte eine Expedition nach der anderen,

Rechts: Der Blick des Betrachters schweift über die Dächer Casablancas.

Unten: Die beleuchtete Moschee Hassans II.

um das Seeräubernest auszuräuchern. Schließlich, nach fast einem Jahrhundert, gelang 1575 die Besetzung der Stadt und damit einhergehend wurde sie in Casa Branca umbenannt.

Sidi Mohamed Ben Abdallah. Der alte Stadtkern entstand im 18. und 19. Jahrhundert, denn ein schweres Erdbeben verwüstete 1755 fast die ganze Stadt. Die Portugiesen hatten kein Interesse daran, viel Geld in den Wiederaufbau zu investieren, und zogen ab. Unter der Regentschaft des Alaouiten-Fürsten Sidi Mohamed Ben Abdallah erblühte die Stadt in neuem Glanz. Überall schossen Bauwerke aus dem Boden, Wohnhäuser genauso wie die Medersa (Universität), Moscheen und öffentliche Bäder. In Erinnerung an Sidi Mohamed trägt heute eine dieser Moscheen seinen Namen.

Casablanca wird französisch. Durch den Wiederaufbau angelockt, zog Casablanca auch europäische Händler an, unter anderem aus Spanien – sie gaben der Stadt ihren heutigen Namen – und aus Frankreich. Das Zusammenleben von Europäern und Moslems ging für lange Zeit gut. Doch im Jahr 1906 kam es zu Ausschreitungen, als eine Straße über einen muslimischen Friedhof (Koubba) gelegt werden sollte. Die Franzosen schlugen die Unruhen nieder und besetzten die Stadt. Damit begann die Europäisierung Casablancas, aber auch der wirtschaftliche Aufschwung: Der Hafen wurde angelegt, die nahe der Stadt gelegenen Phosphatlager abgebaut, koloniale Gebäude und französische Villen entstanden. Breite Boulevards und Avenuen durchziehen bis heute die Stadt.

Die Moschee Hassans II. Ein wahrhaft königliches Geburtstagsgeschenk machte sich Hassan II. im Jahr 1993 zu seinem 60. Geburtstag. Auf einer Halbinsel im Atlantik wurde das monumentale Wahrzeichen von Casablanca fertig gestellt: die Moschee Hassans II. Sie ist die zweitgrößte Moschee der islamischen Welt. Nur die Große Moschee von Mekka übertrifft die Hassans-Moschee, die über das derzeit mit 210 Meter höchste Minarett der Welt verfügt. Damit war es den Verantwortlichen aber noch nicht genug. 100 000 Gläubige können sich zur gleichen Zeit auf dem Areal der Moschee aufhalten und 25000 Personen können gemeinsam die Gebetshalle benutzen. Der Clou dabei ist: Das Dach der Halle kann automatisch geöffnet werden. Und ein 30 Kilometer weit reichender Laserstrahl weist in Richtung Osten – nach Mekka.

FAKTEN

* **Name in der Landessprache (Arabisch):** Dar el-Beida
* **Einwohner in Casablanca:** ca. 2,93 Mio.
* **Einwohner in der Agglomeration:** ca. 3,63 Mio.
* **Sehenswürdigkeiten:** Jamaa ech Chleuh, Jamaa el Kebir, Kathedrale Sacré-Cœur, Koubba Sidi el Kairouani, Mahkama, Moschee Hassans II., Neue Medina, Zentralmarkt

BERÜHMTE PERSONEN

* **Guy Forget** (geb. 1965), ehemaliger Tennisspieler
* **Jean Reno** (geb. 1948), Schauspieler
* **Richard Virenque** (geb. 1969), Radrennfahrer

ÄGYPTEN

Alexandria

ES SOLLTE SEINE HAUPTSTADT WERDEN, SO HATTE ES ALEXANDER DER GROSSE GEPLANT, ALS ER 331 V. CHR. DIE GRUNDSTEINE FÜR ALEXANDRIA LEGEN LIESS. DOCH DAS LETZTE, WAS ER WOHL GESEHEN HABEN MAG, WAR DIE UNSCHEINBARE BAUSTELLE IM NILDELTA.

Acht Jahre später kehrte nur noch Alexanders Leichnam dorthin zurück, um in einem Mausoleum begraben zu werden, doch die Grabstelle wurde bis heute nicht entdeckt. Heute ist Alexandria die zweitgrößte Stadt Ägyptens, die drittgrößte Nordafrikas. Sie ist eine der wichtigen mediterranen Hafenmetropolen, über die drei Viertel des ägyptischen Exports abgewickelt werden.

In Alexandria verbindet sich modernes Großstadtflair mit dem Glanz der Vergangenheit. Hier findet sich alles, was man von einer Mittelmeermetropole erwartet: weite Strände, Luxushotels und Nachtclubs ebenso wie traditionelle Kaffeehäuser, Märkte und das geschäftige Treiben einer Hafenstadt. Die Araber hinterließen der Nachwelt auch in Alexandria Zeugnisse ihrer Baukunst: Die Moschee Abu al-Abbas al-Mursi beispielsweise ist die bedeutendste Moschee der Stadt. An ihr zeigen sich viele detailverliebte und neoislamische Stilelemente aus Andalusien. Im Kontrast dazu steht die Tirbana-Moschee mit ihrem eher schlichten osmanischen Charakter.

Auf Schlamm gebaut. Ein günstiger Ausgangspunkt für eine Stadtbesichtigung von Alexandria ist der Midan Saad Saghlul, ein schön gelegener Platz, der sich zum Osthafen hin öffnet. Hier liegen namhafte Hotels und auch einige gediegene Kaffeehäuser

Die imposante Moschee Abu al-Abbas al-Mursi ist die bedeutendste in Alexandria.

FAKTEN

*** Name in der Landessprache (Arabisch):** Al Iskandariyah

*** Einwohner in Alexandria:** ca. 3,8 Mio.

*** Sehenswürdigkeiten:** Gräber von al-Anfushi, Bibliothek von Alexandria, Grabstätte des el-Schatbi, Griechisch-Römisches Museum, Kom El-Schoqafa, Moschee Abu al-Abbas al-Mursi, Pompejussäule, Qa'it Bay

BERÜHMTE PERSONEN

*** Dodi Al-Fayed** (1955–1997), Millionärssohn, Lebensgefährte von Lady Diana Spencer

*** Georges Moustaki** (geb. 1934), französischer Sänger

*** Demis Roussos** (geb. 1946), griechischer Sänger

*** Haim Saban** (geb. 1944), internationaler Medienunternehmer

Mitte: Die neue Bibliothek von Alexandria.

Unten: Aus den Resten des Leuchtturmes von Pharos entstand die Festung von Qa'it Bay.

aus der Zeit der Wende vom 19. zum 20. Jahrhundert. Auf dem Boulevard Sh. 26. Juli, der so genannten Corniche, kann man bis hinauf zur ehemaligen Insel von Pharos spazieren. Über die Jahrhunderte hinweg ist daraus durch Schlammablagerungen eine Halbinsel geworden, auf der heute die Altstadt Alexandrias mit ihren engen Gassen und Basaren liegt.

Das siebte Weltwunder. Bei Alexandria denkt man unweigerlich an den legendären Leuchtturm von Pharos. Ob er tatsächlich der erste seiner Art war, sei dahingestellt, die Quellen jedenfalls behaupten es. Ptolemaios II., ein Vorfahr der ach so bezaubernden Kleopatra, erteilte um das Jahr 299 v. Chr. den Auftrag zum Bau des Wunderwerks. Übrigens: Kleopatra wurde in Alexandria geboren (69 v. Chr.), und hier nahm sie sich auch 30 Jahre vor Christi Geburt wieder das Leben. Bekannt ist sie uns heute vor allem durch die angeblich so stürmischen Romanzen mit Julius Cäsar und Marcus Antonius, deren Machtkämpfe um die Herrschaft in Rom sicherlich ein Gutteil auf ihre Intrigen zurückzuführen sind.

Der Pharos als Baumaterial. Wie der Turm tatsächlich ausgesehen hat, das geben nicht einmal die Münzprägungen aus jener Zeit wieder – zu unterschiedlich sind die Darstellungen. 100 Meter soll er gemessen haben. Und oben loderte das Leuchtfeuer, das den in den Hafen einfahrenden Schiffen den Weg weisen sollte. Mit Ausnahme der Cheops-Pyramide ist der Turm von Pharos das einzige der sieben Weltwunder, das einen Blick ins zweite Jahrtausend werfen durfte. Zwei Erdbeben in den Jahren 1303 und 1323 zerstörten ihn weitestgehend. Die Trümmer der zerstörten Anlage kann man heute in der nahe gelegenen Festung Qa'it Bay bewundern, der sie Ende des 15. Jahrhunderts als Baumaterial dienten.

Altes Wissen. Die berühmteste Bibliothek der Antike stand in Alexandria. Immer wieder wurde sie durch Katastrophen zerstört. 2002 wurde in Zusammenarbeit mit der UNESCO die neue Bibliothek nach langer Bauzeit endlich wieder eröffnet. Eine Viertelmilliarde Dollar soll die Errichtung des markanten Bauwerks gekostet haben. 45 000 Quadratmeter stehen heute zur Verfügung. Die maximale Kapazität ist für acht Millionen Bücher ausgelegt, momentan sind in der Bibliothek rund 200 000 Bücher vorhanden.

ÄGYPTEN

Kairo

KAIRO IST HEUTE DIE GRÖSSTE STADT AUF DEM AFRIKANISCHEN KONTINENT. WIE VIELE MENSCHEN IM GROSSRAUM ODER DER STADT TATSÄCHLICH WOHNEN, WISSEN NICHT EINMAL DIE ÄGYPTISCHEN BEHÖRDEN, DENN EINE MELDEPFLICHT GIBT ES NICHT.

Kairo ist die kulturelle Hauptstadt Afrikas. Hier treffen drei Welten – oder besser die Kulturen dreier Erdteile aufeinander: Afrika, Asien und Europa. Antike, Tradition und Moderne vermischen sich hier wie in keiner anderen Stadt: am Stadtrand die antike Pyramidenstadt Gizeh, in der Altstadt arabische Geschäftigkeit und im Zentrum westlicher Glamour.

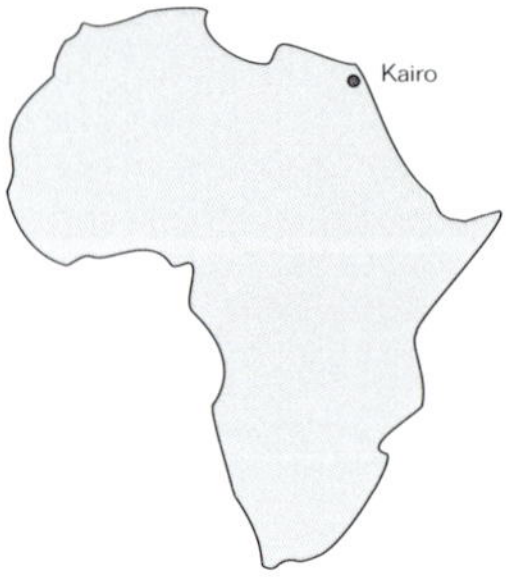

Von Cheri-aha nach Kairo. Zur Zeit der Pharaonen hieß der Ort Cheri-aha, „ein Ort". Hier sollen sich der ägyptischen Mythologie zufolge die Götter Horus und Seth bekämpft haben. Bedeutung erlangte die Siedlung am Nil jedoch nicht. Dies änderte sich erst unter römischer Herrschaft. Um 100 n. Chr. gründeten die neuen Herren auf den Überresten von Cheri-aha ihr „Babylon in Ägypten". Leider ist davon heute kaum mehr etwas zu sehen, denn die Araber haben bei der Eroberung im Jahr 641 ganze Arbeit geleistet. Ihren heute noch gültigen Namen bekam die Stadt von dem Fatimiden-Feldherrn Jafar, der die Siedlung 969 eroberte und zur Residenzstadt der Fatimiden erhob: El Qahira, die Siegreiche, die Unbesiegbare, der Eroberer. Der Name hinderte andere Armeen nicht, sie dennoch zu erobern und zu zerstören.

Pulsierende Metropole am Nil. Afrikas größte Stadt ist belastet mit Staub, Schmutz, Lärm und Smog. Tosender Verkehr, Autohupen, Reifenquietschen und

FAKTEN

✻ Name in der Landessprache (Arabisch):
El Qahira

✻ Einwohner in Kairo:
ca. 7,7 Mio.

✻ Einwohner in der Agglomeration:
ca.15,5 Mio.

✻ Sehenswürdigkeiten:
Ägyptisches Museum, Al-Arayes Puppentheater, Al-Hakims-Moschee, Fernsehturm, Gabalaya-Park, Gomhouriya-Theater, Große Sphinx von Gizeh, Ibn-Tulun-Moschee, Mahmoud-Khalil-Museum, Mohammed-Ali-Moschee, Oman-Makran-Moschee, Opernhaus, Pyramiden von Gizeh, Zitadelle

BERÜHMTE PERSONEN

✻ Moses
(13. Jh. v. Chr.), Anführer des Volkes Israel

✻ Jassir Arafat
(1929–2004), PLO-Politiker

✻ Mohamed el-Baradei
(geb. 1942), Direktor der Internationalen Atomenergieorganisation

Der Sphinx steht wie ein Wächter vor der berühmten Chefren-Pyramide.

das Klappern von Schutzblechen – das ist der erste Eindruck, den man hat. Und doch ist Kairo eine der schönsten und beeindruckendsten Städte der Welt. Der Besucher von heute kommt in der Regel von Nordosten nach Kairo: Vom Cairo International Airport in Heliopolis. Von hier bis ins Zentrum von Kairo benötigt man mit dem Taxi gut eine halbe Stunde.

Ohne Feilschen geht hier nichts. Hat man sich akklimatisiert, so sollte man unbedingt in die Altstadt. Denn dort in Alt-Kairo schlägt das Herz der Stadt. Im Jahr 1979 wurde sie von der UNESCO in die Liste des Weltkulturerbes aufgenommen. Hier befinden sich all die Basare. Nicht dass Kairo über keine modernen Einkaufszentren verfügen würde – ganz im Gegenteil –, aber gerade das Schlendern durch die Basare macht den Reiz eines Kairobesuchs aus. Sehenswert sind dabei der Tentmakers' Basar, Kairos einzig erhaltener überdeckter Basar, sowie der Khan El-Khalili Basar aus dem 13. Jahrhundert. Hier duftet es fantastisch nach Gewürzen – und überall hört man traditionelle Musik. Und nicht vergessen: Feilschen gehört zum guten Ton auf dem Basar.

Der Löwe mit dem Menschenkopf. Was aber wäre ein Kairoaufenthalt ohne einen Besuch von Gizeh. Hier steht das letzte noch erhaltene der sieben Weltwunder, die Große oder Cheops-Pyramide, eingerahmt von den Pyramiden des Chefren und des Mykerinos und ihrer Nebenpyramiden und natürlich der Sphinx. Letzterer wurde während der vierten Dynastie erbaut (um ca. 2550–2500 v. Chr). Welchen Zweck das monumentale Bauwerk erfüllt hat, können die Forscher heute nur raten. Angeblich zeigt der Kopf das Angesicht von Pharao Chefren. Und ob seine Nase nun aus politischen Gründen demontiert wurde oder ein Erdbeben ihn ins Rutschen brachte, ist ebenfalls eines der vielen ungelösten Rätsel, die sich um den Löwenleib mit dem Menschenkopf ranken.

Oben: Im Osten von Kairo liegt die Stadt der Toten: Imam al-Shafei. Hier entstand der erste Friedhof Kairos.

Links: Die Sultan-Hassan-Moschee in der Altstadt von Kairo.

KENIA

Nairobi

NAIROBI, „DER KÜHLE FLUSS“, IST DIE GRÖSSTE UND AM SCHNELLSTEN WACHSENDE STADT OST- UND ZENTRALAFRIKAS. ENTSTANDEN AUS EINER EISENBAHNARBEITERSIEDLUNG, BEHERBERGT DIE STADT HEUTE FAST DREI MILLIONEN MENSCHEN.

Zu der Millionenmetropole gehört eine beeindruckende Skyline. Glanzstück dabei ist ohne Zweifel das markante Kenyatta Conference Centre mit seiner Aussichtsplattform im 28. Stockwerk, von der aus man einen traumhaften Rundblick über Stadt und Land hat. Nairobi ist das kulturelle, wirtschaftliche und kommunikative Zentrum Kenias. Hier finden sich auch die wichtigsten Hochschulen des Landes. Und die Tourismusbranche wächst und boomt.

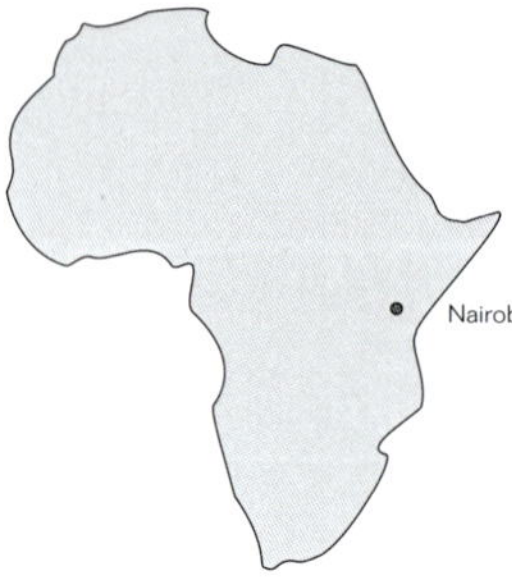

Eine internationale Stadt. Heute ist Nairobi eine moderne Großstadt und der Dreh- und Angelpunkt Ostafrikas. Internationale Unternehmen und Organisationen haben sich hier niedergelassen. Auch das Umweltbüro der UNO (United Nations Environment Programme, UNEP) und UN HABITAT (United Nations Human Settlements Programme, auch Weltsiedlungsgipfel) haben ihre Hauptquartiere in Nairobi aufgeschlagen. Kein Wunder also, dass es selbst hier – im Herzen Afrikas – eine Gastronomielandschaft gibt, die ebenso gut in einer europäischen oder amerikanischen Großstadt zu finden sein dürfte.

Arm und reich. Nirgendwo prallen soziale Gegensätze zwischen Reichen und Armen so ungefiltert aufeinander wie in der kenianischen Hauptstadt. Ähnliches gibt es wahrscheinlich nur noch in Johannesburg

Rechts: Die Jamia-Moschee ist wohl eines der beeindruckendsten Bauwerke von Nairobi.

Unten: Der Uhuru Park im Regierungsviertel.

in Südafrika. Zynische Zeitgenossen nennen Nairobi gerne auch „Nairobbery" in Anspielung auf die hohe Kriminalitätsrate der Stadt. Als Tourist ist man daher gut beraten, Downtown Nairobi, wo man sich relativ sicher bewegen kann, nur dann zu verlassen, wenn man auf Safari geht oder zum Flughafen fährt.

Nairobi und die Eisenbahn. Die meisten Keniatouristen sehen nicht allzu viel von Nairobi. Meist geht es, kaum gelandet, schon auf zur Safari. Wer aber zuvor etwas verweilen möchte, der kommt um einen Besuch des Nationalmuseums nicht herum. Hier kann man wirklich alles Wissenswerte über Kenia erfahren: über die reichhaltige Tier- und Pflanzenwelt ebenso wie über das Leben der einheimischen Völker, insbesondere der Massai.

Sehr reizvoll ist darüber hinaus der Besuch der ebenfalls hier ausgestellten Werke der Künstlerin Joy Adamson (1910–1980). Die aus dem böhmischen Vorkriegsösterreich stammende Künstlerin entdeckte in den 1930er-Jahren ihre große Liebe zu Afrika, die in der Ausstellung nachklingt.

Die Geschichte Kenias ist eng mit dem kolonialen Eisenbahnbau der Briten in Afrika verknüpft. Daher verwundert es nicht, dass sich hier ein Eisenbahnmuseum befindet. Es beherbergt eine sehr breit gefächerte Sammlung von Gegenständen zur Eisenbahngeschichte, einschließlich wundervoller alter Fotografien.

Grünes Nairobi. Nicht weit vom Eisenbahnmuseum entfernt beginnt die Moi Avenue, die direkt ins Zentrum der Stadt führt und damit auch in das Regierungsviertel, zum Uhuru Park und zum Central Park. Beide Parks sind mit ihren Schatten spendenden Bäumen, Bänken und Kieswegen – im Uhuru Park gibt es sogar einen kleinen künstlichen See – zum Ausspannen und Erholen bestens geeignet.

Heia Safari. Wer jedoch nach entbehrungsreichen Safaritouren durch den Busch (Nairobi National Park, Ngong Hills, Bomas of Kenya) in die kenianische Hauptstadt zurückkommt, wird die Annehmlichkeiten der westlich anmutenden Metropole zu schätzen wissen. Nairobi ist als Ausgangspunkt für Tagesausflüge und Touren in die spektakulärsten Nationalparks des Landes ideal geeignet. Ganz nebenbei bemerkt: Nur acht Kilometer vom Stadtzentrum entfernt liegt schon der erste Nationalpark Kenias: der Nairobi Nationalpark. Er wurde 1946 als erster seiner Art eröffnet und hat eine Fläche von rund 120 Quadratkilometer.

FAKTEN

* **Name in der Sprache der Massai:** Engar Nyarobie („Kühler Fluss")
* **Einwohner in Nairobi:** ca. 2,75 Mio.
* **Sehenswürdigkeiten:** Central Park, Kenyatta Conference Centre, Nairobi Nationalpark, Nationalmuseum, Railway Museum, Uhuru Park

BERÜHMTE PERSONEN

* **Richard Dawkins** (geb. 1941), Zoologe, Ethologe und Evolutionsbiologe
* **Richard Leakey** (geb. 1944), Paläoanthropologe
* **Roger Whittaker** (geb. 1936), Sänger und Liedermacher

SÜDAFRIKA

Johannesburg

GOLDGRÄBERSTÄDTE HABEN IN ALLER REGEL KEINE ALLZU GROSSE LEBENSERWARTUNG. DIE MEISTEN WERDEN VERLASSEN UND ZU GEISTERSTÄDTEN, SOBALD DER GOLDRAUSCH VERFLIEGT. GANZ ANDERS AM ÖSTLICHEN WITWATERSRAND IN SÜDAFRIKA.

Zunächst war Johannesburg auch nur eine der vielen Goldgräbersiedlungen, wie es sie überall in Südafrika im ausgehenden 19. Jahrhundert gab. Dass sie auf das größte Goldvorkommen der Welt gestoßen waren, konnten die Goldgräber anno 1886 jedoch nicht wissen. Tausende Arbeiter und Glücksritter folgten nun dem Lockruf des Goldes in das 1750 Meter hoch gelegene Highveld. Und in nur zehn Jahren stieg die Zahl der dort lebenden Menschen von wenigen Hundert auf unglaubliche 100 000 Einwohner an.

Und doch nicht Hauptstadt. Wie nicht anders zu erwarten, ist Johannesburg auch heute noch das wirtschaftliche und finanzielle Zentrum der Republik Südafrika: einflussreiche Bankenstadt, aber eben nicht Landeshauptstadt. Diese liegt 50 Kilometer weiter nördlich und heißt Pretoria. Johannesburg hat die Schönheit nicht für sich gepachtet: Im Süden verunstalten alte Abraumhalden die Landschaft und das Stadtzentrum ist ein Beton-und-Glasdschungel mit tiefen Straßenschluchten. Trotzdem hat die Stadt ihre Reize: Es gibt ausgezeichnete Hotels und Restaurants, Einkaufsstraßen, Galerien, Museen und Theater. Dynamik und ungezügelter Lebensdurst spiegeln sich im sozialen wie im wirtschaftlichen Leben wider. Die wahren Schönheiten der Region liegen allerdings außerhalb der Stadt-

Rechts: Im Juli 2003 wurde die Nelson Mandela Bridge eröffnet.

Unten: Das Township Alexandra im Süden der Stadt.

grenzen von Johannesburg – in der „freien Wildbahn". Eine einzigartige und grandiose Naturlandschaft breitet sich hier aus.

Modernes Zentrum in Südafrika. Das Herz Johannesburgs ist ein Mikrokosmos des Landes, ein kulturelles Kaleidoskop der Vergangenheit und der Zukunft: Moderne Türme, Hochhäuser und Wolkenkratzer – insbesondere in den Vierteln Joubert Park, Berea und Hillbrow – stehen den Zeitzeugen der Goldrauschtage gegenüber. Und in Gebieten mit etablierten portugiesischen, indischen und chinesischen Händlern drängeln sich neuere afrikanische Läden und Straßenhändler. In Hillbrow findet sich das Wahrzeichen der Stadt und ihrer Skyline: der Hillbrow-Tower. Im Zentrum herrscht leider aufgrund des direkten Aufeinandertreffens von Reich und Arm eine hohe Kriminalitätsrate. In Johannesburg ist dieses Problem allgegenwärtig, und die Stadt steht damit derzeit auf Platz eins einer wenig rühmlichen Statistik.

Nobelviertel und Townships. Viele Firmen haben in den letzten Jahren den Weg in die Nobelvororte gewählt. Heute ist Sandton das wichtigste Geschäftszentrum der Stadt und damit das Finanzzentrum des Landes. Seit Ende der 1990er-Jahre findet sich hier auch die Südafrikanische Börse JSE (Johannesburg Stock Exchange). Der Kontrast könnte nicht größer sein, liegt das wohl ärmste Township (die Bezeichnung für die während der Apartheid in Südafrika eingerichteten Wohngegenden für die schwarze, farbige oder indische Bevölkerung) des Landes in direkter Nachbarschaft zu Sandton: Der Vorort Alexandra wird nur durch die schmalen Fahrbahnstreifen der Stadtautobahn M1 von Sandton und dem noblen Villenviertel Rosebank getrennt.

Die Stadt bietet vielfältige Sehenswürdigkeiten. Die beeindruckendste ist sicherlich das höchste von einem Betonrahmen gehaltene Bauwerk Afrikas: der Carlton Centre Office Tower mit seinen 223 Metern und 50 Etagen. Im obersten Stockwerk befindet sich eine Aussichtsplattform, von der aus man den mit Abstand besten Blick auf Johannesburg hat.

Eine Attraktion ganz anderer Art liegt ungefähr 25 Kilometer nordwestlich der Stadt. Allein schon der Name lenkt Aufmerksamkeit auf sich: „The Cradle of Humankind" (deutsch: Die Wiege der Menschheit), UNESCO-Weltkulturerbe seit 1999. Hier, in den Höhlen von Sterkfontein, wurden weltweit die meisten Skelette von Hominiden gefunden.

FAKTEN

* **Name in der Sprache der Zulu:** iGoli
* **Einwohner in Johannesburg:** ca. 3,2 Mio.
* **Einwohner in der Agglomeration:** ca. 8 Mio.
* **Sehenswürdigkeiten:** Art Gallery, Botanical Gardens/The Wilds, Carlton Centre, Cradle of Humankind, Gold Reef City, Lion Park, Market Theatre, Museum Africa, The Fort, Transvaal Snake Park

BERÜHMTE PERSONEN

* **Olaf Kölzig** (geb. 1970), deutscher Eishockeyspieler
* **Manfred Mann** (geb. 1940), Rockmusiker
* **Basil Rathbone** (1892–1967), amerikanischer Schauspieler

SÜDAFRIKA

Kapstadt

KAPSTADT WAR AM 6. APRIL 1652 DIE ERSTE STADT, DIE VON NIEDERLÄNDERN IM HEUTIGEN SÜDAFRIKA GEGRÜNDET WURDE. WAHRZEICHEN DER STADT IST DER TAFELBERG, DER ZUSAMMEN MIT SIGNALBERG, LEEUKOP UND DEVILS PEAK DAS STADTBILD DOMINIERT.

Kapstadt wird gerne als die „Mutterstadt" Südafrikas bezeichnet. Die Lage am südlichen Ende des afrikanischen Kontinents hat ihr aber auch den Beinamen „Schönstes Ende der Welt" eingebracht. Die aufregende Mischung mehrerer Kulturen und Stile sowie Flora und Fauna des Landes machen Kapstadt einzigartig. Wenn auch der gängige Werbeslogan „umspült von zwei Ozeanen" nicht so hundertprozentig stimmt – tatsächlich brandet nur der Atlantik gegen das Ufer –, so weist er doch auf das besondere Flair Kapstadts hin.

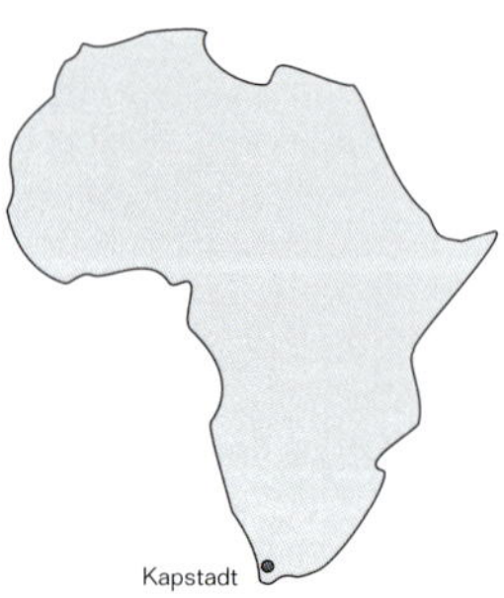

Stadt am Kap der Guten Hoffnung. Zwischen Oktober und März ist die Stadt prall gefüllt mit Touristen. Neben dem obligatorischen Besuch des Tafelbergs (1087 Meter hoch) via Seilbahn gehört für die Kapstadtreisenden sicherlich ein Abstecher zur Victoria and Alfred Waterfront dazu. Hierbei handelt es sich um ein in den letzten beiden Jahrzehnten restauriertes Werft- und Hafenviertel rund um die beiden historischen Hafenbecken in der Tafelbucht: Der Besucher findet Einkaufsläden und Raritätengeschäfte, Museen, Brauereien, Hotels und Restaurants sowie einen exklusiven Jachthafen, das Two Oceans Aquarium und ein kleines Amphitheater.

Auch die Innenstadt lockt mit vielen historischen Bauwerken und Museen, zum Beispiel mit dem ältesten erhaltenen Gebäude Südafrikas: dem Castle of

Beim Anblick der Palmen vor dem alten Rathaus kommt man unweigerlich in Urlaubsstimmung.

FAKTEN

* Einwohner in Kapstadt: ca. 854600
* Einwohner in der Agglomeration: ca. 3 Mio.
* Sehenswürdigkeiten: Botanischer Garten Kirstenbosch, Castle of Good Hope, City Hall, Grande Parade, Houses of Parliament, Old Town House, Robben Island, St. George's Cathedral, Tafelberg, Two Oceans Aquarium

BERÜHMTE PERSONEN

* John M. Coetzee (geb. 1940), Schriftsteller
* Sarah Poewe (geb. 1983), Schwimmerin, Weltmeisterin
* Richard Rive (1931–1989), Schriftsteller

Good Hope aus dem Jahr 1666. Weitere sehenswerte Bauwerke sind die City Hall, die großartige Kathedrale St. George, die Nationalgalerie und das Nationalmuseum. Auch die Vergnügungsmeile von Kapstadt findet sich nur wenige Meter von hier entfernt: An der Long Street gibt es eine ganze Palette an Kneipen, Restaurants und Nachtclubs.

Ein Exportschlager – Blumen. Doch nicht nur der Tourismus stellt eine Einnahmequelle für die Kapstädter dar. Die Hauptstadt der Provinz Westkap ist außerdem eine Hochburg für moderne und Informationstechnologien wie auch für die Textilherstellung. Landwirtschaftliche Erzeugnisse aus der Region werden von hier aus in alle Welt exportiert, zum Beispiel Wein aus Constantia südöstlich des Tafelbergs. Nicht weit ist es von Constantia nach Kirstenbosch, wo den Besucher der Botanische Garten empfängt. Übrigens: Auch Blumen sind ein Exportgut Kapstadts. Und seit Juni 2006 gibt es zudem eine Kapstädter Buchmesse, den Cape Town Book Fair.

Die Apartheid und ihre Folgen. Aber Kapstadt hat wie alle südafrikanischen Städte auch eine andere Seite. Die Folgen der Rassentrennung sind noch heute unübersehbar – sie prägen das Bild. Während in der Innenstadt die überwiegend weiße Wohlstandsgesellschaft lebt, wohnt die schwarze Mehrheit meist in den weit entfernten Vororten oder Townships – beispielsweise in Nyanga, das sich südlich des Flughafengeländes erstreckt. Auch nach dem Ende der Apartheid hat sich daran nur wenig geändert.

26 Jahre Zuchthaus. Robben Island ist ebenfalls ein Relikt aus der Zeit der Apartheid – und dennoch eine der Attraktionen Kapstadts. Zwölf Kilometer vor der Küste liegt sie in der Tafelbucht. Die ehemalige Gefängnisinsel wurde Mitte der 1990er-Jahre zu einem Naturdenkmal und einem nationalen Denkmal umgewandelt. Heute beherbergen die Mauern der einstigen Strafanstalt ein Museum. Der wohl berühmteste Insasse von Robben Island war kein Geringerer als der spätere Staatspräsident Nelson Mandela, der 1964 hier eine lebenslängliche Strafe antrat. 1990 wurde er auf Befehl Präsident de Klerks aus der Haft entlassen. Nach einer Renovierung wurde die Insel 1999 von der UNESCO zum Weltkulturerbe ernannt.

Mitte: Blick auf den Hafen von Kapstadt.

Unten: War 26 Jahre lang das „Zuhause“ Nelson Mandelas: die Strafanstalt auf Robben Island.

Mit jedem Kilometer, den man von Osten nach Westen – oder auch umgekehrt – fährt, verändert sich das kontrastreiche Bild Asiens. Herrscht im Westen noch mediterranes Flair, so taucht man nur wenige Kilometer vom Meer entfernt in den Orient aus 1001 Nacht ein. Und von Ostasien nach Südasien und Indien werden die Millionenstädte immer „lässiger".

ASIEN

TÜRKEI

Istanbul

ISTANBUL LIEGT AUF BEIDEN SEITEN DES SÜDLICHEN BOSPORUS UND DAMIT AUF ZWEI KONTINENTEN. HIER TREFFEN EUROPA UND ASIEN DIREKT AUFEINANDER. DIE ERSTE BESIEDLUNG ISTANBULS IM ALTERTUM GING VON EUROPÄISCHER SEITE AUS.

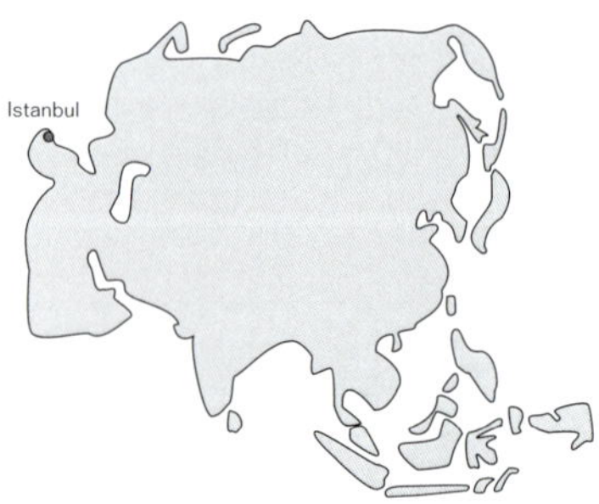

Um 658 v. Chr. ließen sich die ersten griechischen Siedler am so genannten Goldenen Horn nieder. Heute mischen sich in Istanbul türkische Kultur mit antiken und vor-osmanischen Bauwerken. Sakralbauten der unterschiedlichsten Religionen stehen dicht beisammen. Hier leben neben der muslimischen Mehrheit auch heute noch Minderheiten wie griechisch-orthodoxe und armenische Christen und Juden.

Sakrale Bauwerke und Museen. Es kann sehr gut sein, dass sich neben einer Moschee eine christliche Kirche oder eine Synagoge erhebt. Dies ist deshalb möglich, weil in der Türkei eine strikte Trennung von Staat und Religion herrscht – zumindest auf dem Papier. Doch die Sakralbauten sind nicht das einzig Sehenswerte, was Istanbul zu bieten hat. An Museen mangelt es jedenfalls in der Stadt am Bosporus nicht. Neben dem Museum in der Hagia Sophia – die Sophienkirche war einst die Hauptkirche des christlichen Byzanz – erlangte vor allem das Topkapi-Museum Weltruhm. Jules Dassins Filmklassiker „Topkapi“ mit Sir Peter Ustinov und Maximilian Schell dürfte vielen noch sehr gut in Erinnerung sein.

Das alte Konstantinopel. All die sehenswerten Bauwerke Istanbuls aufzuzählen, würde ein ganzes Buch füllen. Erwähnt werden müssen jedoch die anti-

Rechts ist der Eingang zum Topkapi-Palast zu sehen.

Unten: Die Hagia Sophia – einst Kathedrale, dann Moschee, heute ein Museum.

ken Bauwerke aus der Zeit nach 200 n. Chr., von denen heute leider meist nur noch Ruinen erhalten sind. Ein krönendes Beispiel römischer Baukunst ist der Valens-Aquädukt (türkisch: Bozdogan Kemeri). Von der teilweise 26,5 Meter hohen antiken Wasserleitung, die bereits unter Kaiser Valens' Vorgänger Konstantin dem Großen begonnen worden war, stehen heute nur mehr knapp 800 Meter, gut die Hälfte von einst. Auch die Theodosianische Landmauer (424 n. Chr. vollendet) mit ihren 96 Türmen ist einer der vielen Zeugen der römischen Herrschaft.

Osmanische Baukultur in Byzanz. Ein herausragendes Relikt byzantinischer Baukunst stellt die Chora-Kirche im Istanbuler Stadtteil Edirnekapi dar. Später wurde die Kirche von den osmanischen Eroberern in eine Moschee umgewandelt (Kariye Camii). Seit 1948 beherbergt sie eines der vielen Museen Istanbuls. Die Osmanen, die neuen Herren, machten sich nach der Eroberung im Jahr 1453 auch sofort daran, der Stadt ihren Stempel aufzudrücken. Besonders im 16. Jahrhundert entstanden durch den Architekten Sinan unzählige Bauwerke im ganzen osmanischen Reich. 1548 schuf er die Istanbuler Sehzade-Moschee und 1557 die Süleyman-Moschee. Dies sind nur zwei der insgesamt 136 Moscheen, die er der muslimischen Welt hinterließ. Und das, obwohl er ein griechischer Christ war.

Der Basar – eine Stadt in der Stadt. Wie überall in orientalischen Städten sind Basare der Pulsschlag des täglichen Lebens. Der große überdachte Basar Istanbuls – der Kapali Carsi – ist nicht bloß eine Anhäufung von Geschäften, sondern vielmehr eine richtige, von Kuppeln bedeckte Stadt mit ihren Straßen, ihren kleinen von Säulen umstandenen Plätzen, ihren „Stadttoren“ (es sind 18), fünf Moscheen und sechs Brunnen: mit seinen 200 000 Quadratmeter Ausdehnung ist er einer der größten Souks der Welt.

Fußballfanatisches Istanbul. Aber Istanbul wäre nicht Istanbul ohne den Fußball. Allein vier Erstligaklubs sind hier beheimatet: Galatasaray, Besiktas, Fenebahce und Istanbulspor. Gemeinsam haben sie beinahe 50 türkische Meistertitel gehamstert. Dazu kommt noch der UEFA-Pokal-Sieg von Galatasaray aus dem Jahr 2000. Außerdem stammen zahlreiche Nationalspieler aus den Reihen der Istanbuler Klubs. Einer der bekanntesten ist Fatih Akyel. Der gebürtige Istanbuler war auch 2002 dabei, als die türkische Nationalmannschaft in Seoul Platz drei bei der Weltmeisterschaft belegte – ein sensationeller Erfolg.

FAKTEN

* **Einwohner in Istanbul:** ca. 9,8 Mio.
* **Einwohner in der Agglomeration:** ca. 12 Mio.
* **Sehenswürdigkeiten:** Blaue Moschee, Chora-Kirche, Galatabrücke, Galataturm, Großer Bazar, Hagia Sophia, Kapali Carsi, Mahmut-Pascha-Moschee, Nuru-Osmaniye-Moschee, Sehzade-Moschee, Topkapi-Museum, Valens-Aquädukt

BERÜHMTE PERSONEN

* **Fatih Akyel** (geb. 1977), Fußballspieler
* **Bülent Ecevit** (geb. 1925), Politiker
* **Julian Apostata** (331–363), römischer Kaiser
* **Orhan Pamuk** (geb. 1952), Journalist und Schriftsteller

CHINA

Peking

MIT EINEM FREUNDLICHEN „NI HAO" UND EINEM TYPISCH CHINESISCHEN LÄCHELN BEGRÜSST PEKING SEINE BESUCHER. WÄHREND SHANGHAI ALS WIRTSCHAFTLICHES ZENTRUM CHINAS GILT, IST PEKING DESSEN KULTURELLE UND POLITISCHE HAUPTSTADT.

Dennoch ist Peking den Modernisierungsbestrebungen und den damit einhergehenden Veränderungen ausgesetzt. Innerhalb kurzer Zeit ändert sich manchmal das Erscheinungsbild eines ganzen Stadtbezirks. Mit Vergabe der olympischen Spiele 2008 an Peking hat sich der Prozess noch verstärkt. Es ist faszinierend, das Nebeneinander von dynamischem Wachstum und dreitausendjähriger Geschichte auf so engem Raum zu erleben. Kulturhistorisch bedeutsame Plätze und Bauwerke, die von der UNESCO auf die Liste des Weltkulturerbes gesetzt wurden, gibt es hier mehrere.

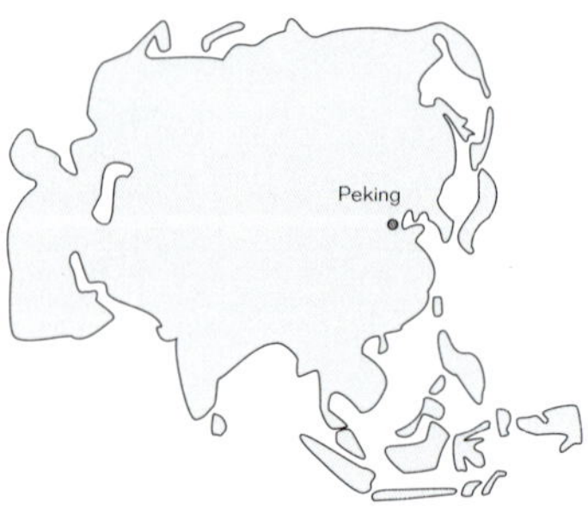

Die Stadt des Khans. Nahe an der Grenze zur Mandschurei und der Mongolei gelegen, war die Handelsstadt Ji, um 1121 v. Chr. im Norden des heutigen Pekings gegründet, über Jahrhunderte hinweg der Spielball vieler Eroberer – sie kamen und gingen. Diese Pingpongsituation endete erst mit der endgültigen Eroberung durch die Mongolen unter Dschingis Khan im Jahr 1215 unserer Zeitrechnung. Aber es war ein Ende mit unglaublichem Schrecken und unbeschreiblichen Gräueln, denn die Stadt wurde bis auf die Grundmauern geschleift und als „Stadt des Khans" neu erbaut.

Endgültig Hauptstadt. Ihren heutigen Namen und den unwiderruflichen Hauptstadtstatus erhielt die

Das einzige Bauwerk von Menschenhand, das man aus dem Weltall sehen kann: die Große Mauer, 100 Kilometer nördlich von Peking.

FAKTEN

*** Name in der Landessprache (Chinesisch):** Beijing

*** Einwohner in Peking:** ca. 7,5 Mio

*** Einwohner in der Agglomeration:** ca.14,9 Mio.

*** Sehenswürdigkeiten:** Alter Sommerpalast, Chinesische Mauer, Courtyard Gallery, Himmelstempel, Lamatempel, Ming-Gräber, Sommerpalast, Nordmeer-Park, Palastmuseum, Tian'anmen-Platz, Verbotene Stadt

BERÜHMTE PERSONEN

*** Jet Li** (geb. 1963), Schauspieler

*** Michael Shapiro** († 1986 in Peking), englischer Übersetzer der Werke Mao Zedongs

*** Lao She** (1899–1966), Schriftsteller

*** Pu Yi** (1906–1967), letzter Kaiser von China

Stadt allerdings erst im Jahr 1406 durch Kaiser Yong Le. Er, der von Historikern gern als der wahre Architekt des modernen Beijings bezeichnet wird, ließ die Grundsteine für die „Verbotene Stadt" und den Himmelstempel legen. Noch einmal wurde Peking im 19. und 20. Jahrhundert in die Machtkämpfe der herrschenden Klasse einbezogen. Intrigen und Invasionen verursachten Chaos bis ins Jahr 1949: Korruption, die blutigen Boxeraufstände, das Regime unter General Yuan Shikai, der Machtkampf der „Warlords", die Japaner im Zweiten Weltkrieg und schließlich die Nationalchinesen der Kuomintang – all dies erschütterte und beeinflusste die Stadt nachhaltig. Erst mit der Ausrufung der Volksrepublik im Oktober 1949 auf dem „Platz des Himmlischen Friedens" kehrte Ruhe ein.

Die Verbotene Stadt. Im Süden begrenzt Maos Mausoleum den „Platz des Himmlischen Friedens", im Norden steht das Tor des Himmlischen Friedens, das zugleich das Südtor des Kaiserpalastes ist. Der Palast steht seit 1987 auf der Liste des UNESCO-Weltkulturerbes. Nachdem Kaiser Yong Le im Jahr 1406 Peking zur Hauptstadt gemacht hatte, regierten die Herrscher der Ming- und der Qing-Dynastien vom Kaiserpalast aus über das Reich der Mitte. Zehn Jahre dauerte die Beschaffung der Baumaterialien, vor allem des nur begrenzt im Umland verfügbaren Holzes aus dem Süden Chinas, das über Flüsse und speziell dafür gegrabene Kanäle Richtung Norden geflößt werden musste. Das Brennen von Hunderttausenden von Dachziegeln in der Gegend der heutigen Liulichang war dagegen ein Kinderspiel. Heute sind die Palasthallen zum Museum umgebaut, in dem die Schätze des Palasts und der Kaiser gezeigt werden.

Weltkulturerbe einer großen Nation. In und um Peking finden sich zahllose Sehenswürdigkeiten. Drei davon sind ebenfalls auf der Liste der UNESCO zu finden. Die erste ist der Sommerpalast der Jin-Kaiser (1115–1234) am Stadtrand von Peking. Ein großer See, Wandelgänge, historische Bauten, Pavillons und Gärten bieten prächtige Erholung für Müßiggänger sowie Touristen. Nummer zwei auf der Liste sind die Ming-Gräber in Shisanling, 70 Kilometer nördlich der Stadt. Und noch einmal gut 30 Kilometer weiter nördlich zieht sich jener ungeheuerliche Lindwurm durch die Hügel Nordchinas, der so starke symbolische Kraft für das China der Vergangenheit und Gegenwart besitzt, die Große Mauer (Chang cheng), deren Anfänge mehr als 2000 Jahre zurückliegen.

Mitte: Blick über die Verbotene Stadt im Herzen Pekings.

Unten: Am Stadtrand über dem Kunming-See thront der Sommerpalast der Jin-Kaiser.

SÜDKOREA

Seoul

ÜBER 20 MILLIONEN KOREANER LEBEN IN UND UM SEOUL. ES IST WAHRSCHEINLICH EINE DER WENIGEN STÄDTE, IN DENEN ES GELUNGEN IST, DIE BAUTEN DER VERGANGENHEIT ZU ERHALTEN UND SIE IN DAS STADTBILD EINER WACHSENDEN WELTSTADT ZU INTEGRIEREN.

Laut und geschäftig imponiert die Megametropole dem Besucher. Autoschlangen und Menschenmengen drängeln durch die Straßenschluchten. Riesige Leuchtreklamen dienen als Wegmarkierungen und erzählen mit fremden Schriftzeichen Geschichten. Die U-Bahn der Stadt wirkt wie eine neue, perfekt organisierte Unterwelt. Und mitten in diesem Tohuwabohu steht man ganz plötzlich vor einer Oase der Stille, einem der vielen Tempel des Landes, einem Park, einem Pavillon.

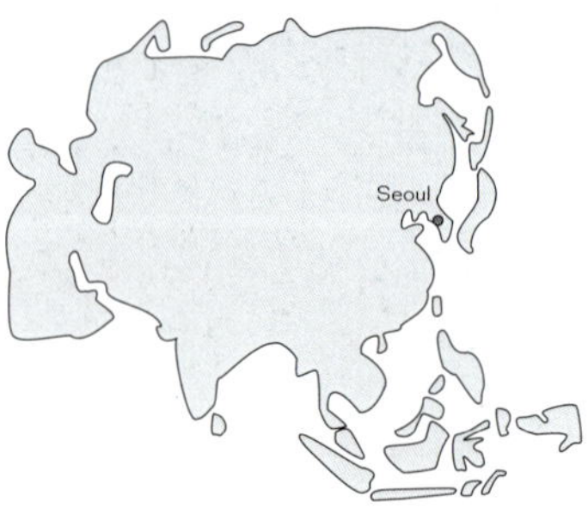

Die Stadt am Fluss. Seoul wurde im Jahr 1394, nach dem Niedergang des Koryo-Königreiches (1392) und dem Aufstieg der Joseon-Dynastie (1392–1910), gegründet. König Taejo, besser bekannt unter dem Namen Yi Seong-gye, entschied sich auf der Suche nach einem geeigneten Ort für seine Stadt für das Nordufer des mittleren Han-Flusses. Der Ort, an dem Seoul aufgebaut wurde, war zu diesem Zeitpunkt nicht mehr als eine kleine Siedlung mit dem Namen Hanyang. Heute erinnert an diese Siedlung nur noch der Name der renommierten Hanyang-Universität, einer von über 300 Hochschulen in Seoul.

Moderne (Sport-)Stadt. Das moderne Seoul entstand zunächst unter dem Einfluss der Japaner in der ersten Hälfte des 20. Jahrhunderts. Die alte Stadtmauer musste dabei modernen Bauten weichen, nur

FAKTEN

* Name auf deutsch: „Hauptstadt"
* Einwohner in Seoul: ca. 10,3 Mio.
* Einwohner in der Agglomeration: ca. 21,7 Mio.
* Sehenswürdigkeiten: Bergfestung, Namhansanseong, Bongeunsa-Tempel, Bukhansanseong, Changdeokgung, Deoksugung, Grabstätte Gwangneung, Gyeongbokgung, Jogyesa-Tempel, National Folk Museum, Nationaltheater, N Seoul Tower, Sejong Cultural Center, Seonyudo, Seoul Historical Museum, Seoul Metreopolitan Museum of Art, War Memorial Museum

BERÜHMTE PERSONEN

* Goh Kun (geb. 1938), Politiker
* Linda Park (geb. 1978), amerikanische Schauspielerin
* Yun Seondo (1587–1671), Dichter und Künstler

Der geheime Garten von Biwon im Changdeokgung.

noch die alten Stadttore sind erhalten. Nach den katastrophalen Auswirkungen des Koreakrieges musste nach 1953 fast die gesamte Stadt neu aufgebaut werden. Sehr rasch wuchs Seoul. Allerdings änderte sich das Stadtbild massiv und es wurde wenig Rücksicht genommen. Auch die bis 1968 fahrende Straßenbahn verschwand aus dem Stadtbild ... und fuhr als U-Bahn in den Untergrund der Stadt. Dem wirtschaftlichen Aufschwung folgte 1988 der glanzvolle kulturelle und sportliche Höhepunkt: Seoul durfte die Olympischen Sommerspiele ausrichten. Auch 2002 sah die Sportwelt auf Seoul, als hier der Anpfiff zur Fußballweltmeisterschaft erfolgte.

Königspaläste mit gar sonderbaren Namen. Aber Seoul ist mehr als der Schauplatz für Sportveranstaltungen. Es ist das kulturelle Herz Südkoreas. Über die Stadt verteilt findet man eine Vielzahl von Theatern aller Sparten, Museen und natürlich Paläste. Mit der Gründung Seouls 1394 wurde der Gyeongbokgung, der „Palast scheinender Glücklichkeit", erbaut. Das Glück war hierbei dem Palast und seinen Bewohnern nicht wohl gesonnen. 1592 brannten Leibeigene den Palast nieder, und der Mord an Königin Min 1895 führte zum entgültigen Umzug der königlichen Familie in den Deoksugung, den „Palast der rechtschaffenen Langlebigkeit". 1997 wurde in die Liste des UNESCO-Weltkulturerbes schließlich der Changdeokgung, der „Palast illustrer Rechtschaffenheit", aufgenommen. Er wurde als Erweiterungsbau des Gyeongbokgung erbaut und als einziges der 1592 zerstörten Bauwerke sofort wieder aufgebaut. Er diente bis 1872 und von 1907 bis 1910 als Regierungssitz der koreanischen Könige. Daneben ist besonders der geheime Garten von Biwon sehenswert. Eindrucksvoll sind die monumentalen Hügelgräber von König Sejo und seiner Gemahlin Yun Chon-hi, knapp 30 Kilometer nordöstlich der Stadt.

Oben: Das Namdaemun – das große Südtor – zeugt von der ruhmreichen Vergangenheit Seouls.

Links: 1895 zog die königliche Familie in den „Palast der rechtschaffenen Langlebigkeit".

JAPAN

Tokio

TOKIO IST KEINE STADT FÜR DEN HEKTISCHEN TOURISTEN, FÜR DEN DIE MEGACITY NUR EIN PUNKT AUF SEINER JAPANREISE IST. EINES IST TOKIO ABER SICHERLICH FÜR DIE MEISTEN REISENDEN: EIN ECHTER SCHOCK – EINE VÖLLIG ANDERE WELT.

Kaum am Narita International Airport angekommen, fühlt sich der Japanreisende wie ein Analphabet. Überall weisen Schriftzeichen, Kanjis genannt, den Weg – aber wohin? Ohne die wenigen hilfreichen Schilder in Englisch wäre man hoffnungslos verloren und würde niemals den Ausgang finden. Und dann erst die City. Tokio ist laut und voll, und auch keine Schönheit. Die Luft ist schlecht. In die S-Bahnen wird man mit Gewalt von Männern mit weißen Handschuhen gestopft und die meisten Japaner verfallen in Panikstarre, wenn man sie auf Englisch anspricht. Sich in Tokio durchzuschlagen, kann einem Höllentrip gleichen – eine echte Erfahrung ist es auf jeden Fall.

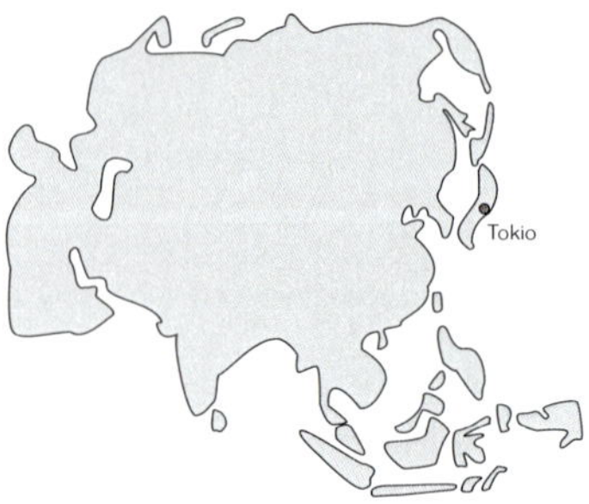

Kagemusha, der Schattenkrieger. Bis zu den Jahren 1456/1457 gibt es nur wenig aufschlussreiche Erkenntnisse über Edo, die Vorgängerstadt Tokios. Mit dem Bau der Burg Edo in diesen Jahren gewinnt die bis dahin bestehende Stadt an der Hibiya-Bucht an Bedeutung. Den größten Schub bekam sie aber erst, als der Shogun Tokugawa Ieyasu den Hauptsitz seiner Regierung 1603 hierher verlegte. Das Leben und Wirken dieses mächtigen und markanten Shoguns wurde von Regisseur Akira Kurosawa 1980 aufwändig inszeniert: „Kagemusha – Der Schatten des Kriegers". George Lucas drehte im Hintergrund nicht die Filmrolle, aber

Rechts: Shinjuku: Kontrast pur: vorne der ruhige Park, dahinter die markante Skyline.

Unten: Reges Treiben in Ginza.

zog die Fäden. Und auch Schriftsteller James Clavell porträtierte die wohl imposanteste Gestalt der japanischen Geschichte in seinem Roman „Shogun". Ieyasu gilt als der Gründer des modernen Tokios, auch wenn es diesen offiziellen Namen und den Rang einer „Östlichen Hauptstadt" erst 1868 durch den Umzug des Kaisers erhielt.

Beginn der Europäisierung. Schon zu Beginn des 18. Jahrhunderts soll die Bevölkerung eine Million überstiegen haben. Die Stadt der Edo-Shogune war damit nicht nur die eigentliche Hauptstadt, sondern auch die wirtschaftliche Zentrale Japans geworden. Das Ende des Shogunats ist eng verknüpft mit der Geschichte Edos bzw. Tokios. Unter den Meijikaisern änderten sich die Machtverhältnisse. Der dem Westen, speziell den Amerikanern, gegenüber schwächliche Shogun Yoshinobu Tokugawa trat 1867 zurück und überließ dem Kaiser Edo. Doch das eigentliche Ziel, die Abschottung gegen den Westen, setzten die Kontrahenten des Shoguns, mit dem Kaiser an der Spitze, nicht in die Tat um. Ganz im Gegenteil: Es setzte eine sehr aktive Modernisierung nach dem Modell des Westens ein.

Zerstörung und Neuaufbau. In Tokio wurden zwischen den traditionellen Holzhäusern die Häuser nach europäischem Vorbild errichtet. Das berühmteste Beispiel sind die Häuser an der Ginza-Straße. Sie wurden aus rotem Ziegelstein gebaut, um den ausländischen Bewohnern der Hauptstadt die Atmosphäre von Europa zu vermitteln. Trotz allem waren solche Veränderungen meist nur auf die Fassade begrenzt. Der Stadtplan und die Häuser des Volks blieben mit der Edo-Tradition der Shogun-Zeit verbunden. Dies änderte sich mit dem Jahr 1923. Das große Erdbeben dieses Jahres mit einer Stärke von jenseits der Marke 8,0 auf der Richterskala und die sich anschließenden Brände zerstörten den größten Teil Tokios. Und dennoch … in Japan ist Zerstörung zugleich immer auch Gelegenheit zur Veränderung. Doch dann kam der Zweite Weltkrieg und mit ihm wiederum eine Welle der Zerstörung.

Die neue Entwicklung Tokios setzte nach dem Kriegsende ein. Sie nahm ihren Anfang förmlich auf Schutt und Asche. Und auf der Basis neuer Technologien entstand ein neues und modernes Tokio mit Wolkenkratzern, mit viel Stahl und Beton. Eingebracht werden musste dabei eine besondere Bautechnik, denn Tokio liegt in einer der aktivsten Erdbebenzonen der Welt. Erdbeben sind hier nichts Außergewöhnliches mehr, fast täglich wird die Stadt von kleineren Beben erschüttert.

FAKTEN

* **Name in der Landessprache (Japanisch):** Tokyo
* **Einwohner in Tokio:** ca. 8,3 Mio.
* **Einwohner im Großraum Tokio:** ca. 12 Mio.
* **Einwohner in der Metropolregion:** ca. 36,5 Mio.
* **Sehenswürdigkeiten:** Biermuseum Yebisu, Edo-Tokio-Museum, Electric City, Geldmuseum, Hama-Rikyu-Garten, Kaiserlicher Palast, Meiji-Schrein, Nationalmuseum, Omiya Bonsai Village, Opernhaus, Rainbow Bridge, Senso-ji, Shiba-Park, Shinjuku Gyoen, Tamagawa Josui Hamura, Tama Zoo, Tokyo Disney Resirt, Tokyo Metropolitan Art Museum, Tokyo Sea Life Park, Tokyo Tocho, Tokyo Tower, Ueno-Park

Der älteste Tempel Tokios wurde 645 erbaut: der Senso-ji in Asakusa.

Bei den Olympischen Sommerspielen 1964 sah man von den Kriegsschäden nichts mehr. Auch das heute noch vorbildliche Zug- und U-Bahn-System entstand im Vorfeld der Olympiade. In den 1970er- und 1980er-Jahren wuchsen die Wolkenkratzer immer schneller aus dem Boden. Im darauffolgenden Jahrzehnt stagnierte Tokios Wirtschaft, viele Firmen und Banken mussten um ihr Überleben kämpfen. Daher werden die 1990er-Jahre auch gerne als das „verlorene Jahrzehnt" bezeichnet.

Viele Städte verbinden sich im Großraum Tokio zu einer Megametropole. Die „Östliche Hauptstadt" hat nur wenige außerhalb Japans bekannte Sehenswürdigkeiten zu bieten. Die Hauptattraktion ist, dass man eine Metropole kennen lernen kann, die auf den ersten Blick westlichen Städten so ähnlich scheint, in ihrem Kern aber grundlegend anders ist. Es gibt weder einen zentralen Platz noch ein markantes Wahrzeichen oder einen besonderen Orientierungspunkt für Touristen, Tokio ist eine Ansammlung von verschiedenen Stadtteilen, eine Agglomeration von Städten, die zum Teil siebenstellige Einwohnerzahlen haben.

Ginza – Viertel der Reichen und Berühmten. Chuo-ku – der zentrale Bezirk Tokios – ist geschichtsträchtiger Boden, doch davon ist so gut wie nichts mehr zu sehen. Herzstück ist die exklusive Einkaufsecke Ginza mit ihren noblen Boulevards, Boutiquen und Kaufhäusern. Und entsprechend großen Menschenmengen. Ginza, der „Sitz des Silbers", war während der Edo-Zeit Sitz der Münzpräger und daher von großer Bedeutung für die Stadt der Shogune. Bis in die Moderne: Der zentrale Bezirk ist auch heute noch das finanzielle Zentrum des Landes, denn hier sitzt die Börse, „Shoken Torihikisho" (Aktienhandelsplatz). Gerüchten zufolge überlegt man, Ginza zur Fußgängerzone umzufunktionieren – bisher offensichtlich ohne durchschlagenden Erfolg.

Das Stadtzentrum ähnelt in vielerlei Hinsicht anderen Vierteln, zum Beispiel Shinjuku. Dies ist wahrscheinlich der beste Ort, um das junge Tokio zu erleben. In Shinjuku wimmelt es tagsüber von Angestellten, nach Sonnenuntergang aber verwandelt es sich in ein neonbeleuchtetes Unterhaltungswunderland, und in Shibuya und Harajuku findet man unglaublich viele Ess- und Trinklokale, von riesigen Bierhallen bis hin zu winzigen intimen Themenbars, moderne Geschäfte, Sportanlagen und schöne Parks. Einer der vielen Parks, er ist zudem mit 58 Hektar

Rechts: Die 570 Meter lange Rainbow Bridge über den Hafen von Tokio wurde 1993 fertig gestellt.

Unten: Der kaiserliche Palast.

einer der größeren in Tokio, ist der Shinjuku Gyoen. Er ist Vergnügungsviertel und Oase der Ruhe zugleich. Es kostet zwar Eintritt, aber das ist eine lohnende Investition, um der Hektik des nahen Bahnhofsbezirks zu entfliehen. Schon 1906 wurde der Park gestaltet. Er war zunächst nur der kaiserlichen Familie vorbehalten. Erst nach 1945 wurde er dann auch der Öffentlichkeit zugänglich gemacht.

Das alte Edo. Im Schatten der hoch aufragenden Wolkenkratzer – Tokyo Tower, Tocho und all der anderen Giganten – verschwinden die historischen Bauwerke Tokios fast gänzlich. Die meisten von ihnen liegen in Ueno und Asakusa, nördlich der ehemaligen Burg von Edo, in der Unterstadt Shitamachi. Das ist der Senso-ji in Asakusa – ein dem Kannon-Buddha (Buddha der Gnade) gewidmeter buddhistischer Tempel, der inmitten einer eng gebauten Umgebung errichtet wurde –, daneben reihen sich etliche Geschäfte in traditioneller Bauweise aneinander.

Die alte Burg von Edo musste unter den Meijikaisern dem Kaiserpalast weichen. Zu sehen sind von diesem jedoch nur noch einige Tore, Türme und imposante Gräben und Wälle. Besonders interessant ist der Meiji-Schrein mit seinen umliegenden Parkanlagen im Shibuya-Bezirk. Was dem Christen die Kirche, das ist dem Shintoisten der Schrein (Jingu), und so ist dieser Schrein ein sehr stark frequentierter Ort, vor allem von Einheimischen.

Alles Theater. Der Japaner liebt auch die vielen Theater der Hauptstadt. Vor allen Dingen sind es die traditionellen Formen des Theaters. Die beliebteste Form ist wohl das No-Theater, in dem nur Männer auftreten – ein Relikt aus der alten Samuraizeit. Gespielt werden vor allem Stücke aus der japanischen oder chinesischen Mythologie. Nur sehr wenige No-Theaterstücke befassen sich mit modernen Themen. Etwas weniger traditionell ist das Kabuki mit viel Gesang, Pantomime und Tanz.

Keine Geisha-Romantik. Tokio hat viele Gesichter: zügelloser Konsum und Oase der Ruhe, eine Überreizung der Sinne und zarte, unaufdringliche Schönheit. Tokio ist eine unglaublich fortschrittliche Stadt, die dennoch von der Vergangenheit verfolgt wird. Vor allem aber ist es eine faszinierende Stadt. Enttäuschung wird demjenigen bleiben, der mit Vorurteilen beladen hier ankommt und das traditionelle Japan mit Samuraischwert und Geisha-Romantik erwartet. Wenn man aber gewillt ist, sich einfach etwas Neuem auszusetzen, wird man von Tokio gar nicht mehr wegwollen – denn man kann hier ständig Neues und Einmaliges erleben.

BERÜHMTE PERSONEN

*** Olivia de Havilland**
(geb. 1916), amerikanische Schauspielerin

*** Saburo Moroi**
(1903–1977), Komponist

*** Yoko Ono**
(geb. 1933), japanisch-amerikanische Künstlerin und Sängerin

*** Takuma Sato**
(geb. 1977), Formel-1-Rennfahrer

*** Liv Ullmann**
(geb. 1938), norwegische Schauspielerin

*** Mishima Yukio**
(1925–1970), Schriftsteller und Politiker

IRAN

Teheran

TEHERAN GEHÖRT ZU DEN AM DICHTESTEN BESIEDELTEN STÄDTEN DER ERDE. ÜBER VIELE JAHRHUNDERTE HINWEG WAR TEHERAN ALLERDINGS NICHT MEHR ALS EINE UNBEDEUTENDE KLEINSTADT IM SCHATTEN DER WELTGESCHICHTE.

Mohammed Aga Khan, der Begründer der Kadscharen-Dynastie, machte Teheran aufgrund seiner Lage an den kühlen Hängen des Elburs 1975 zur Hauptstadt des persischen Reiches. Dieser Status ist ihr bis heute geblieben. Nach einem schweren Erdbeben im Mai 2004 wurde erstmals laut über die Verlegung des Regierungssitzes von Teheran in eine weniger erdbebengefährdete Region des Landes nachgedacht.

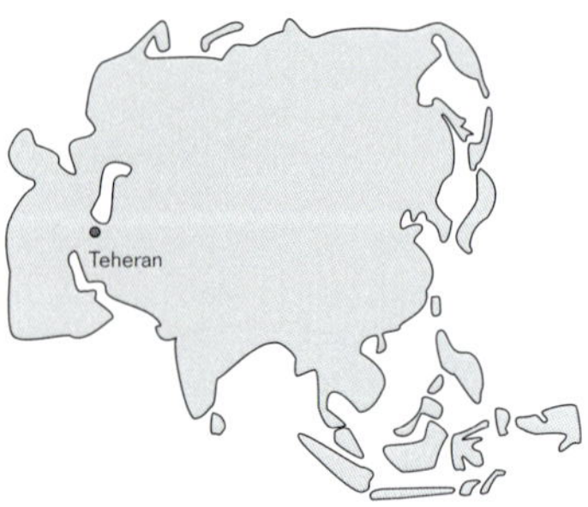

Paläste und Museen. Die ältere Bausubstanz Teherans stammt zu großen Teilen aus der Herrschaftszeit der Kadscharen, aus dem 19. Jahrhundert. Von allen Bauwerken der damaligen Zeit muss der alte Sitz der Schahs (bis 1979) erwähnt werden: der Golestan- oder Rosengartenpalast, heute ein Museum, dessen bekanntestes Ausstellungsstück der weltberühmte Pfauenthron ist. Exakt 26 733 Edelsteine verzieren den kostbaren Inthronisierungssitz der ehemaligen persischen Herrscher. Während sich hier die Menschenmassen treffen, ist der Garten des Palastes eine Oase der Ruhe und Schönheit im Herzen Teherans. Neben dem Museum im Golestanpalast gibt es eine große Anzahl weiterer Museen in der iranischen Hauptstadt. Einen Besuch wert sind sicherlich das Archäologische Museum und das Nationalmuseum, doch auch die vielen anderen Kulturstätten laden zum Verweilen ein.

FAKTEN

✻ Name in der Landessprache (Persisch): Tehran

✻ Einwohner in Teheran: ca. 7 Mio.

✻ Sehenswürdigkeiten: Archäologisches Museum, Ayatolla-Khomeini-Mausoleum, Basar, Behest-e Sahra, Freiheitsturm, Golestanpalast, Grüner Palast, Kronjuwelenmuseum, Pfauenthron, Schah-Moschee, Teppichmuseum, Weißer Palast

BERÜHMTE PERSONEN

✻ Vahid Hashemian (geb. 1976), Fußballspieler

✻ Mohammad Mossadegh (1882–1967), Politiker

✻ Mohammad Reza Pahlevi (1919–1980), letzter Schah von Persien

✻ Jasmin Tabatabai (geb. 1967), Schauspielerin

Reges Treiben erlebt man auf dem großen Basar in Teheran.

Der Basar von Teheran ist legendär und einer der größten Basare der Welt. Inmitten des Basars findet man auch das traditionelle Zur-Khane, das „Haus der Kraft", eine Sportstätte der besonderen Art: Mit Keulenschwingen und Ringen eifern bis zu 25 Sportler, begleitet von Trommeln und rituellen Gesängen, ihren Vorfahren nach. Entstanden ist die sonderbare Sportart, Bastani genannt, unter dem Joch der Mongolen, die den Einheimischen jedwede körperliche Ertüchtigung verboten hatten. Im Geheimen aber trainierten die Perser, um für den Tag der Befreiung von der mongolischen Herrschaft bereit zu sein.

Das moderne Teheran. Die Stadt der persischen Herrscher imponiert aber heute nicht nur durch historische Monumente oder den traditionellen Souk, sondern auch durch zahlreiche moderne Bauten. Heute ist ein Gebäude neueren Datums das Wahrzeichen Teherans: der 1971 – noch zu Zeiten des letzten Schahs – erbaute Shahyad- oder Freiheitsturm am Azadi-Platz. Von seiner Aussichtsplattform hat man einen herrlichen Blick über die ganze Stadt bis hinauf zu den fernen schneebedeckten Bergen des Elburs'. Im Süden liegt noch ein anderes monumentales Bauwerk als Symbol der Islamischen Republik Iran: das Ayatollah-Khomeini-Mausoleum. Vier schlanke Minarette, je 90 Meter hoch, rahmen die goldene Kuppel ein.

Nach Norden, nach Darband und Darrake am Fuße des Berges Tochal im Elbursgebirge, zieht es all jene, die dem Lärm der Stadt entfliehen möchten. Auf der Fahrt durch die nördlichen Stadtteile Teherans lohnt sich ein kurzer Stopp am Saadabad-Palast, der Sommerresidenz des letzten Schahs. Es bietet sich an, in einem der vielen traditionell eingerichteten Cafés oder Restaurants zu verweilen und die klare Bergluft zu genießen. Wer möchte, kann mit der längsten Seilbahn der Welt auch auf den Tochal hinauffahren, um auf einer der fünf Skipisten abzufahren.

Oben: Nicht weit außerhalb der Stadt erhebt sich die Ruine des Feuertempels, Versammlungs- und Kultort der Anhänger Zarathustras.

Links: Blick in den prächtigen Golestanpalast.

LIBANON

Beirut

BEIRUT KENNT MAN IN DER WESTLICHEN WELT VOR ALLEM AUS DEN NEWS DER NACHRICHTENSENDUNGEN: EINE ZERSCHOSSENE UND AUSGEBOMBTE STADT. DOCH FRÜHER EINMAL WAR DIE STADT EINE DER SCHÖNSTEN UND EINDRUCKSVOLLSTEN METROPOLEN IM GESAMTEN ÖSTLICHEN MITTELMEERRAUM.

Beirut, das „Paris des Nahen Ostens", soll schon bald wieder in altem Glanz erstrahlen – was im Krieg nicht zerstört wurde, wurde bereits und wird restauriert und endlich wieder mit Leben gefüllt. Eine Wiederherstellung des alten Beiruts wird es dabei aber nicht geben. Die Moderne hält Einzug an der Levante, von Sentimentalität und Rückbesinnung auf das Paris des Nahen Ostens ist nicht mehr viel zu spüren.

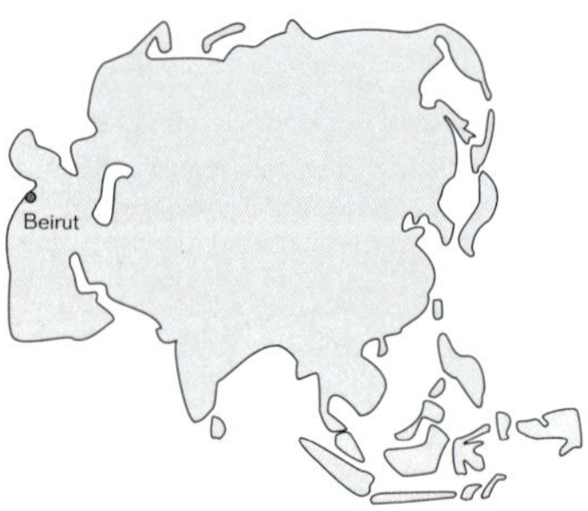

Stadt im Wiederaufbau. Ein Gang durch die einstige Ruinenlandschaft der Beiruter Innenstadt offenbarte das ungeheure Ausmaß der Zerstörung durch den jahrelangen Krieg. Die meisten der Gebäude wurden durch den andauernden Granatbeschuss und den Bombenhagel so stark beschädigt, dass sie nicht mehr zu retten waren. Aber die libanesische Hauptstadt will wieder zu dem werden, was sie in den goldenen 60er-Jahren des 20. Jahrhunderts war: blühende Handelsstadt, Finanzmetropole und das Tor zwischen europäischer und arabischer Kultur – eine Stadt am Schnittpunkt zwischen Okzident und Orient.

Eine Chance für die Archäologie. Der Platz der Märtyrer, einst pulsierender Mittelpunkt der früheren führenden Wirtschaftsmetropole des Nahen Ostens, war nach dem Krieg ein Trümmerfeld, in dem Archäologen nun dabei sind, die Überreste einer glanzvollen

Treffpunkt für Verliebte: die berühmten Taubenfelsen von Beirut.

FAKTEN

* **Name in der Landessprache (Arabisch):** Bairut
* **Einwohner in Beirut:** ca. 1,7 Mio.
* **Sehenswürdigkeiten:** Aanjar, Al-Amin-Moschee, Beirut City Centre, Cathedrale St. Georges, Corniche, Hotel Commodore, Jbeil, Nationalmuseum, Taubenfelsen

BERÜHMTE PERSONEN

* **Bachir Gemayel** (1947–1982), Politiker
* **Nicolas Hayek** (geb. 1928), Unternehmer („Swatch")
* **Suleman Taufiq** (geb. 1953), syrischer Schriftsteller

und bewegten Geschichte freizulegen: phönizische Grabkammern, persische und römische Tempelstufen, byzantinische Mosaiken, Fundamente von Kreuzritterburganlagen. 1993 haben sich die Archäologen, die zuständigen Behörden und die Wiederaufbaufirmen aber auf eine entsprechende Zusammenarbeit geeinigt. Das ermöglicht nunmehr weiter gehende Ausgrabungen als ursprünglich gedacht und eine Integrierung des antiken Beiruts in die moderne Metropole.

Beirut zwischen Arabien und Europa. Der Aufschwung Beiruts macht sich dadurch bemerkbar, dass hier in den letzten Jahren viele internationale Veranstaltungen Station gemacht haben. Man denke hierbei nur an die Asienmeisterschaften der Fußballer im Jahr 2000. Leider scheiterte dabei die heimische Mannschaft bereits in der Vorrunde – trotz allem war das Sportereignis ein enormer Erfolg. Eine sehr große Herausforderung aber war vor allem das Treffen der Arabischen Liga im Jahr 2002. Für kurze Zeit wurde Beirut zu einer hermetisch abgeriegelten Festung. Fast 15 000 Polizisten und Soldaten wurden in Alarmbereitschaft versetzt, Panzer und Flugabwehrgeschütze in Position gebracht. Und … der Kontrast könnte kaum größer sein: Im Dezember 2002 wurde in Beirut die Wahl zur Miss Europa durchgeführt. Ausgerechnet in der Stadt des arabischen Gipfeltreffens liefen die schönsten jungen Damen Europas über den Laufsteg. By the way: Es siegte die dunkelhaarige Russin Svetlana Koroleva vor Natascha Börner aus Hamburg.

Die Taubenfelsen – Wahrzeichen von Beirut. Beirut ist eine Stadt voller Flair – jedoch nicht nur orientalischen Ursprungs. Sie begrüßt ihre Besucher nun nicht mehr als Ruine, sondern als weltoffene, westlich orientierte Stadt. Wer auf dem Weg zu seinem Hotel an der Corniche, der legendären Uferpromenade, entlangfährt, taucht ein in die überschäumende Lebensfreude des Landes. Direkt an der zwei Kilometer langen Promenade, wo sich einst in den 1960er-Jahren der internationale Jetset tummelte, bummeln heute Familien, essen Kinder Zuckerwatte vom Jahrmarkt auf der schmalen Landzunge Arus al-Bahr. Und nicht zu vergessen das Wahrzeichen der Stadt: Die Taubenfelsen sind noch immer ein beliebter Treffpunkt für Alt und vor allem für Jung. Besonders die frisch Verliebten zieht es scharenweise bei Sonnenuntergang an diesen wundervollen romantischen Ort, wo mitten in der Brandung des Mittelmeeres zwei ausgehöhlte Kalkfelsen ausharren.

Mitte: Einst das pulsierende Herz der Stadt: der Platz der Märtyrer bei Kriegsende.

Unten: Die Corniche, die legendäre Strandpromenade.

SYRIEN

Damaskus

DAMASKUS, MIT EINER 10000 JAHRE ALTEN VERGANGENHEIT, GILT ALS DIE ÄLTESTE STADT DER WELT. EINST, ALS DIE KARAWANEN IN DIE STADT EINZOGEN, WURDEN SIE EMPFANGEN VON ÜPPIGEM GRÜN, SPRUDELNDEN WASSERFONTÄNEN UND KÜHLENDER ARCHITEKTUR.

Allein der Klang des Namens Damaskus weckt Assoziationen: Märchenstadt des Orients. Trotz des europäischen Einflusses der letzten 200 Jahre – Türken und Franzosen hinterließen nur wenige Spuren – bewahrte sich die syrische Hauptstadt ihr orientalisches Gesicht, und noch heute spürt man in Damaskus den unverwechselbaren Charme von einst. Für viele ist Damaskus die schönste arabische Stadt – Mutter aller Städte: die Perle des Mittleren Ostens.

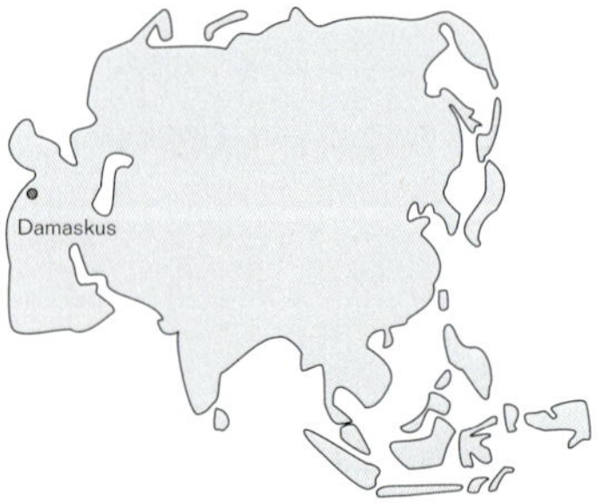

Basar und türkisches Bad. Die Oase Ghuata, eine der größten und fruchtbarsten Oasen des Nahen Ostens, zog zu allen Zeiten Menschen an. Im Schatten des Djebel Qassyun hat sich Damaskus über Jahrtausende hinweg entwickelt und entfaltet, wurde Schnittstelle zwischen dem Osten – den Perserreichen – und dem Westen – dem Mittelmeerraum. In der von engen Gassen durchzogenen Altstadt, 1979 von der UNESCO in die Liste des Weltkulturerbes aufgenommen, ist die Vergangenheit noch heute allgegenwärtig. Vorbei an den prächtigen Karawansereien, Koranschulen und Palästen, kann man zwischen all den kunstvollen Mauern immer wieder eintauchen in die üppigen Gärten, die im Innern der Häuser verborgen liegen. Hier befindet sich der traditionelle Souk der einheimischen Händler und Handwerker mit seinen Marktgassen. Dort liegt das

FAKTEN

* **Name in der Landessprache (Arabisch):** Dimaschq

* **Einwohner in Damaskus:** ca. 2,8 Mio.

* **Sehenswürdigkeiten:** Altstadt, Ananias-Kirche, Azim-Palast, Bab Touma, Chan Asad Pascha, Freitagsmoschee, Kapelle des Heiligen Paulus, Nationalmuseum, Saladins Mausoleum, Sayyida-Zainab-Moschee

BERÜHMTE PERSONEN

* **Rafik Schami** (geb. 1946), Schriftsteller

* **Abd ar-Rahman** (731–788), erster Emir von Córdoba in Andalusien

Die prächtige Gebetshalle der Omaijaden-Moschee.

Herz von Damaskus. Überall findet man Hammams, türkische Bäder, das Erbe der ehemaligen Besatzer.

Die Freitagsmoschee. In der Altstadt finden sich zudem jene großartigen Zeugen arabischer Baukunst, die man mit den Kalifen verbindet, mit dem Reichtum von Damaskus. So zählt die Moschee der Omaijaden-Herrscher (erbaut 705–715), auch als Freitagsmoschee bezeichnet, zu den ältesten Werken islamischer Architektur. Drei Minarette, in unterschiedlichen Baustilen gehalten, umrahmen die Moschee mit ihrem großen Innenhof, in der die große Gebetshalle steht. Die Arkadengänge rund um den Innenhof sind mit prächtigen Mosaiken geschmückt: Dargestellt ist das Paradies mit einem goldenen Himmelsdach.

Arabiens größter Held. Saladin oder besser Salah ad-Din Yusuf ibn Ayub (1137–1193), Sultan von Ägypten und Kalif von Damaskus, gilt als einer der großen Helden der arabischen Geschichte – obwohl er Kurde war. Und auch die Europäer zollten ihm, dem Heiden, großen Respekt und ehrten ihn als edlen Ritter. Sein Mausoleum, von einer roten Kuppel gekrönt, wurde 1193 im Garten der Freitagsmoschee errichtet.

Von Saulus zum Paulus. Ebenfalls in der Altstadt gelegen ist das alte Christenviertel Bab Touma am Thomas-Tor. Hier findet sich unter anderen die Ananias-Kirche. Die sechs Meter tief in die Erde gebaute Kirche ist einer der ältesten christlichen Sakralbauten. Auf kleinen Bildtafeln wird dort die Geschichte erzählt, wie der römische Soldat Saulus zum Paulus wurde und wie er später über die Stadtmauer flüchtete.

Mohammeds schöne Enkelin. Eine der schönsten Moscheen Syriens befindet sich knapp zehn Kilometer südlich von Damaskus in Rawia: die Sayyida-Zainab-Moschee. Sayyida Zainab, die Enkelin des Propheten Mohammed und Schwester des Propheten Hussein, soll hier begraben sein. Damit ist der Schrein mit seiner goldenen Kuppel ein Ziel für viele Pilger.

Oben: Die Sayyida-Zainab-Moschee in Rawia bei Damaskus.

Links: Die Omaijaden-Moschee liegt mitten in Damaskus.

IRAK

Bagdad

DER TIGRIS BILDETE 762 DEN SCHAUPLATZ FÜR DIE GRÜNDUNG EINER DER MÄCHTIGSTEN STÄDTE DES MITTELALTERS. BAGDAD, „GOTTESGESCHENK", SO LAUTET DER PERSISCHE NAME JENER STADT, DIE DER ABBASIDISCHE KALIF AL-MANSUR ANLEGEN LIESS.

In nur vier Jahren entstanden damals der Kalifenpalast sowie die Hauptmoschee am westlichen Tigrisufer. Und heute ist Bagdad eine Stadt in Trümmern. Die Bombeneinschläge des letzten Golfkriegs sind allgegenwärtig. Die einst so stolze und mächtige Stadt ist heute nur noch ein Schatten von einst – doch langsam beginnt sie wieder aufzuleben. Aber der Bedeutungsverlust Bagdads nahm nicht erst Ende des 20. Jahrhunderts mit den Golfkriegen seinen Anfang.

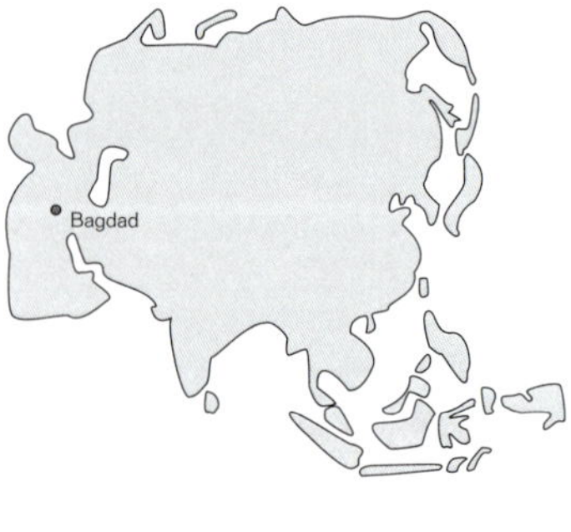

Niedergang und Verfall. Schon zur Zeit des Mongolenansturms im 13. Jahrhundert begann der Verfall der Stadt und der gesamten Region. Im Kampf um das Land zerstörten Angreifer und Verteidiger gleichermaßen das zum Überleben so notwendige Bewässerungssystem der Region. Mesopotamien verfiel zur Wüste, und schon bald war die einst zweitgrößte Stadt der Welt in der Bedeutungslosigkeit versunken.

Ein Hauch von Sheherezade. In den fünf Jahrhunderten der Herrschaft der abbasidischen Kalifen (750–1258) erlebte Bagdad seine große Blütezeit. Bagdad war das Zentrum der Wissenschaft und der Künste. Der in Europa wohl bekannteste Nachfahre von Al Abbas ibn Abd al-Muttalib, einem Onkel des Propheten Mohammed, ist ohne Zweifel Kalif Harun Ar-Rashid (766–809). Seiner Regentschaft und der

Links: Ein Blick über die irakische Hauptstadt Bagdad Anfang des Jahres 2003.

Rechts: Das Golfkriegsdenkmal.

Unten: Die Kadhimain-Moschee.

seines Sohnes Abdallah al-Ma'mun (813–833) verdankt Bagdad den Ruf als die orientalische Märchenstadt schlechthin. Wie viele der Kalifen besaßen auch sie einen ausgesprochenen Hang zur Verschwendungssucht und Übertreibung. 65 000 öffentliche Bäder soll es im 9. Jahrhundert gegeben haben. So ist es wenig verwunderlich, dass sich einige der Märchen aus 1001 Nacht, die Prinzessin Sheherezade den Kalifen angeblich erzählt haben soll, in Bagdad abgespielt haben, zum Beispiel Ali Baba und die 40 Räuber.

Glanz der Kalifen. Die ältesten Bauwerke der Stadt sind wie erwähnt der Kalifenpalast der Abbasiden und die Hauptmoschee. Über die Jahrhunderte hinweg wurde stetig an ihnen weitergebaut. Der Palast dürfte erst gegen Ende des 12. Jahrhunderts seine heutigen Ausmaße und Formen erhalten haben, die Moschee im 14. Jahrhundert. Der Gebäudekomplex der berühmten Al-Mustansirijah-Universität stammt aus dem Jahr 1227. Damit zählt er ebenfalls zu den ältesten erhaltenen Bauwerken der Stadt. Prunkstück arabischer Baukunst aber ist die um 1515 fertig gestellte Goldene Moschee in der Vorstadt Kadhimain, einige Kilometer nördlich des Stadtzentrums. Hier befinden sich die Grabmäler berühmter Imame der Schiiten, die sie zu einem bekannten und wichtigen Wallfahrtsort gemacht haben.

Karch – das moderne Bagdad. Bagdad zeigt sich heute mit mehr als fünf Millionen Einwohnern wieder weltstädtisch und modern. Dichter Verkehr braust über die Straßen beiderseits des Tigris. Es herrscht ein Gemisch verschiedenster Hochhäuser vor, dichter Smog hängt über der Stadt. Karch, das Stadtzentrum Bagdads, liegt am Westufer des Tigris. Insgesamt elf Brücken verbinden es mit dem historischen Zentrum Rusafah am anderen Ufer. In Karch, inmitten hoher Wohnblöcke, liegen die meisten Ministerien und der Zentralbahnhof.

Über eine Strecke von fünf Kilometer schmiegt sich Saddam Husseins einstiger Regierungspalast an das westliche Ufer des Tigris. Einen Kilometer vom Informationsministerium entfernt steht das Raschid-Hotel, das zweifelhafte Berühmtheit erlangt hat, da der US-Nachrichtensender CNN am 17. Januar 1991 von hier aus den Beginn des ersten Golfkriegs meldete.

FAKTEN

* **Name in der Landessprache (Arabisch):** Baghdad
* **Einwohner in Bagdad:** ca. 5,67 Mio.
* **Sehenswürdigkeiten:** Al-Mustansirijah-Universität, Babylon, Grabmal des unbekannten Soldaten, Hauptmoschee (Imam-Ali-Moschee), Iraqi-Museum, Kadhimain-Moschee, Kalifenpalast, Märtyrermonument, Präsidentenpalast

BERÜHMTE PERSONEN

* **Iyad Allawi** (geb. 1945), Politiker
* **Bassim Salih Kubba** (1944–2004), Politiker
* **Abd al-Karim Qasim** (1914–1963), Politiker

CHINA

Shanghai

DIE GRÖSSTE METROPOLE CHINAS HAT IN DEN LETZTEN JAHREN EINEN ENORMEN BAUBOOM ERLEBT. WOLKENKRATZER SCHOSSEN WIE PILZE AUS DEM BODEN, UND DAS EINSTIGE „PARIS DES OSTENS" HAT EIN NEUES ANTLITZ ERHALTEN.

Dabei hatte es vor fast 6000 Jahren eigentlich ganz beschaulich begonnen. Über die Jahrhunderte hinweg lebten die Einwohner der Region vom Fischfang im Ostchinesischen Meer und am Jangtse. Der Aufschwung setzte erst zu Beginn des letzten Jahrtausends ein, die Schifffahrt auf dem Jangtse ins Hinterland gewann zunehmend an Bedeutung, und Shanghai wurde zum wichtigen Umschlagplatz zwischen dem Herzen Chinas und Japan. Damit wurde Shanghai im 19. Jahrhundert auch für die Europäer zum interessanten Pflaster. Die Stadt bekam internationales Flair.

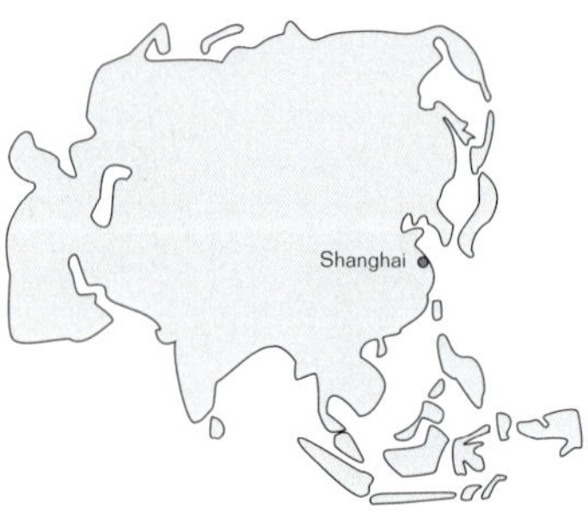

Stadt der Abenteuer. Das 19. Jahrhundert brachte der Stadt einen großen Zuwanderungsschub. Zum einen flohen die Menschen vor den Kriegswirren des in China wütenden Taiping-Aufstands (1851–1864) nach Shanghai, zum anderen zog viele die Hoffnung auf Arbeit und das schnelle Glück in die stetig wachsende Stadt am Jangtse-Delta. Und so wurde mit dem Ende des Jahrhunderts schließlich die Millionengrenze überschritten. Dies schuf Probleme: Die Arbeitslosigkeit wuchs immer mehr, zum Teil waren erbärmliche Lebensbedingungen die Folge. Aber der Zustrom der Glücksritter kam noch immer nicht zum Versiegen. Der Probleme ungeachtet wuchs Shanghais wirtschaftliche Bedeutung immer weiter. Selbst nach dem Sturz

Am Ostufer des Huangpu erheben sich die markanten Türme und Wolkenkratzer von Pudong; in der Mitte der Jin Mao Tower, das höchste Bauwerk Chinas.

FAKTEN

*** Name auf deutsch:** „Stadt hin zum Meer"

*** Name in der Landessprache (Chinesisch):** Dongfang Mingzhu („Perle des Orients")

*** Einwohner in Shanghai:** ca. 9,26 Mio.

*** Einwohner in der Agglomeration:** ca. 18,25 Mio.

*** Sehenswürdigkeiten:** Bund (Wai Tan), Chenghung Miao, French Quarter, Huangpu Yuan, Jadebuddha-Tempel (Yufo Si), Jin Mao Tower, Lan-Xin-Theater, Long-Hua-Pagode, Museum für Kunst und Geschichte, Nanpu-Brücke, Pearl of the Orient Tower, Platz des Volkes, Shanghai Centre, Shanghai Grand Theater, Sun-Yatsen-Residenz, Yangpu-Brücke, Yu Yuan

des letzten Kaisers Pu Yi (1911) blieb Shanghai bis in die 20er-Jahre des letzten Jahrhunderts die führende Wirtschaftsmetropole Chinas. Die Stadt wurde zum Synonym für Sünde, Abenteurertum und unermesslichen Reichtum.

Nährboden des Kommunismus. Der Gegensatz zwischen Arm und Reich äußerte sich zunehmend in Konflikten. So ist es kaum verwunderlich, dass ausgerechnet die an sich reichste Stadt Chinas den Nährboden für die Gründung der Kommunistischen Partei bot. Die Proteste der ersten chinesischen Kommunisten richteten sich dabei nicht so sehr gegen reich gewordene Landsleute, sondern in erster Linie gegen die „ausländischen Imperialisten", die in ihren Vierteln ein Leben im Luxus führten. Ausbrechende Aufstände wurden jedoch zunächst von der chinesischen Nationalarmee 1927 blutig niedergeschlagen.

Shanghai ist bankrott. Im Juli 1937 brach der Zweite japanisch-chinesische Krieg aus. Und im November desselben Jahres marschierten die Japaner in Shanghai ein. Zwar machten die Japaner um die exterritorialen Gebiete der europäischen Viertel einen Bogen, doch ganz ungeschoren kamen auch diese nicht davon. Erst 1943 – während des Zweiten Weltkriegs – wurden die ansässigen Ausländer von der japanischen Armee in Internierungslager gebracht. Am Ende des Krieges wurde Shanghai wieder an China zurückgegeben. Im Zuge der Machtübernahme durch die Kommunisten erlangten diese 1949 auch die Kontrolle in Shanghai, und für die europäischen Handelszentren begann eine neue Zeit. Ausländisches Kapital wurde nun erheblich besteuert oder gar konfisziert – kein Wunder, hatten doch die Nationalchinesen auf ihrer Flucht vor den Kommunisten die Goldreserven der Bank of China in Shanghai geplündert. Die Stadt war de facto pleite.

Abstieg und ein Neuanfang. Shanghai wurde ab 1966 zum Zentrum der großen Kulturrevolution unter Mao und zum Schauplatz heftiger Kämpfe zwischen Splittergruppen der Kommunistischen Partei. Auch nach Maos Tod im Jahr 1976 blieb Shanghai die Hochburg der Maoisten. Dies führte dazu, dass Shanghai von Peking, das von den Gegenspielern der Maoisten regiert wurde, bis in 1980er-Jahre hinein systematisch klein gehalten wurde. Eine Vorwärtsentwicklung der Stadt fand zu diesem Zeitpunkt nicht statt. Erst Mitte dieses Jahrzehnts besann man sich in Peking eines Besseren. Man gewährte Shanghai neue Privilegien

Mitte: Der Bund in Shanghai mit seinen kolonialen Bauten.

Unten: Der Park von Yu Yuan bietet Erholung und Entspannung – und Staus auf den Wegen.

Ein Muss für jeden Shanghai-Besucher: das Shanghai Museum mit seinen vielfältigen Ausstellungen zur chinesischen Kultur.

und wies der Stadt erneut die Vorreiterrolle für die Modernisierung Chinas zu. Ausländische Unternehmen konnten nun endlich wieder notwendige Investitionen tätigen. Und Shanghai boomte.

Zwei Brücken vereinen die Stadt. Heute besticht Shanghai durch den Kontrast zwischen Alt und Neu. Wolkenkratzer, Neubauten, der Hafen und der Flughafen markieren das moderne Shanghai auf der Ostseite des Huangpu-Flusses. Gegenüber, am anderen Ufer, liegt Puxi, das „alte Shanghai", hinter dem sich jedoch inzwischen ebenfalls die Wolkenkratzer auftürmen. Bindeglieder zwischen den zwei Gebieten sind die beiden längsten Hängebrücken der Welt: die Yangpu-Brücke mit 7658 Meter und die gigantische Nanpu-Brücke mit 8346 Meter Länge. Es ist möglich, mit einem Aufzug auf die Brücken hochzufahren und dann auf den Brücken – mit einer wundervollen Aussicht auf den Huangpu und die beiden Flussufer – spazieren zu gehen. Es kann sogar sein, dass man zu Fuß um einiges schneller vorankommt als all die Autos, die wieder einmal im Stau feststecken.

Wahrzeichen der Stadt – der Bund. Der Bund, eine Uferpromenade am Huangpu-Fluss, ist die Touristenattraktion und das Wahrzeichen schlechthin. Hier lag das Zentrum des „European Settlement" in Shanghai. Aber nicht nur Fremde, auch die Chinesen kommen gern hierher zum Bummeln und Promenieren. Am Bund finden sich die alten historischen Gebäude, allen voran das britische Konsulat in Nummer 29 von 1873. Besonders empfehlenswert ist auch eine Bootsfahrt auf dem Huangpu-Fluss, bei der man die historischen Gebäude auf der einen Seite und die Neubauten aus verschiedenen Blickwinkeln kennen lernen kann.

Die Skyline immer vor Augen. Vom Bund aus blickt man auf das andere Ufer des Huangpu-Flusses, wo sich die modernen Bauten von Pudong aufreihen. Besonders spektakulär ist diese Aussicht bei Nacht, wenn die Wolkenkratzer in buntem Lichterglanz erstrahlen, herausragend natürlich der Fernsehturm und der Jin Mao Tower. Letzterer überragt mit 340 Meter alle anderen Bauwerke und ist von fast überall in der Stadt gut zu sehen. Es ist natürlich kein Zufall, dass der Turm 88 Stockwerke besitzt, denn die Acht ist die Glückszahl in China.

Am Platz des Volkes, der zu Kolonialzeiten eine Pferderennbahn war, hatten die Stadtväter ab 1994 ein extravagantes Opernhaus, das „Shanghai Grand Theatre", ein beeindruckendes Gebäude mit 40 Meter

Ein gewohntes Bild in Shanghai: Auf öffentlichen Plätzen oder in Parks treffen sich ganze Firmenbelegschaften zum Tai-Chi in der Mittagspause.

BERÜHMTE PERSONEN

✱ George Atkinson (1935–2005), Gründungsvater der Videotheken

✱ Joan Chen (geb. 1961), Schauspielerin

✱ Hu Jintao (geb. 1942), Politiker

✱ Ingrid Noll (geb. 1935), Schriftstellerin

✱ Terence Young (1915–1994), Filmregisseur

Höhe, erbauen lassen. Nach vier Jahren Bauzeit wurde es 1998 eingeweiht. Aufgeführt werden hier westliche Theaterstücke, Opern und Kammermusikkonzerte genauso wie chinesische Opern und Dichterlesungen. Die typischen chinesischen Akrobatik-Shows kann man hingegen im Shanghai Centre in der Nanjing Xi Lu sehen – und das jeden Abend.

Verkehrsmittel der Superlative. Doch wie bewegt man sich in dieser Metropole am besten von A nach B? Die Straßen sind in aller Regel verstopft von den unzähligen Pkws, Taxis und Bussen. Shanghai ist ja schließlich auch die Autostadt Chinas. Im Bezirk Anjing – hier liegt auch die Formel-1-Rennstrecke – konzentrieren sich sämtliche Betriebe der Automobilindustrie, über 180 in- und ausländische Konzerne sind es bis jetzt – Tendenz steigend. Glücklicherweise gibt es seit Januar 2003 ein neues Fortbewegungsmittel – und das steht sicher nicht im Stau: der Transrapid oder Maglev. Er verbindet das U-Bahn-Netz Shanghais mit dem internationalen Flughafen in Pudong. Mit Spitzengeschwindigkeiten von derzeit bis zu 431 Stundenkilometer (jedoch nur ca. eine Minute tatsächlich ausgefahren) benötigt der Zug für die 30 Kilometer lange Strecke nur mehr acht Minuten. Es gibt dabei bloß ein kleines Problem: Der Transrapid fährt nicht direkt in das Zentrum von Shanghai, sondern nur bis Pudong, eine fast halbstündige Autofahrt außerhalb. Hier muss man leider in die zumeist überfüllte Metro umsteigen oder auf Taxis ausweichen.

Frieden und Gesundheit. Voll sind aber nicht nur die Straßen mit Autos. Auch die Parks sind voll, voll mit Menschen – besonders am Wochenende. So auch der Yu Yuan, der „Garten des Friedens und der Gesundheit". Viele Einheimische kommen hierher, um Tai-Chi zu betreiben oder eine andere asiatische Sportart auszuüben. Der Garten wurde zu Zeiten der Ming-Dynastie von Pan Yunduan errichtet (1559–1577). Es wird überliefert, dass er seinen Eltern einen Ort zur Erholung bieten wollte. Nach Pan Yunduans Tod begann der Garten zu verwahrlosen. 1956 beschloss die Regierung, den Garten zu renovieren. Seit 1961 ist er der Öffentlichkeit mit allen seinen Attraktionen wieder zugänglich: Pavillons, Hallen, Steinbauwerke und Teiche zeigen die exzellenten Handwerkskünste aus den Ming- und Qing-Dynastien Südchinas auf.

Mitte: In der Autostadt Nummer eins in China sind Verkehrsstaus an der Tagesordnung.

Unten: Die Auffahrten zur Nanpu-Brücke erscheinen wie ein Irrgarten.

ISRAEL

Jerusalem

JERUSALEM ZÄHLT ZU DEN ÄLTESTEN DURCHGEHEND BEWOHNTEN STÄDTEN DER WELT. AUS DEM EINSTIGEN „URUSCHALIM" WURDE NACH DER EROBERUNG DURCH KÖNIG DAVID UM DAS JAHR 1000 V. CHR. DAS JÜDISCHE JERUSALEM: DIE „STADT DES FRIEDENS".

Davon war und ist Jerusalem allerdings noch immer weit entfernt. Waren es in der Antike die Babylonier, die Ägypter und die Perser, die mit gierigen Augen auf das reiche Jerusalem blickten, so waren es im Mittelalter die Moslems, die mit der Eroberung Jerusalems die Kreuzzüge ins „Heilige Land" auslösten. Und heute sind es die Palästinenser, denn auch sie beanspruchen Jerusalem oder Teile davon als ihre Hauptstadt.

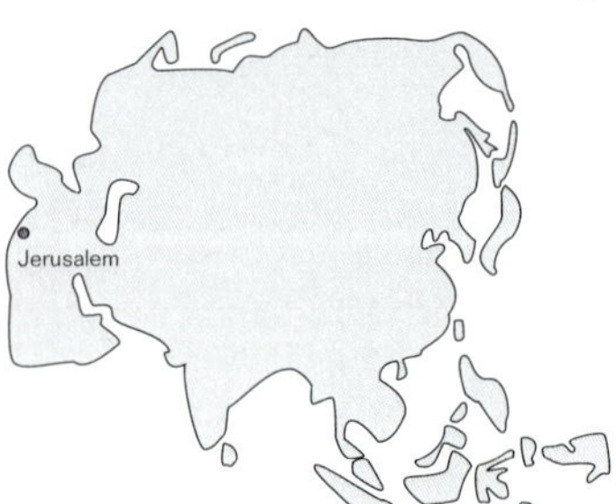

Jerusalem ist seit 1980 Sitz der israelischen Regierung und des israelischen Parlamentes – der Knesset. Aufgrund einer UN-Resolution (478) aus dem gleichen Jahr haben allerdings heute noch immer fast alle Auslandsvertretungen ihre Sitze in Tel Aviv.

Drei Religionen nebeneinander – und viele (Stadt-) Ansichten. Jerusalem ist eine multireligiöse Stadt. Juden, Moslems und Christen geben sich hier ein Stelldichein. Doch nicht genug damit, unterteilen sich diese Gruppen wiederum in fast unzählige Sekten und Glaubensrichtungen. Allein die Christen verteilen sich auf fast ein Dutzend Splittergruppen, von denen die griechisch-orthodoxe Gemeinde die größte ist. Wahrscheinlich macht aber gerade das auch den Reiz dieser Stadt aus.

Die Vielfalt der sakralen Bauwerke übt eine große Anziehung und Faszination aus. Jede der drei

Rechts: der Ölberg mit der Kirche Maria Magdalena.

Unten: Die Klagemauer und im Hintergrund die Kuppel des islamischen Felsendoms.

großen Weltreligionen ist mit dieser Stadt eng verbunden: Für Juden wie Christen ist es die Heilige Stadt, Zentrum ihrer Religion, und im Islam ist Jerusalem jene Stätte, von der aus Mohammed der Überlieferung nach seine Himmelfahrt angetreten hat.

Drei Architekturstile. Die Altstadt von Jerusalem wurde 1981 zum UNESCO-Weltkulturerbe erklärt. Sie unterteilt sich in vier größere Viertel: das armenische Viertel im Südwesten, das christliche im Nordwesten, das jüdische im Südosten und das muslimische im Nordosten. Eingerahmt werden sie alle von einem Mauerring aus dem 16. Jahrhundert.

Die einzelnen berühmten und weniger berühmten Bauwerke hier aufzulisten würde zu weit führen. Bekannt ist sicherlich die Klagemauer, ein 400 Meter langer Teil der Stützmauer jenes Plateaus, auf dem Herodes der Große den großen Tempel errichten ließ. Daneben sind insbesondere für Christen die Via Dolorosa (der Leidensweg) und die im vierten Jahrhundert erbaute Grabeskirche wichtige Anlaufpunkte in der Stadt. Aus muslimischer Sicht muss in jedem Fall auf den Felsendom hingewiesen werden. Dieser wurde zu Ehren der Himmelfahrt des Propheten Mohammed erbaut. Der Felsendom ist allerdings keine Moschee. Aus diesem Grund wurde später die weithin sichtbare Al-Aqsa-Moschee hinzugebaut. Die mit Blattgold beschichtete Kuppel ist das älteste Zeugnis islamischer Architektur, erbaut zwischen 687 und 691.

Nicht nur ein Aussichtsberg. Östlich und nordöstlich wird Jerusalem von einer bekannten Erhebung begrenzt: dem Ölberg (Har HaZetim). Mit seinen am höchsten Punkt 827 Metern erhebt sich die Hügelkette des Ölbergs (er selbst misst nur 809 Meter) nicht sehr weit über die Altstadt. Grund für die Bekanntheit des Ölbergs ist seine bedeutende Stellung innerhalb der drei großen Religionen. Nach jüdischem Glauben wird der Messias über den Ölberg nach Jerusalem kommen und dann im Tal des Kidronbaches das Jüngste Gericht abhalten. Auch die Muslime erwarten das endzeitliche Gericht im Kidrontal. Und die Christen verbinden den Ölberg wie nur wenige andere Orte mit der Lebens- und Leidensgeschichte Jesu Christi. Heute besitzt der Ölberg zumeist eine etwas banalere Bedeutung: Er ist ein sehr beliebtes Ausflugsziel für die zahlreichen Jerusalemtouristen, weil sich von der Aussichtsplattform oberhalb des jüdischen Friedhofs ein herrlicher Blick auf die Jerusalemer Altstadt bietet. Die meisten der bekannten Großaufnahmen des Tempelbergs und unzählige Panoramabilder der Altstadt wurden von hier oben aufgenommen.

FAKTEN

*** Name in der Landessprache (Hebräisch):**
Jeruschalajim

*** Einwohner in Jerusalem:**
ca. 700 000

*** Sehenswürdigkeiten:**
Al-Aqsa-Moschee, Altstadt, Bazabel Museum, Cardo, Damaskustor, Erlöserkirche, Felsendom, Goldenes Tor, Grabeskirche, Herodestor, Israel-Museum, Klagemauer, Ölberg, Stadttheater, Stephanstor, Via Dolorosa, Yad Vashem, Zionstor

BERÜHMTE PERSONEN

*** Abraham B. Jehoshua**
(geb. 1936), Schriftsteller

*** Natalie Portman**
(geb. 1981), amerikanische Schauspielerin

*** Wilhelm von Tyrus**
(1130–1186), Erzbischof von Tyros und Geschichtsschreiber

TAIWAN

Taipeh

SEIT IHRER ENTSTEHUNG IM 18. JAHRHUNDERT HAT SICH DIE TAIWANESISCHE HAUPTSTADT TAIPEH ENORM VERÄNDERT. REISFELDER MUSSTEN WOLKENKRATZERN WEICHEN, UND AUS BESCHAULICHEN SIEDLUNGEN ERWUCHS EINE MODERNE, GESCHÄFTIGE MILLIONENSTADT.

Wer die 508 Meter des „Taipeh 101" erklommen hat – das höchste Bauwerk der Welt ist von überall in der Stadt gut sichtbar –, der wird das wahre Taipeh zwischen all den modernen Bauwerken erblicken: ein herrlicher Ausblick auf Tempel, Märkte und das nationale Palastmuseum, und dazwischen die vielen alten Gassen, auf denen sich das eigentliche Leben Taipehs abspielt.

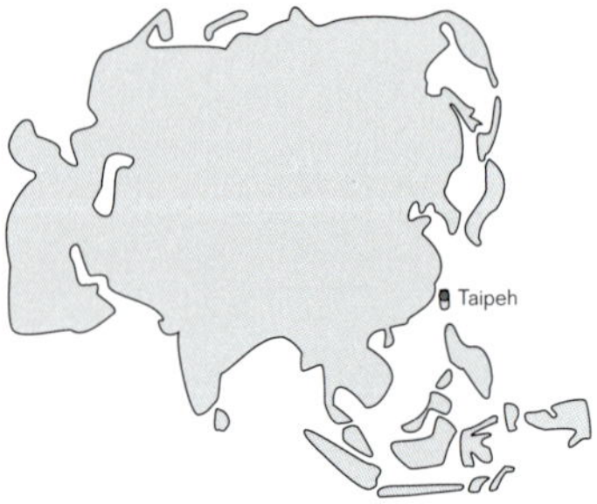

Erste Schritte. Vor rund 300 Jahren lag ein Sumpf dort, wo heute eine der modernsten Metropolen Asiens steht. Nur die Pingpu, Formosas Ureinwohner, die in den höher liegenden Gebieten rund um das Becken lebten, gelangten mit ihren Kanus in diese Gegend. Später kamen vom chinesischen Festland Han-Chinesen zum Fischfang und Handel. Doch sie hielten sich an die Ufer des Tamsui-Flusses, anstatt sich im Gebiet des heutigen Taipeh niederzulassen. Im Jahr 1709 legte ein Bauer namens Chen Lai-chang aus Chuanchou in China den Grundstein für eine Farm in Takala, dem heutigen Zentrum Taipehs. Daraufhin stieg die Zahl der Siedler kontinuierlich an. Diese erste Siedlung war als Manka bekannt.

Von Manka nach Tataocheng. Die Verwaltung über Manka und die umliegende Region wurde hauptsächlich von den Einwanderern aus den verschiedenen Gebieten Festlandchinas ausgeübt. Schon bald

FAKTEN

✻ Einwohner in Taipeh:
ca. 2,6 Mio.

✻ Sehenswürdigkeiten:
Chiang Kai-shek-Gedenkhalle, Chih Nan-Tempel, Formosa Wonder World, Fort San Domingo, Friedenspark, Jao Ho Street Nachtmarkt, Lungshan Tempel, Nationales Palastmuseum, Seven Stars Mountain, Shilin Nachtmarkt, Shin Kong Observatory, Sun Yat-sen-Gedenkhalle, Taipeh 101, Taipeh City Zoo, Taipeh World Trade Center, T. Financial Center

BERÜHMTE PERSONEN

✻ Chieh Shih
(geb. 1950), Pianist und Komponist

✻ Jerry Yang
(geb. 1968), Mitbegründer und Vorstand des Internetverzeichnisses Yahoo!

Das höchste Bauwerk der Welt steht in Taipeh. Es ist der Taipeh 101 Tower mit einer Höhe von 508 Metern.

kam es aufgrund der unterschiedlichen Vorstellungen über die zukünftigen Verwaltungsstrukturen unter den Siedlern zu Spannungen. Die folgenden gewaltsamen Auseinandersetzungen fanden 1823 ihr Ende: Eine der geschlagenen Gruppen floh aus Manka an die Ufer des Tamsui-Flusses nach Tataocheng. Dort begannen sie, das Land nutzbar zu machen, und legten so den Grundstein für eine blühende Gemeinschaft. Tataocheng lief im 19. Jahrhundert Manka seinen Rang ab und wurde 1875 zum Zentrum der Präfektur Taipeh.

Eine rasche Entwicklung. Als die Japaner Taiwan 1895 zur Kolonie machten, errichteten sie ihr Hauptquartier in Taipeh, und die Stadt entwickelte sich kontinuierlich weiter – auch nach dem Abzug der Besatzer 1945 und der Loslösung von China. In 100 Jahren entwickelte sich das einst ländliche Gebiet zum administrativen, wirtschaftlichen und kulturellen Zentrum Taiwans. Manka, Tataocheng und Chengnei haben ihr ursprüngliches Erscheinungsbild verloren. Dennoch blieben einige wichtige historische Stätten erhalten, wie die Villa und der Garten der im 19. Jahrhundert sehr einflussreichen Familie Lin, der Friedenspark und das Präsidentenpalais von 1919.

Moderne City – alte Traditionen. Heute erheben sich vollverglaste Bürohochhäuser, luxuriöse Eigentumswohnungen und moderne Geschäftsbezirke über breiten, von Bäumen gesäumten Boulevards. Zum Leben der Menschen gehören elegante Restaurants, vornehme Nachtklubs und die Auftritte internationaler Stars. Doch unter der modernen Oberfläche leben die traditionelle Kultur und Lebensweise fort. Überall stößt man auf zeitlose Szenen einer der ältesten Kulturen der Welt: Gläubige, die in alten Tempeln den Beistand der Götter erbitten, große religiöse Prozessionen, die unter dem Krachen von Feuerwerkskörpern durch die Straßen ziehen. Und kleine Läden bieten Kräuterarzneien an, auf die seit Jahrtausenden vertraut wird.

Oben: Unterwegs ist man in Taipeh am besten mit einem Zweirad.

Links: Das traditionelle Leben spielt sich größtenteils in den Tempeln der Stadt ab, wie etwa hier im Lungshan-Tempel.

VEREINIGTE ARABISCHE EMIRATE

Dubai

NACH OFFIZIELLEN ANGABEN LEBEN 99 PROZENT DER EINWOHNER DIESES KLEINEN UND EINST SO BESCHAULICHEN EMIRATS IN DUBAI. DAHER MACHT EINE UNTERSCHEIDUNG ZWISCHEN EMIRAT UND STADT KAUM EINEN GROSSEN UNTERSCHIED.

Dubai ist eine Boom-Stadt wie wohl kaum eine andere am Persischen Golf: Große neue Hotelanlagen, Einkaufszentren und Hochhäuser wachsen nahezu täglich aus dem Boden und prägen das Bild der hochmodernen Millionenstadt. Spektakulärer aber erscheint doch der Bau der größten Skihalle der Welt am Rand der arabischen Wüste. Denn im Dezember 2005 wurde das „Ski Dubai Resort" eröffnet. Bei Tag und Nacht herrscht hier eine gleichmäßige Temperatur von minus einem Grad Celsius vor. Und das auch bei 40 Grad plus unter der glühend heißen Sonne Arabiens.

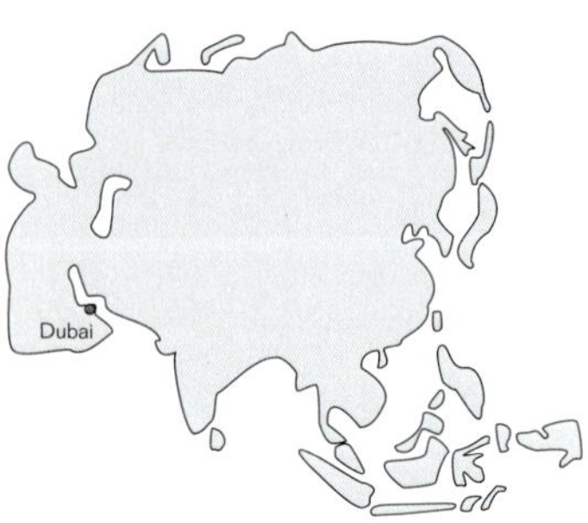

Erdöl – das schwarze Gold der Scheichs. Seit über 170 Jahren wird Dubai von der Herrscherfamilie der Al Maktum regiert. Unter ihrer Herrschaft, und mit großzügiger Unterstützung der Briten, entwickelte sich der Hafen zu einem wichtigen Handelszentrum am Persischen Golf. Zunächst lebten die meisten Menschen dabei von der Perlentaucherei. Mit den Erdölfunden im Jahr 1966 veränderte sich das Bild Dubais nachhaltig, und ein unglaublicher wirtschaftlicher Boom wurde ausgelöst.

Reiseziel am Golf. Aufgrund der begrenzten Ölvorkommen setzt man in Dubai heute auch auf andere Wirtschaftsbereiche wie Tourismus, Bankgeschäfte und Handel. In den letzten Jahren wurden

Das Burj Al Arab-Hotel, Wahrzeichen Dubais.

FAKTEN

*** Einwohner in Dubai:**
ca. 1,13 Mio.

*** Einwohner im Emirat:**
ca. 1,15 Mio.

*** Sehenswürdigkeiten:**
Al-Fahidi-Fort, Bastakia, Burj al Arab, Burj Dubai, Emirates Towers, Gold-Souk, Große Moschee, Ibn Battua Shopping Mall, Madinat Jumeirah, Palm Islands, Sheikh Zayed Road, Ski Dubai Resort, Wild Wadi

BERÜHMTE PERSONEN

*** Muhamed bin Raschid Al Maktum**
(geb. 1949), Emir von Dubai

*** Maktum bin Raschid Al Maktum**
(1943–2006), Emir von Dubai

im Bereich des Tourismus große Anstrengungen unternommen. So entstanden am Strand von Jumeirah, der teuersten Wohngegend des Emirats, etliche Luxushotels, unter anderem das weltberühmte Burj al Arab („Turm der Araber") mit 321 Meter Höhe. Es ist das wohl teuerste, höchste und luxuriöseste Hotel der Welt. Und in schwindelnder Höhe kann man auf dem so genannten Helipad in 211 Meter Höhe über dem Dubai Creek Tennis spielen. In Jumeirah befinden sich der Vergnügungspark Wild Wadi und das Madinat Jumeirah, ein elegantes Geschäfts- und Hotelzentrum. Eine weitere touristische Attraktion sind die weltweit bekannten Palm Islands, drei jeweils künstlich in Palmenform angelegte Inselgruppen, auf denen Ferienhäuser, Villen und Hotels entstanden sind und noch entstehen sollen. Und weitere Inselgruppen sind bereits in Planung.

Der Fluss, der kein Fluss ist. Der Al-Khor oder Dubai Creek zerteilt die Stadt in eine Nord- und eine Südstadt. Dabei handelt es sich allerdings nicht, wie so oft fälschlicherweise angenommen, um einen Fluss: Der Al-Khor ist eine schmale Meeresbucht. Abras, die typischen kleinen Personenfähren, ermöglichen preiswerte und schnelle Überfahrten. Für ein malerisches Bild auf dem Meeresarm sorgen viele arabische Daus.

Restaurieren für den Tourismus. Die meisten Sehenswürdigkeiten der alten Stadt findet man entlang des Al-Khor. Als islamische Stadt besitzt Dubai selbstverständlich Moscheen, unter anderem die Große Moschee, die von 1996 bis 1998 errichtet wurde. Sie liegt zwischen dem Al-Fahidi-Fort und dem Dubai Creek. In dem 1970 restaurierten Fort, einst Sitz der Fürsten von Dubai, befindet sich heute das Nationalmuseum. Das Bastakia-Viertel zählt zu den ältesten Teilen der Stadt. Es gilt als historisches Zentrum und vermittelt noch immer Eindrücke aus vergangenen Zeiten, die den Bauboom des 20. Jahrhunderts überdauert haben. Die Regierung lässt derzeit umfangreiche Restaurierungsarbeiten im gesamten Viertel durchführen. Entstehen soll eine Touristenattraktion mit Museum, Kulturzentrum, Restaurants und Kunstgalerien. Auffallend sind hier die Türme auf nahezu jedem Haus. Die Funktion des Turmes leuchtet erst ein, wenn man in einem der traditionellen Häuser in die Hocke geht – der kühle Luftzug dieser natürlichen Klimaanlage ist augenblicklich zu spüren. Der Turm ist so konzipiert, dass jede noch so kleine Brise aufgefangen wird und durch die darunterliegenden Räume zirkuliert.

Mitte: Mit dem Boot über den Al-Khor.

Unten: Das Erholungsparadies Madinat Jumeirah Resort.

INDIEN

Kolkata

CHAOS, SCHMUTZ UND GESTANK – KALKUTTA IST TROTZ DIESER EHER NEGATIVEN ATTRIBUTE FASZINATION PUR. DIE SEIT EINIGEN JAHREN OFFIZIELL KOLKATA TITULIERTE STADT IST EIN RICHTIGER SCHOCK ODER ABER DER ABSOLUTE HÖHEPUNKT EINES INDIENBESUCHS.

Kolkata, die Hauptstadt Westbengalens, gilt heute noch immer als Zentrum der anspruchsvollen indischen Kunst und der Intellektuellen, ganz anders als die mondäne Bollywoodstadt Mumbai auf der anderen Seite des indischen Subkontinents. Die Einwohnerzahlen sind mit Vorsicht zu genießen. Die meisten Zahlen sind lediglich Mutmaßungen auf Basis von Volkszählungen, die jedoch nicht wirklich repräsentativ sein dürften. Schätzungen zufolge wird Kolkata schon bald die bevölkerungsreichste Stadt in Indien und damit der Welt sein, da der Zuzug aus dem Umland stetig und unkontrolliert erfolgt.

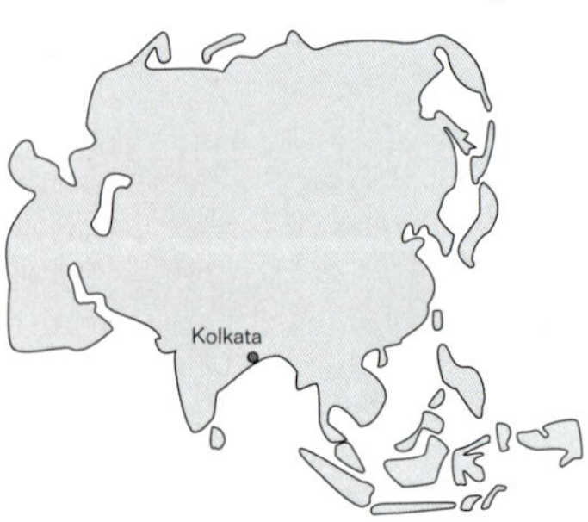

Kolkata wandelt sich. Ende des 17. Jahrhunderts errichtete die britische East India Company das Hauptquartier ihrer Gesellschaft im damaligen Kalkutta. Die Stadt war danach für lange Zeit Sitz der britischen Kolonialregierung in Indien. Nach 1911 verlor Kolkata langsam seine bis dahin herausragende Bedeutung. Nach der Teilung der ehemaligen britischen Kolonien Indien und Pakistan rückte die Stadt an den Rand der indischen Öffentlichkeit, an die Grenze zum muslimischen Bangladesch. Dadurch versiegte der so notwendige Strom von Jute aus Ostbengalen in die Stadt; die Jutemühlen standen still. Die Folge: Arbeitslosigkeit und Armut trafen weite Teile der Bevölkerung. Der Zustrom von Hindus aus dem neuen muslimischen

Rechts: Das Victoria Memorial zu Ehren von Queen Victoria.

Unten: Belur Math – Kirche, Moschee und Tempel in einem.

Nachbarstaat ließ nach 1947 zudem die Bevölkerungszahlen dramatisch ansteigen. Aus der einst reichsten Stadt Asiens wurde über Nacht eine der ärmsten Städte der Welt.

Stolz und unnachgiebig. Aber die bengalischen Einwohner Kolkatas lassen sich von Schmutz, Krankheit und Armut nicht unterkriegen. Sie sind stolz auf ihre Stadt, die Stadt der Künstler und „Heiligen" – und von diesen gibt es reichlich. Zwei Nobelpreisträger werden außerdem in enge Verbindung mit der Stadt am Hugli, einem Mündungsarm des Ganges, gebracht. Der große Sohn der Stadt, Rabindranath Tagore (1861–1941), erhielt 1913 als erster Asiat den Literaturnobelpreis. Er war nicht nur Dichter und Schriftsteller, sondern auch als Maler, Komponist und Musiker tätig. Und Agnes Gonxhe Bojaxhiu – dieser Name geht nicht leicht von Lippen. Mutter Teresa (1910–1997) fällt da schon leichter. Sie erhielt 1979 den Friedensnobelpreis für ihre unermüdliche und aufopferungsvolle Arbeit für die Armen. Die aus Mazedonien stammende katholische Ordensschwester hat sich fast ein halbes Jahrhundert in den Dienst der Armen von Kolkata gestellt.

Belur Math – die Tempelanlage. Aber nicht nur Schmutz bestimmt den Anblick der einstigen britischen Kolonialhauptstadt. Ganz im Gegenteil: Zum Beispiel das Wahrzeichen der Stadt, die Haora-Brücke über den Hugli. Sie gilt als die verkehrsreichste Brücke der Welt, denn sie wird täglich von Millionen Pendlern benutzt. Demgegenüber stehen nur „magere" 60 000 Fahrzeuge, die sie jeden Tag überqueren. Auf der anderen Flussseite, in Belur Math, liegt eine der wichtigsten hinduistischen Tempelanlagen der Stadt. Der berühmte Hindu-Lehrmeister Vivekananda gründete hier 1897 die Ramakrishna-Mission. Noch heute strömen die Pilger in Massen hierher, um im Hugli rituelle Waschungen durchzuführen.

Das Victoria Memorial. Herzstück der noch immer vom Kolonialstil geprägten Stadt ist der große Maidan-Park. Stadtbewohner egal welcher Schicht versammeln sich in dieser Parkanlage, um Sport zu treiben oder einfach dem Müßiggang zu frönen. Der Park zählt zu den größten Gartenanlagen der Welt. Die architektonische Krönung Kolkatas ist aber sicherlich das Victoria Memorial am südlichen Ende des Maidan. Weißer Marmor entfaltet hier all seine Pracht. Auf Fotografien kommt dies wenig zur Geltung. Unweit des Memorials zeigt sich die größte christliche Kirche der Stadt: die St.-Pauls-Kathedrale mit ihrem einzigartigen Eisenträgerdach mit seinen Ausmaßen von 75 mal 24 Metern.

FAKTEN

* **Offizieller Name seit 2001:** Kolkata (Bengali: Kalkata)
* **Einwohner in Kalkutta:** ca. 4,63 Mio.
* **Einwohner in der Agglomeration:** ca. 14,45 Mio.
* **Sehenswürdigkeiten:** Academy of Fine Arts, Birla Planetarium, Dakshineswar Temple, Fort William, Haora-Brücke, Indian Museum, Kali-Tempel, Maidan-Park, Nakhoda-Moschee, Pareshnath Jain Temple, Tempel Rabindra Sarobar, St Paul's Cathedral, Victoria Memorial

BERÜHMTE PERSONEN

* **Rabindranath Tagore** (1861–1941), bengalischer Nationaldichter (Nobelpreis 1913)
* **Swami Vivekananda** (1863–1902), Philosoph
* **William Makepeace Thackeray** (1811–1863), britischer Schriftsteller

CHINA

Hongkong

LACHEND GRÜSST HONGKONG DIE REISENDEN AUS ALLER WELT. ES IST DIESER SPAGAT ZWISCHEN CHINESISCHER UND EUROPÄISCHER KULTUR, ZWISCHEN TRADITION UND MODERNE, DER HONGKONG ZU EINER DER AUFREGENDSTEN STÄDTE DER WELT MACHT.

Wegen berühmter Sehenswürdigkeiten kommen die wenigsten Besucher hierher. Die Stadt brodelt und lebt – und sie fasziniert. Auch nach der Rückgabe der britischen Kronkolonie an China hat sich daran fast nichts geändert. Im Gegenteil: Das kunterbunte Miteinander zweier fast konträrer Kulturkreise wirkt farbenfroher als je zuvor.

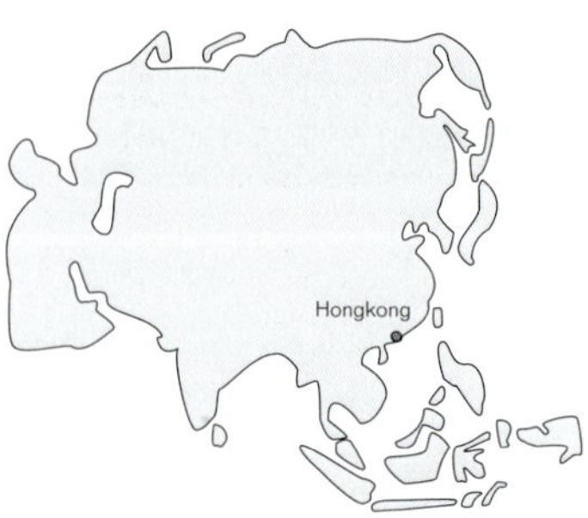

Opiumrausch und Katerstimmung. Als die ersten britischen Händler zu Beginn des 18. Jahrhunderts nach Hongkong kamen, gab es hier nur einige Fischerdörfer. Das Gebiet besaß innerhalb des chinesischen Imperiums keinerlei Bedeutung, und so errichteten die Briten ab 1711 eine Stadt in kolonial geprägter Architektur. Güter aus China waren in Europa im 19. Jahrhundert en vogue. In Ermangelung anderer verkaufsfähiger Güter begannen die Briten, Opium zu schmuggeln. Die chinesische Regierung versuchte, den Handel zu unterbinden. Die Briten sahen sich in ihrer Wirtschaftspolitik beschränkt und reagierten mit Gewalt. Die Opiumkriege 1838 und 1856 endeten für China in einem Desaster und die Europäer breiteten sich immer weiter auf chinesischem Boden aus.

Hongkong wurde im Januar 1841 endgültig von den Briten besetzt, 1842 wurde es Kronkolonie (Vertrag von Nanking). Im Jahr 1898 wurde das Gebiet

FAKTEN

* Name in der Landessprache (Chinesisch): Xianggang
* Kantonesisch: Heunggong
* Einwohner in Hongkong: ca. 7 Mio.
* Sehenswürdigkeiten: Bid Buddha, Flagstaff House, Heritage Museum, Hongkong Cultural Centre, Hongkong Disneyland, Hongkong Museum of Art, Hongkong Museum of History, Hongkong Park, Lei Cheng Uk Branch Museum, Museum of Tea Ware, St John's Cathedral, Statue Square, Supreme Court, Victoria Peak, Western Market, Wong Tai Sin Tempel

BERÜHMTE PERSONEN

* Jackie Chan (geb. 1954), Schauspieler
* Leslie Cheung (1956–2003), Schauspieler und Popstar
* Chow Yun-Fat (geb. 1955), Schauspieler
* Amanda Lear (geb. 1946), britisch-asiatische Sängerin, Entertainerin und Tänzerin

Der mächtige Bronzebuddha erhebt sich über dem Kloster von Po Lin, dem „kostbaren Lotos".

rund um Hongkong sowie 234 Inseln auf 99 Jahre von China gepachtet, um einmal die Versorgung der Kronkolonie zu gewährleisten und gleichzeitig das Gebiet militärisch abzusichern.

Die Rückgabe Hongkongs an China im Jahr 1997 war eine direkte Folge des Vetrags, doch China forderte bei den Verhandlungen 1982 nicht nur die New Territories rund um die Stadt zurück, sondern Hongkong selbst. Doch Großbritannien konnte verhindern, dass Hongkong direkt in China eingegliedert wurde. Am 1. Juli 1997 wurde Hongkong zu einer chinesischen Sonderverwaltungszone erklärt.

Wolkenkratzer à la Feng-Shui. Auch nach der Rückgabe ist Hongkong immer noch eine moderne Finanzmetropole. Immerhin besinnt man sich bei aller Moderne beim Bau neuer Gebäude auf eine alte chinesische Tradition, die des Feng-Shui. Heute ragen Wolkenkratzer empor, wo einst prächtige Kolonialbauten standen. Überlebt haben diese Bauwut nur die Kathedrale von St John, die ehemalige französische Residenz und das Legislative Councils im Central District.

Buddha ist allgegenwärtig. In den New Territories ist Hongkong sehr viel traditioneller geblieben. Rund um die Stadt verteilen sich sehenswerte Tempelanlagen und ein asiatisch geprägter Baustil beherrscht die eher geruhsame Atmosphäre. Der Tempel der 10 000 Buddhas lockt als Attraktion. Hier sind aber mitnichten so viele Buddhas aufgestellt, die Zahl bedeutet im Chinesischen lediglich „sehr viel" oder „unendlich viel". Und außerdem sind es inzwischen tatsächlich schon eher an die 13 000 Buddhas. Ein etwas größerer Bruder aus Bronze ragt über dem Kloster von Lo Pin auf der Insel Lantau auf. Er misst sage und schreibe 26 Meter und ist der größte Buddha der Welt. Der Weg zu ihm ist steil, es müssen 260 Stufen bewältigt werden. Dann wird man allerdings mit einem tollen Panorama belohnt.

Oben: Vor allem aus Vietnam kamen in den frühen 1980er-Jahren viele Flüchtlinge auf Booten nach Hongkong.

Links: Blick auf Victoria Harbour.

INDIEN

Mumbai

MUMBAI, FRÜHER BOMBAY, IST DIE GRÖSSTE STADT DER WELT. SOGAR, WENN MAN DIE EIGENTLICHE STADT OHNE UMLAND BETRACHTET. DAVON KONNTEN DIE PORTUGIESEN, ALS SIE 1533 HIER IHR BOM BAHIA, DIE „GUTE BUCHT", GRÜNDETEN, NUR TRÄUMEN.

Ganz sicher kann man bei den Zahlen allerdings nicht sein, da es in Indien keine Behörde gibt, die für die Registrierung der Wohnsitze und Personen zuständig wäre. Die Großstadt gilt heute als Indiens Zentrum in Sachen Handel und Wirtschaft und ist damit die Finanzhauptstadt und der größte Geldmarkt Indiens. Die älteste Börse ganz Asiens, der Bombay Stock Exchange, der im Jahr 1875 gegründet wurde, hat hier ihren Sitz. Und, was man nicht vermuten möchte: Mumbai ist die Heimat der weltgrößten Filmindustrie in Bollywood – da kann selbst Hollywood nicht mehr mithalten.

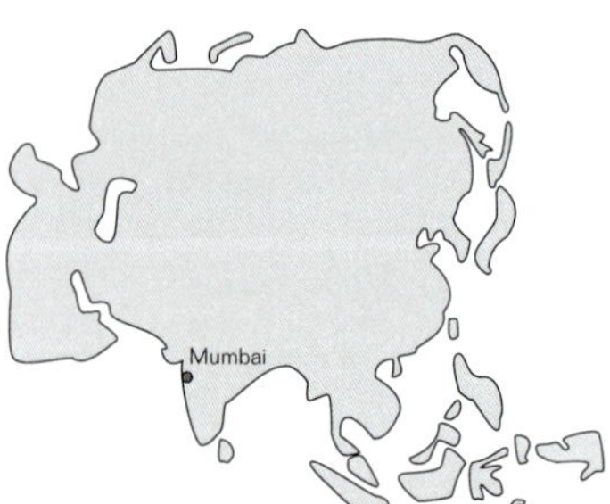

Moloch Mumbai. Mumbai ist eine Stadt, in der es wahrscheinlich nichts gibt, was nicht mit Geld zu kaufen wäre. Hier steht der neueste Wolkenkratzer neben einer heruntergekommenen Hütte, moderne, klimatisierte Busse fahren neben Ochsenkarren. Bei Tag und Nacht herrscht geschäftiges Treiben, und so kommt das Nachtleben ebenfalls nicht zu kurz. Und auch in puncto Einkaufen liegt die Stadt ganz vorn. Es gibt von Einkaufszentren im europäischen Stil bis hin zu Erholungszentren, Bars, Diskotheken und Pubs alles, was das Herz begehrt. Seit 2001 boomen in der Stadt die Multiplexkinos – der Inder geht unwahrscheinlich gern ins Kino. Doch wie andere Millionenstädte auch ist Mumbai mit einer Reihe von Problemen konfron-

Das Wahrzeichen von Mumbai: das Gateway of India; links dahinter liegt das Taj-Mahal-Hotel.

FAKTEN

*** Offizieller Name seit 1995:** Mumbai

*** Einwohner in Mumbai:** ca. 12,7 Mio.

*** Einwohner in der Agglomeration:** ca. 19,5 Mio.

*** Sehenswürdigkeiten:** Babulnath-Tempel, Chhatrapati Shivaji Terminus, Crawford Market, Elephanta Caverns, Fort-Viertel, Gateway of India, Haji-Ali-Moschee, Hutatma Chowk, Malabar Hill, Masjid-Moschee, Mahatma Gandhi Museum, Mumba Devi

BERÜHMTE PERSONEN

*** Rajiv Gandhi** (1944–1991), Politiker

*** Rudyard Kipling** (1865–1936), Schriftsteller (Nobelpreis 1907)

*** Sir Nisargadatta Maharj** (1897–1981), religiöser Leher („Guru")

*** Salman Rushdie** (geb. 1947), Schriftsteller

tiert. Eines der größten ist mit Sicherheit die viel zu stark anwachsende Bevölkerung. Das Land ist knapp und die Preise zum Leben sind im Vergleich zum Rest des Landes extrem hoch. Etwa sechs Millionen Menschen leben heute in den Slums: Das macht fast die Hälfte der Stadtbevölkerung aus.

Bombay – die koloniale Metropole. Man kann nicht gerade behaupten, dass Mumbai eine Stadt voller Sehenswürdigkeiten ist. Wenn man sich aber etwas bemüht und bereit ist, kreuz und quer durch alle Winkel der Stadt zu fahren, dann bekommt man trotzdem einige sehr schöne Orte zu sehen. Die Hauptattraktion für jeden Indienreisenden ist sicherlich das „Gateway of India" im Zentrum der Stadt, das Wahrzeichen des alten Bombay und ebenso des modernen Mumbai. Es erhebt sich direkt am Wasser und wurde erbaut, um König George V. und seine deutsche Gemahlin Maria von Teck im Jahre 1911 zu empfangen. Von hier aus bietet sich die Möglichkeit, eine Bootstour durch den Hafen zu machen. Dabei hat man mit Sicherheit den besten Blick auf die Skyline Mumbais und das „Gateway of India" mit dem Hotel Taj Mahal im Hintergrund. Oder man kann zur Elephanta-Insel fahren – dort liegt eines der beiden von der UNESCO zum Weltkulturerbe erklärten Prunkstücke Mumbais: der Höhlentempel des Gottes Shiva. Wen es interessiert, der kann dem Wohnhaus Mahatma Gandhis – er lebte hier von 1917 bis 1934 – einen Besuch abstatten, das heute unter dem Namen Mani Bhawan ein kleines Museum zu seinem berühmten Bewohner beherbergt.

Der Bahnhof als UNESCO-Weltkulturerbe. Der Chhatrapati Shivaji Terminus (bis 1996 Victoria Terminus) zählt zu den größten und geschäftigsten Bahnhöfen der Welt. Nach zehn Jahren Bauzeit wurde er 1888 als Symbol des britischen Machtanspruchs in Indien eingeweiht. Die Ausmaße, die der britische Architekt Frederick Stevens veranschlagte, kann man nur noch monumental nennen. Der neugotische Stil der viktorianischen Epoche verbindet sich mit Elementen indischer Baukunst. Die Dekorationen und Verzierungen sind reichhaltig und sehr detailverliebt. Heute ist das Bauwerk jedoch durch Monsun und Smog in seiner Substanz gefährdet. Denn trotz aller baulichen Kunstfertigkeiten war den britischen Kolonialherren die Zweckdienlichkeit des Bahnhofs enorm wichtig – so wie den Stadtvätern heute. Täglich fahren derzeit über 1000 Züge ein und aus, drei Millionen Passagiere werden jeden Tag befördert.

Mitte: Vor dem Chhatrapati Shivaji Terminus herrscht immer reger Verkehr.

Unten: Steinskulptur des Trimurthi Sadasiva in den Höhlen von Elephanta, einer Insel bei Mumbai.

PHILIPPINEN

Manila

VERFLUCHT UND GEPRIESEN, SÜNDENPFUHL UND MOLOCH, MIT SLUMS UND EHRWÜRDIGEN KIRCHEN, SITZ MEHRERER UNIVERSITÄTEN UND HOCHBURG EINES QUIRLIGEN NACHTLEBENS. MANILA, HAUPTSTADT DER PHILIPPINEN, IST EINE HERAUSFORDERUNG.

Manila ist die politische und ökonomische Schaltzentrale der Philippinen, ein Magnet für die Menschen aus allen Teilen des Landes. Den meisten Reisenden ist die Megastadt kaum mehr als drei Tage wert, dann zieht es sie in die Beschaulichkeit der Provinz. Doch ist Manila nicht nur anstrengend, sondern bietet gerade aufgrund der Fülle von Gegensätzen einen lehrreichen Einblick in Kultur, Geschichte und Gegenwartsgeschehen des Inselreiches.

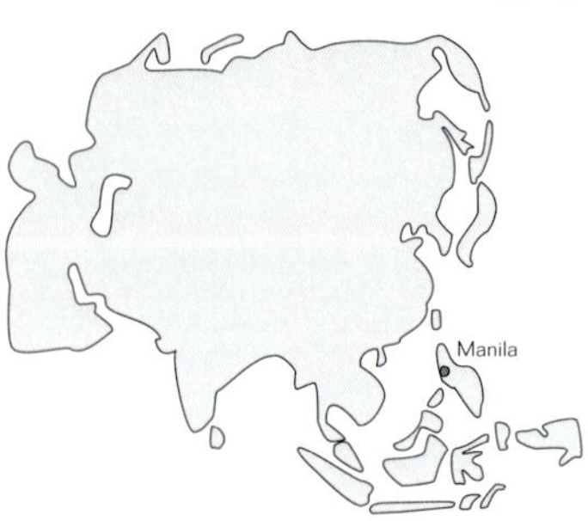

Im Visier ausländischer Eroberer. In Manila an der Mündung des Pasig sahen die Einheimischen zahlreiche Herrscher kommen und gehen. Zuerst waren es die Malaien, die noch in vorchristlicher Zeit auf die Philippinen kamen. Ihnen folgten hinduistische und buddhistische Herrscher zweier indonesischer Reich, ehe der Islam dann im ausgehenden 15. Jahrhundert seine Fühler bis nach Manila ausstreckte. Manila war jedoch kaum Sultanat geworden, da erschienen wie aufs Stichwort katholische europäische Seefahrer – die Spanier.

Das koloniale Manila. 1571 eroberte Miguel de Legaspi Manila und machte sie zur Hauptstadt der spanischen Kolonie auf den Philippinen. Die kolonialen Einflüsse sind trotz der großen Zerstörungen im Zweiten Weltkrieg besonders in Intramuros erhalten geblieben. Die von den teilweise restaurierten Wällen

Rechts: Die Kathedrale von Intramuros beeindruckt durch ihren romanischen Baustil.

Unten: Fahrende Wahrzeichen Manilas – die Jeepneys.

umgebene Kernstadt mit dem Fort Santiago, der Kathedrale von Manila und der Konventkirche San Agustin, dem ältesten Gotteshaus der Stadt, bildet den malerischen Rahmen für eine romantische Reise zurück ins 16. Jahrhundert.

Im Zentrum der Macht. Aber das Herz von Manila schlägt heute an einer anderen Stelle: in Makati, dem modernen Geschäfts- und Bankenviertel. Hier stehen elegante Hochhäuser, todschicke Wohnsiedlungen für die besser Verdienenden, hochmoderne Einkaufszentren sowie eine Vielzahl internationaler Hotels. Die Entstehung dieses Viertels in der Mitte des 20. Jahrhunderts und der Ausbau bis in unsere Tage sind sehr eng verknüpft mit der mächtigen Familie Zobel de Ayala, deren Namen man überall in Makati wiederfindet – und sei es nur in Form von Gebäude- oder Straßennamen. Der Familienklan hat ausgesprochen großen Einfluss auf Wirtschaft und Politik der Philippinen.

Hier wird nicht nur gebetet. Im Südwesten von Manila, jenseits des Super Highways, der es vom noblen Makati trennt, liegt Pasay City. Hier gibt es einen Ort, an dem mittwochs die Hölle los zu sein scheint. In Baclaran im Südwestzipfel von Pasay, in Sichtweite des Inlandflughafens, liegt die Redemption Church, wo jede Woche wahre Menschenmassen die Andachten zu Ehren der Jungfrau Maria besuchen. Wahrscheinlich aber kommen sie vielmehr, um die berühmten Lechon-Buden zu stürmen, an denen es eine echte philippinische Spezialität zu verkosten gibt: am Spieß gebratenes Spanferkel.

Ein Stück Volkskultur. Nur einen Katzensprung entfernt liegt die Light Rail Transit Station. Und selbst wenn der Magen nach der Schlemmerei nun rebellieren sollte, ein „Flug" mit der Hochbahn über Manila muss auf jeden Fall sein. Aber es geht auch weniger flott, dafür umso enger beim Sitzen, mit einem der typischen Jeepneys. Dabei handelte es sich anfänglich um aus US-Armeejeeps „gebastelte" Transportfahrzeuge mit bis zu 14 überdachten Sitzplätzen. Die heutigen Jeepneys werden jedoch professionell in philippinischen Werken hergestellt. Die kunstvolle Bemalung oder Verzierung ist, so scheint es, Grundvoraussetzung für ein echtes Jeepney. Meist stehen religiöse Motive im Mittelpunkt. Die Verzierungen werden heute unter anderem durch mannigfaltige Comicmotive ergänzt. Manche Jeepneys gleichen schon eher Litfaßsäulen, andere wirken wie fahrende Tempel. Was man allerdings wissen muss: Die Jeepneys fahren immer auf bestimmten Linien, genau wie Busse. Also am besten vorher informieren, wohin die Reise geht.

FAKTEN

*** Einwohner in der Region Metro Manila:**
ca. 15 Mio.

*** Sehenswürdigkeiten:**
Barrío San Luis, Binondokirche, Casa Manila, Chinatown, Coconut Palace, Corregidor, Fort Santiago, Intramuros, Malacanang-Palast, Manila-Kathedrale, Nationalmuseum, Old Congress Building, Paco-Park, Rizal Park (Luneta), Roxas Boulevard, Iglesia San Agustin

BERÜHMTE PERSONEN

*** Corazon Aquino**
(geb. 1933), Politikerin

*** Billy Crawford**
(geb. 1982), Entertainer

*** Carlos P. Rómulo**
(1899–1985), Politiker

THAILAND

Bangkok

BANGKOK IST WOHL DIE LEBENDIGSTE METROPOLE IN SÜDOSTASIEN. DER CHARME OFFENBART SICH ALL JENEN, DIE SICH VON DER ETWAS HEKTISCHEN KULISSE NICHT ABSCHRECKEN LASSEN UND EINTAUCHEN IN DAS LEBEN SÜDOSTASIENS.

Bangkok ist eine fesselnde, faszinierende und dynamische Stadt. Unzählige Sehenswürdigkeiten, günstige Einkaufsmöglichkeiten, Nachtleben aller Schattierungen und tausende von Restaurants – das alles ist Bangkok. Und dazu ein Verkehr, der mehr steht als fließt, sofern man nicht den Skytrain über den Straßen der Stadt benutzt. Dafür drängen sich hier Menschenmassen auf den Bahnsteigen und in den Waggons.

Der Neuanfang Siams. Die Birmanen unterwarfen im 18. Jahrhundert weite Teile von Thailand. Unter der Führung von General Tak Sin machte sich nach der Zerstörung ihrer alten Hauptstadt Ayutthaya eine Hand voll Männer auf die Suche nach einer neuen Hauptstadt. Sie fanden sie schließlich 1772 am westlichen Ufer des Chao Phraya – der Lebensader Bangkoks und Thailands – in Thonburi. Die kleine Stadt, um einen Tempel geschlungen, lag gut geschützt und bot Tak Sin und seiner kleinen Armee Zuflucht. Den Tempel ließ der neue Herrscher zum Königstempel ausbauen, zum „Tempel der Morgenröte" (Wat Arun), zu Ehren der Göttin Aruna. Heute ist er das steinerne Wahrzeichen von Bangkok.

Ein unrühmliches Ende. Von hier aus regierte Tak Sin Siam zehn Jahre lang mit harter Hand. Doch die Jahre des Krieges und der Wiederherstellung Siams

FAKTEN

✱ Offizieller Name: Krung Thep Mahanakhon

✱ Name in der Landessprache (Thailändisch): Krung Thep

✱ Einwohner in Bangkok: ca. 6,64 Mio.

✱ Einwohner in der Agglomeration: ca. 10,78 Mio.

✱ Sehenswürdigkeiten: Ban Kamthieng, Chitralada-Palast, Jim Thompsons Thai-Haus, Königspalast, Lak Mueang, Lumpini-Park, Memorial Bridge, Nationalmuseum, Puppenmuseum, Queen's Gallery, Suan Pakkard-Palast, Vimanmek-Palast, Wat Arun, Wat Benchamabophit, Wat Pho, Wat Phra Kaeo, Wat Saket, Wat Trimit

BERÜHMTE PERSONEN

✱ Tanin Kraivixien (geb. 1927), Politiker

✱ Seni Pramoj (1905–1997), Politiker

✱ Sirikit (geb. 1932), Königin von Thailand

Das königliche Pantheon am Wat Phra Kaeo spiegelt den Glanz des alten Siam wider.

ließen aus ihm einen Despoten werden. Er sah sich selbst in der Nachfolge Buddhas und verlangte göttergleiche Verehrung. Dies führte zur Rebellion und zu seiner Hinrichtung am 6. April 1782: Er wurde nach althergebrachter Sitte, königliches Blut durfte keinesfalls vergossen werden, in einen Samtsack gesteckt und zu Tode geprügelt.

Stadt der Tempel. Das eigentliche Bangkok entstand erst nach Tak Sins Tod auf der anderen Flussseite, in Rattanakosin. König Rama I. ließ seine neue Residenz nach dem Vorbild der alten Hauptstadt Ayutthaya errichten. Herz der neuen Residenzstadt wurden der Königspalast und der königliche Tempel, der Wat Phra Kaeo, so benannt nach dem Smaragd-Buddha, den Rama von Wat Arun hierher bringen ließ. Er gilt als die am meisten verehrte Buddhastatue Thailands. Heute bildet der Bereich um den Königspalast den historischen Kern Bangkoks.

Rund herum war die neue Hauptstadt von Kanälen, den so genannten Khlongs, umgeben und durchzogen. Der größte Teil des Verkehrs spielte sich daher auf dem Wasser ab. Inzwischen sind die meisten der Kanäle zugeschüttet worden, um die Ausbreitung der Stadt im 20. Jahrhundert zu ermöglichen. Heute führen dicht befahrene Straßen und breite Boulevards über die ehemaligen Khlongs hinweg. Doch auch damit war der Ausbreitungsdrang Bangkoks noch nicht gestoppt. Mit der Einweihung der ersten Brücke über den Chao Phraya im Jahr 1932, der Memorial Bridge, wurden nun auch Thonburi – hier befinden sich heute die letzten Khlongs mit ihren bunten schwimmenden Märkten – und seine Nachbardörfer auf dem Westufer Teil der immer weiter wachsenden Stadt. Mit den 1980er-Jahren zog dann auch westliche Moderne in Krung Thep Mahanakhon ein. Hochhäuser und Skyscraper veränderten das Stadtbild nachhaltig. Und dazwischen surft der Skytrain auf seinem Betonbett.

Oben: Händler auf den Khlongs.

Links: Im Glanz des Abendrots erstrahlt das Wahrzeichen Bangkoks: der Wat Arun am Nordufer des Chao Phraya.

KAMBODSCHA

Phnom Penh

EINST GALT PHNOM PENH ALS DIE SCHÖNSTE VON FRANZOSEN GEBAUTE STADT IN INDOCHINA. DIE STADT AN DEN UFERN DES FLUSSES TONLE SAP IM MEKONGDELTA HAT TROTZ DES KAMBODSCHANISCHEN BÜRGERKRIEGES VIEL VON IHREM CHARAKTER BEWAHRT.

Die Orientierung in Phnom Penh ist relativ einfach – denn die meisten der Straßen verlaufen genau parallel zueinander. Man bemerkt an diesem schachbrettartigen Aufbau die Handschrift der französischen Kolonialherren. Heute platzt die kambodschanische Hauptstadt jedoch durch zunehmende Landflucht und einen daraus resultierenden rapiden Anstieg der Bevölkerung aus allen Nähten.

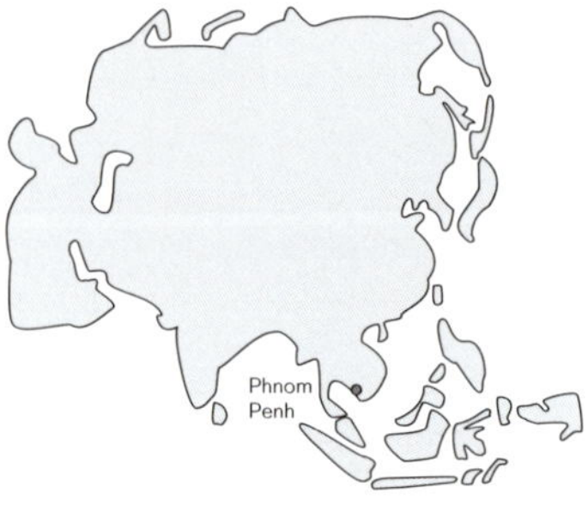

Sagenhafte Legende. Die Legenden der Kambodschaner erzählen von einer Witwe Penh, die im 14. Jahrhundert am Fluss gelebt haben soll. Anno 1372 soll sie auf dem Tonle Sap einen treibenden Baum entdeckt haben. So weit, so gut. Als sie den Baum endlich mithilfe einiger Freunde an Land gebracht hatte, da erkannte Frau Penh ihren Irrtum: Es war gar kein Baum. Vor ihr lagen vier goldene Buddha-Statuen sowie ein Stein-Buddha. Ergriffen von ihrem Fund, den sie für ein Zeichen der Götter hielten, begannen die Finder, einen Hügel aufzuschütten. Darauf setzten sie eine kleine Pagode, worin die Statuen untergebracht wurden. Der Wat Phnom Daun Penh, der „Hügel der alten Penh“, war erstanden. Und rundherum entwickelte sich die Stadt Phnom Penh. Warum allerdings Frau Penh den Baum nicht einfach weiter flussabwärts treiben ließ, das weiß heute niemand mehr zu sagen – Buddha sei Dank.

Im Tempel von Wat Phnom befinden sich die legendären vier Buddha-Statuen aus Gold.

FAKTEN

* Einwohner in Phnom Penh: ca. 1,5 Mio.
* Sehenswürdigkeiten: Foreign Correspondent's Club of Cambodia (FCCC), Killing Fields, Königspalast, Le Royal, Nationalmuseum, Russenmarkt, Silberpagode, Tonle-Sap-Promenade, Tuol-Sleng-Museum, Unabhängigkeitsdenkmal, Wat Phnom

BERÜHMTE PERSONEN

* Norodom Sihanouk (geb. 1922), König (bis 2004)
* Norodom Sihamoni (geb. 1953), König (seit 2004)

Das koloniale Phnom Penh. Von den Kambodschanern gegen Siam und Vietnam zu Hilfe gerufen, wandelten die Franzosen ab 1864 das Land in eine französische Kolonie um. Diese waren gekommen, um den Kambodschanern in ihrem Kampf gegen den Rivalen aus Siam beizustehen. Dennoch verlor das Land fast ein Viertel seines Territoriums. Und ab 1884 war Kambodscha Teil des neuen französischen Kolonialterritoriums Indochina. Aus Phnom Penh machten die neuen Herren in den Jahren 1866/1867 die neue kambodschanische Hauptstadt. Unter den Kolonialherren wuchs die Stadt. Die Sumpfgebiete im Umland verschwanden, Phnom Penh konnte sich ausbreiten und aufblühen. Und das geschah mit sehr viel Schwung. Die Franzosen bauten die Stadt während ihrer knapp 90-jährigen Kolonialherrschaft nach ihrem architektonischen Geschmack aus. Es wurden breite Boulevards angelegt und der Stadt insgesamt ein Hauch mediterraner Atmosphäre verliehen.

Ein kaiserliches Geschenk. In der Kolonialzeit entstanden viele der sehenswerten Bauwerke in der Stadt – so unter anderem der Königspalast. Besonders prunkvoll wirkt die Thronhalle („Tevea Vinichhay“) aus dem Jahr 1917. Südlich der Thronhalle liegen die Königliche Schatzkammer und die Villa Napoleons III. Die Villa war 1866 gebaut worden, allerdings nicht in Kambodscha, sondern im fernen Ägypten. Dort diente sie im besagten Jahr der französischen Kaiserin Eugenie als Unterkunft während der Zeremonie zur Eröffnung des Suezkanals. Ein Jahr später schenkte Napoleon III. die Villa dem kambodschanischen König. Er ließ sie zerlegen und per Schiff nach Phnom Penh transportieren, wo sie wieder aufgebaut wurde.

Reichtum der kambodschanischen Könige. Im nördlichen Bereich des Palastgeländes liegt die „Silberne Pagode“. Die überwiegend aus Holz errichtete Pagode wurde 1866 von König Norodom erbaut und 1962 von König Sihanouk erweitert. Der Name der Pagode kommt daher, dass der Boden der Pagode mit über 5000 Silberplatten ausgelegt ist, deren Gewicht mehr als sechs Tonnen beträgt. Die wichtigste Statue im Tempel ist ein Buddha aus Bakkarat-Kristall. Die Statue stammt aus dem 17. Jahrhundert. Direkt dahinter findet sich eine weitere Buddha-Statue: sie besteht aus 90 Kilogramm Gold und ist geschmückt mit 9584 Diamanten. Sie stammt aus dem Jahre 1906. Bei einem Besuch der „Silbernen Pagode“ ist darauf zu achten, dass keine Shorts oder Hüte getragen werden.

Mitte: Die Thronhalle des königlichen Palastes.

Unten: Das Mahnmal auf den „Killing Fields“ erinnert an den Bürgerkrieg der Jahre 1975 bis 1979.

VIETNAM

Ho-Chi-Minh-Stadt

NICHT DIE FERNE HAUPTSTADT HANOI IM NORDEN DES LANDES IST DAS PULSIERENDE HERZ UND DIE SEELE VIETNAMS, SONDERN HO-CHI-MINH-STADT, BENANNT NACH DEM WICHTIGSTEN FÜHRER DER NORDVIETNAMESISCHEN ARMEE HO CHI MINH.

In dieser Stadt brodelt es, überall herrscht hektische Betriebsamkeit. Die Straßen, auf denen sich ein großer Teil des Lebens abspielt, sind ein Wirrwarr aus Geschäften, Ständen, Verkaufswagen und auf Bürgersteigen ausgebreiteten Waren. Der Begriff Stadt ist in Ho-Chi-Minh-„Stadt" schon fast fehl am Platz. Mit einer Fläche von mehr als 2000 Quadratkilometer ist es doch schon eher eine Provinz – und diese erstreckt sich vom südchinesischen Meer bis an die kambodschanische Grenze. Und noch heute wird das Zentrum der Stadt ganz offiziell mit dem alten Stadtnamen Saigon angegeben.

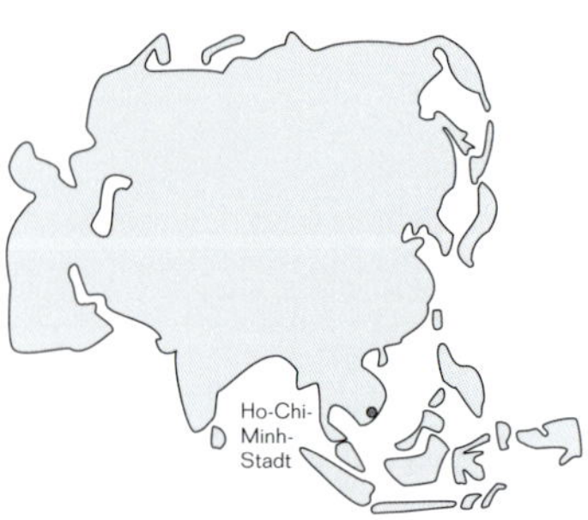

Das Dorf im Wald. Das alte Saigon war keine vietnamesische Gründung. Das Fischerdorf, aus dem es sich entwickelte, wurde wohl irgendwann zwischen dem ersten und dem sechsten Jahrhundert von den Khmer gegründet. Diese nannten ihre Siedlung das „Dorf im Wald", Prei Nokor. Mit dem Khmer-Reich von Angkor entwickelte sich auch Prei Nokor, und im 17. Jahrhundert war es bereits zu einem wichtigen Handelszentrum am Mekong gewachsen. Schon damals zogen viele ausländische Händler in die Stadt: Chinesen, Malaien und auch Inder. In diese Phase der Geschichte fällt der Vormarsch der Vietnamesen unter der Nguyen-Dynastie. Sie eroberten fast den gesamten Süden des heutigen Vietnam und bauten Prei Nokor

Rechts: die Kathedrale von Notre-Dame in Saigon.

Unten: Blumenmarkt am Nguyen Hue während des vietnamesischen Neujahrs- oder Tet-Festes.

weiter aus. Sie gaben der Stadt ihren noch heute weitgehend gültigen Namen Saigon.

Das koloniale Erbe. 1861 bekam die Stadt neue Herren. Die Franzosen nahmen Saigon ein und machten sie zum Verwaltungssitz von Cochinchina, das den Süden Vietnams und Teile des östlichen Kambodschas umfasste. In den Folgejahren ließen die Kolonialherren das Umland der Stadt trockenlegen, um aus Saigon eine Stadt mit französischem und mediterranem Flair zu machen. Höhepunkt französischer Baukultur ist ohne Zweifel die zwischen 1877 und 1883 erbaute Kathedrale von Notre-Dame. Heute ist die französische Altstadt mit ihren prächtigen Kolonialbauten eine der wichtigsten touristischen Attraktionen der Stadt. Das Praktische für den Besucher: Sie sind fast alle rund um die berühmte Flaniermeile von Dong Khoi angeordnet: Rathaus, Kathedrale, Stadttheater und das malerische Gebäude des Hauptpostamtes, dessen Stahlkonstruktion von Gustave Eiffel entworfen wurde.

In Romanen verewigt. Am Dong Khoi stehen außerdem drei weitere markante Gebäude. Es handelt sich um Hotels, die mit ganz besonderen Ereignissen in Zusammenhang gebracht werden. Mit Graham Greene, dem berühmten amerikanischen Schriftsteller, lassen sich dabei sogar gleich zwei von ihnen verbinden: Das Continental Hotel ist Schauplatz eines 2002 mit Michael Caine verfilmten Greene-Romans („Der stille Amerikaner"), und im Hotel Rex, in dem viele der Kriegsberichterstatter während des Vietnamkrieges wohnten, hat Graham Greene wohl so manchen Drink auf der wundervollen und nicht weniger berühmten Dachterrasse zu sich genommen. Ebenfalls durch einen Roman zu Berühmtheit gelangt ist das Majestic: In diesem Hotel gab sich Marguerite Duras' „Der Liebhaber" die Ehre.

Der Duft Asiens. So richtig asiatisch wird es in Saigons Chinatown Cholon. Cholon bedeutet „großer Markt", und genau das ist es auch. In den verwinkelten und engen Straßenzügen trifft man noch auf Straßenbarbiere, Ohrenputzer und Vogelhändler. Man riecht den exotischen und verwirrenden Duft, der aus chinesischen Restaurants und Apotheken wie auch aus vielen verqualmten taoistischen Tempeln mit ihren farbenfrohen Gottheiten strömt. Die meisten davon befinden sich in der Nguyen Trai Straße. Die schönste Pagode Saigons ist wohl die Pagode Thien Hau (Chua Ba) – ein Meisterwerk südchinesischer Tempelarchitektur. Die Fassaden und Dächer sind geschmückt mit bunten Keramikfiguren, die wirken, als würden sie jeden Augenblick zum Leben erwachen.

FAKTEN

* **Name in der Landessprache (Vietnamesisch):** Thanh pho Ho Chi Minh
* **Vor der Wiedervereinigung 1976:** Saigon
* **Einwohner in Ho-Chi-Minh-Stadt:** ca. 7,4 Mio.
* **Sehenswürdigkeiten:** Ben-Thanh-Markt, Cholon, Dong Khoi, Hauptpostamt, Jade-Pagode, Le-Duan-Boulevard, Nguyen Hue, Kriegsopfermuseum, Notre-Dame, Quan-Am-Pagode, Revolutionsmuseum, Saigon-Museum, Thien-Hau-Pagode, Wiedervereinigungspalast

BERÜHMTE PERSONEN

* **Linh Dan Pham** (geb. 1974), Schauspielerin
* **René Le Hénaff** (1902–2005), französischer Filmregisseur

MALAYSIA

Kuala Lumpur

BEI KUALA LUMPUR DENKT MAN UNWEIGERLICH AN DIE HÖCHSTEN ZWILLINGSTÜRME DER WELT: DIE PETRONAS TOWERS. UND FÜR ECHTE SPORTFREUNDE ZÄHLT ES SEIT EINIGEN JAHREN ZUM FESTEN BESTANDTEIL DES FORMEL-1-KALENDERS.

Aber Kuala Lumpur ist mehr. Dank der strategischen Lage ist Kuala Lumpur in den letzten Jahrzehnten zu einem bedeutenden internationalen Handels- und Geschäftszentrum geworden. Baumgesäumte Straßen, Parks und öffentliche Blumenanlagen verwandeln die Stadt zur Nachtzeit in ein regelrechtes Wunderland der Lichter. Kuala Lumpur trägt aus diesem Grund nicht zu Unrecht den Beinamen „Gartenstadt der Lichter".

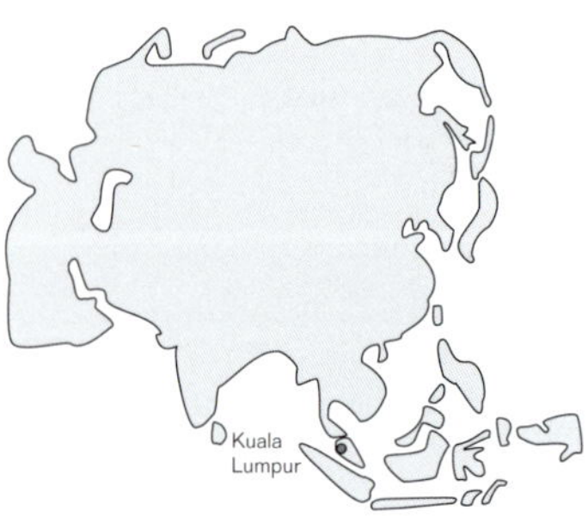

Ein Reichtum auf Zinn gebaut. Kuala Lumpur, „die schlammige Flussmündung", entstand 1857 als Camp einer Gruppe von Zinnsuchern unter der Führung des malaiischen Radschas Abdullah. Das Zinn, das sie hier fanden, brachte der Region Wohlstand, und so wuchs die Stadt stetig an. Doch alle wollten am Reichtum der Radschas teilhaben – auch die Briten. Sie machten Kuala Lumpur nach der Eroberung zum Sitz ihre kolonialen Verwaltung, legten das Straßennetz an, errichteten Märkte sowie Gebäude. Das Erbe der Kolonialherren ist noch überall gegenwärtig, ihre Bauwerke sind Touristenattraktionen. Allen voran das „Sultan Abdul Samad"-Gebäude (erbaut 1895–1897) mit seinen maurischen Stilelementen, den Kupferkuppeln und dem 130 Meter hohen Uhrturm. Der britische Verwaltungssitz von einst beherbergt heute die malaysischen Justizbehörden und das Textilmuseum.

FAKTEN

* **Einwohner in Kuala Lumpur:** ca. 1,45 Mio.
* **Einwohner in der Agglomeration:** ca. 4,3 Mio.
* **Sehenswürdigkeiten:** Chinese Night Market, Istana Negara, Lake Gardens, Masjid-Jamek-Moschee, Masjid-Negara-Moschee, Nationaldenkmal, Petronas Twin Towers, Platz der Unabhängigkeit, Sri Mahamariaman, St Mary's Cathedral, Sultan Abdul Samad Building, Suria KLCC, Thean-Hou-Tempel, The Golden Triangle

BERÜHMTE PERSONEN

* **Mei-Ling Ludi** (geb. 1974), Miss Malaysia 2000
* **Alex Yoong** (geb. 1976), Motorsportler

Blick von der Skybridge auf den KLCC-Park direkt unterhalb der Petronas Twin Towers.

Die Stadt der Türme. Wer nach Kuala Lumpur kommt, für den ist ein Besuch im Kuala Lumpur City Centre (KLCC) und den Petronas Twin Towers Pflicht. Von 1998 bis 2003 waren die beiden Türme mit ihren 88 Stockwerken und einer Gesamthöhe von 452 Metern die höchsten Gebäude der Welt. Etwa auf halbem Weg nach oben – zwischen 41. und 42. Stockwerk – sind die zwei Türme durch eine 58 Meter lange Stahlbrücke – die Skybridge – miteinander verbunden. Die Petronas Towers sind grundsätzlich nicht für Besichtigungen geöffnet. Es gibt jedoch die Möglichkeit, auf die Skybridge zu gelangen, denn jeden Morgen wird ab 8.30 Uhr eine bestimmte Menge an kostenlosen Tickets für einen Besuch verteilt. Will man diese Gelegenheit wahrnehmen, muss man jedoch mit langen Wartezeiten rechnen. Die Türme sind nicht nur eine architektonische Attraktion. Im Innern bieten sich dem Besucher viele Beschäftigungsmöglichkeiten – mehrere Einkaufszentren und Kinos, außerdem zahlreiche Restaurants.

Wer sich aber die Türme von außen eingehender ansehen will, dem sei eine Fahrt zum Menara KL, dem Fernsehturm, ans Herz gelegt. Das schlanke und einem Minarett ähnelnde Bauwerk liegt auf einem Hügel und besitzt selbst eine Höhe von 421 Meter, aus der man einen tollen Blick auf die „Twins" hat.

Oase der Ruhe. Fast 100 Hektar grüne Landschaft, dazu ein malerischer See: Die Ruhemetropole Kuala Lumpurs liegt mitten in der Stadt. Der Taman Tasik Perdana oder Lake Gardens ist Ausflugsziel für Touristen wie Einheimische, die dem Stress und der Hektik des Alltags entfliehen und sich ein wenig Erholung und Entspannung gönnen möchten. Inmitten des Taman Tasik Perdana befindet sich auch das Nationaldenkmal Malaysias, das eine Heldenszene aus dem Krieg zeigt und zu den größten freistehenden Bronzeskulpturen der Welt gehört.

Oben: Einkaufsfreuden erlebt man unter den Twin Towers im Suria Shopping Center.

Links: Heute ein Textilmuseum: das „Sultan Abdul Samad"-Gebäude.

SINGAPUR

Singapur

IN HOHEM BOGEN SPEIT DER MERLION, DAS WAPPENTIER DER STADT SINGAPUR, EINEN GEWALTIGEN WASSERSTRAHL IN DEN SINGAPORE RIVER. DAS FABELWESEN BESITZT EINEN LÖWENKOPF MIT ÜPPIGER MÄHNE SOWIE EINEN FISCHKÖRPER.

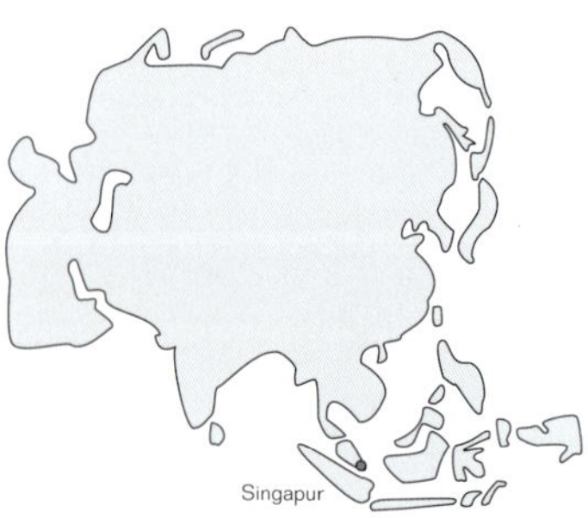

Gegen Ende des 13. Jahrhunderts gründete ein buddhistischer Prinz aus Sumatra das Königreich Temasek. Bei seiner Ankunft auf der großen Insel vor dem Südzipfel der malaiischen Halbinsel sah er ein schreckliches Wesen, das er für einen Löwen hielt. Und obwohl es in der Gegend noch nie Löwen gegeben hatte, erhielt die Stadt den Namen Singha Pura, die „Stadt der Löwen". Im Wappentier Merlion vereint sich die Tradition der Fischerei der ersten Siedler mit der Gründungslegende der Stadt.

Als britische Kronkolonie. Mit den Engländern zog im 19. Jahrhundert der Linksverkehr in Singapur ein. Im Jahr 1819 gründete der in der ganzen Stadt allgegenwärtige Sir Thomas Stamford Raffles – immer wieder stößt man unweigerlich auf Statuen, Straßennamen oder auf das berühmte und exquisite Raffles Hotel – die erste Niederlassung der britischen East India Company. Die Insel war vorher nahezu verwaist gewesen – nur einige wenige Fischer wohnten hier – und malaiische Seeräuber versteckten sich bisweilen auf der Insel. Singapur war von 1867 bis 1963 britische Kronkolonie, und in dieser Zeit entwickelte sich die Handelsniederlassung der Company zu einem der größten Umschlaghäfen Südostasiens. Nach 1964 wuchs Singapur zu einer modernen Großstadt heran.

Vor der hoch aufragenden Skyline ergießt sich der Wasserstrahl der Merlion-Statue in den Singapore River.

FAKTEN

✱ Name in der Landessprache (Malaiisch): Singapura

✱ Einwohner in Singapur: ca. 4,4 Mio.

✱ Sehenswürdigkeiten: Arab Street, Boat Quay, Botanical Gardens, Bukit Timah Natural Resort, Chinatown, East Coast Park, Esplanade, Financial District, Jurong Bird Park, Lau Pa Sat Festival Market, Little India, Merlion, Orchard Road, Sentosa Island, Sim Lim Square, Singapore Art Museum, Singapore Science Center, Singapore Zoo, Suntec City, The Raffles Hotel

BERÜHMTE PERSONEN

✱ Tony Anholt (1941–2002), englischer Schauspieler

✱ Leslie Charteris (1907–1993), amerikanischer Autor

✱ Vanessa Mae (geb. 1978), Violinistin

Nicht nur eine Handelsmetropole. Singapur genießt heute weltweit den Ruf einer erfolgreichen und geschäftigen Wirtschaftsmetropole. Als typische Touristenstadt galt die Stadt der Löwen jedoch bisher nie. Viele Reisende legen hier lediglich einen kurzen Zwischenstopp ein. Dabei wird dies der Stadt nicht gerecht, denn Singapur hat viel zu bieten. Die alten Viertel Chinatown, Arab Street oder Little India wurden herausgeputzt und auf Hochglanz getrimmt, und selbst im modernen Hochhausdschungel verstecken sich heute so manch sehenswerte Plätze. Die Kulturen, auf die man hier auf Schritt und Tritt stößt, sind vielfältig – Singapur ist in den letzten Jahren bunt und einladend geworden.

Der Esplanade Park. Am Ufer der Flussmündung liegt das neue Kulturzentrum Singapurs, der Esplanade Park. Die Anlage gilt heute neben dem Merlion als das Wahrzeichen Singapurs. Vielleicht kommt dies daher, dass der Gebäudekomplex in der Form einer gewaltigen Durian-Frucht gebaut wurde. Hierbei handelt es sich – Südostasienreisende werden es vielleicht aus eigener schmerzhafter Erfahrung wissen – um eine ziemlich übel riechende, bei den Einheimischen sehr populäre Obstsorte, die Stinkefrucht.

Autolizenz per Versteigerung. Der Besitz eines privaten Autos ist in Singapur eine ziemlich kostspielige Angelegenheit. Mehr als das Doppelte wie etwa in europäischen Ländern muss man hier für einen Wagen inklusive aller Gebühren auf den Tisch legen. Zu diesen Gebühren gehört vor allem die „Ersteigerung" einer Lizenz. Diese Lizenz gilt zehn Jahre lang und ist an das dafür angemeldete Fahrzeug gebunden. Danach geht's wieder von vorn los. Dieses Verfahren hat sich bisher als wirksames Instrument erwiesen, damit Singapur nicht in Autochaos und Smog versinkt.

Nur ein kleiner Spaziergang. Es gibt reichlich alte Bausubstanz in der Stadt zu bestaunen. Das beginnt in der Innenstadt mit Chinatown. Wie in derartigen Stadtvierteln üblich, locken bunt geschmückte Läden, Restaurants und Cafés mit dem Duft Asiens zu einem kleinen Aufenthalt. Dies wird noch intensiver, wenn man sich jenseits der Cross Street durch den Lau Pa Sat Festival Market bewegt. Hier duftet es herrlich exotisch. Von hier lohnt sich ein Abstecher zur Uferpromenade, wo der Merlion sein Wasser in den Singapore River speit. Unter Sonnenschirmen kann man sich hier vom Trubel der Stadt erholen, um sich später ins Nachtleben am nahen Boat Quay zu stürzen.

Mitte: Buntes Treiben in den Straßen von Chinatown.

Unten: Die Konzerthalle im Esplanade Park, dem Kulturzentrum Singapurs.

INDONESIEN

Jakarta

DIE INDONESISCHE HAUPTSTADT IST DER SCHMELZTIEGEL SÜDASIENS. HIER TREFFEN SICH ALLE VÖLKER DES SÜDASIATISCHEN RAUMES, SELBST INDER, CHINESEN UND ARABER, AUSTRALIER GENAUSO WIE DIE EINSTIGEN KOLONIALHERREN AUS DEN NIEDERLANDEN.

Langsam, aber sicher nähert sich Jakarta den Top Ten der größten Ballungsräume der Welt. Die quirlige und stetig wachsende Riesenmetropole Indonesiens liegt im Nordwesten von Java, der am dichtesten bewohnten Insel der Welt. Jakarta, die größte Stadt des Islam, ist eine Mischung aus allem: alt und neu, traditionell und westlich, arm und reich, modern und baufällig – ein vielfältiges Antlitz.

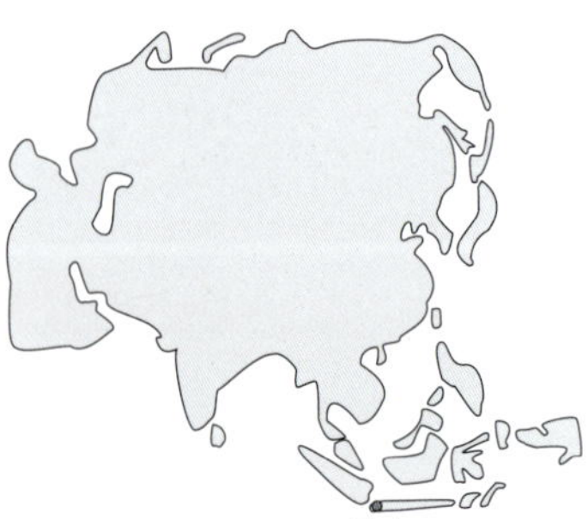

Fremde Herren. Es war im 17. Jahrhundert, als die holländische Ostindien-Gesellschaft (Vereenigte Ooste Indische Compagnie) in Jakarta ihre Handelsniederlassung Fort Batavia gründete. Aber die Niederländer waren nicht die Ersten, die die strategischen Vorteile des Platzes am Ciliwung erkannt hatten. Schon Jahrhunderte vor den Europäern war das Mündungsdelta des Flusses besiedelt worden. Im Frühjahr 1527 hatten Moslems die bereits existierende Stadt Sunda Kelapa zerstört und an gleicher Stelle am 22. Juni Jayakarta („Großer Sieg") gegründet. Dann kamen die Niederländer. Sie legten nach der Gründung von Fort Batavia wie in der Heimat Kanäle und Grachten an. Dass sie sich damit allerdings keinen Gefallen taten, merkten sie erst Jahre später, als die ersten Hochwasser kamen. Ein Reisegefährte des britischen Entdeckers James Cook schrieb darüber: „Ist es [das Wasser] wieder abgelaufen, so findet man da, wo

Rechts: Blick über die Stadt mit dem Areal der Istiqlal-Moschee.

Unten: Niederländische Architektur am Kali Besar, dem Großen Kanal.

es stand, eine unglaubliche Menge von Schlamm und Kot. [...] Von 100 Soldaten, die von Europa hierher geschleppt werden, sollen, wie man uns versicherte, am Ende des ersten Jahres kaum noch 50 am Leben sein. [...] In ganz Batavia ist uns nicht ein einziger Mensch vorgekommen, der recht frisch und gesund ausgesehen hätte."

Islamisch geprägte Moderne. Die überwiegende Mehrheit der heutigen Einwohner sind Moslems. Die Istiqlal-Moschee, die größte Moschee Jakartas – ein monumentales Bauwerk –, gilt zwar als die größte Moschee Südostasiens, doch vom Glanz arabischer und islamischer Baukunst ist an diesem modernen Gebäude nicht viel zu spüren. So wie die Moschee ist die gesamte Skyline von Jakarta von einem neuen, einem modernen Baustil geprägt. Wolkenkratzer und zweckdienliche Neubauten säumen die geschäftigen Straßen der Handels- und Hafenmetropole. Dieser Eindruck wird sich noch verstärken, wenn 2009 der Jakarta Tower – das mit 558 Meter zweithöchste frei stehende Gebäude der Welt – seine Pforten öffnen wird.

Das restaurierte Holländerviertel. Wer noch die Wurzeln der Vergangenheit erspüren und erfahren will, der muss dazu in das alte niederländische Viertel wandern. In Zusammenarbeit mit der UNESCO hat die Stadtverwaltung rund um den alten Rathausplatz in den letzten Jahrzehnten mehrere der alten Kolonialbauten restaurieren lassen, so unter anderem das „Stadthuys" (das Rathaus von Batavia) – heute ein historisches Museum –, das Wayang-Museum mit seiner Ausstellung über das traditionelle indonesische Puppentheater, das Balai Seni Rupa mit den Museen für Kunst und Malerei und für Keramik sowie das Gedung Gajah, das Nationalmuseum.

Von hier ist es nur ein Katzensprung an den Großen Kanal, den Kali Besar. Hier lagen einstmals Batavias reiche Handelskontore und seine prall mit Gewürzen, Tabak und exotischen Waren gefüllten Lagerhäuser. Als im 19. Jahrhundert Seuchen die Altstadt endgültig unbewohnbar machten, zogen die Niederländer an den Koningsplain um; inzwischen heißt er Unabhängigkeitsplatz (Merdekaplatz). Das Nationaldenkmal Indonesiens (genannt Monas) reckt sich hier mit seiner goldfarbenen Flamme 132 Meter weit in den Himmel. Um den Platz liegen die beiden Präsidentenpaläste und einige Ministerien – hier ist das politische Zentrum Indonesiens.

FAKTEN

* **Alter Name:** Batavia

* **Einwohner in Jakarta:** ca. 8,54 Mio.

* **Einwohner in der Agglomeration:** ca.17,6 Mio.

* **Sehenswürdigkeiten:** Chinatown, Gambir Station, Gedung Gajah (Elefantengebäude), Hoenderpasarbrug, Istiqlal-Moschee, Jakarta Museum, Jin De Yuan-Tempel, Kali Besar (Großer Kanal), Kathedrale von Jakarta, Merdekaplatz, Museum für Kunst und Malerei & Museum für Keramik, Museum Pusat, Nationaldenkmal (Monas), Portugiesische Kirche, St. Emmanuelkirche, Taman Impian Jaya Ancol, Wayang Museum, Willemskerk

BERÜHMTE PERSONEN

* **Millane Fernandez** (geb. 1986), Popsängerin

* **Eddy de Neve** (1885–1943), niederländischer Fußballspieler

Die Städte Europas sind so unterschiedlich wie die europäischen Kulturen. Die meisten von ihnen sind über Jahrhunderte oder Jahrtausende hinweg gewachsen. Die „jungen“ Städte Europas sind auch schon fast an die 1000 Jahre alt und älter. Den meisten ist die christlich-abendländische Kultur gemeinsam, die sich in vielen Sakralbauten widerspiegelt.

EUROPA

ISLAND

Reykjavík

REYKJAVÍK GENIESST DEN RUF, EINE DER „HEISSESTEN" STÄDTE EUROPAS ZU SEIN, DANK DER MUSIKSZENE UND DES BERÜHMTEN NACHTLEBENS – UND DER BRODELNDEN GEYSIRE IM UMLAND. DIE ENERGIE ZEIGT SICH NICHT ZULETZT IN DER STÄDTISCHEN KULTURSZENE.

Die nördlichste Hauptstadt der Erde ist eine Stadt atemberaubender Kontraste. Kleine, wellblechverkleidete Holzhäuser stehen unmittelbar neben futuristischen Glasbauten, Kulturzentren liegen nur Minuten von Lavafeldern entfernt, und internationale Einflüsse verbinden sich mit isländischen Traditionen, um eine einzigartige Kultur zu schaffen, in der das Althergebrachte die Moderne umschließt.

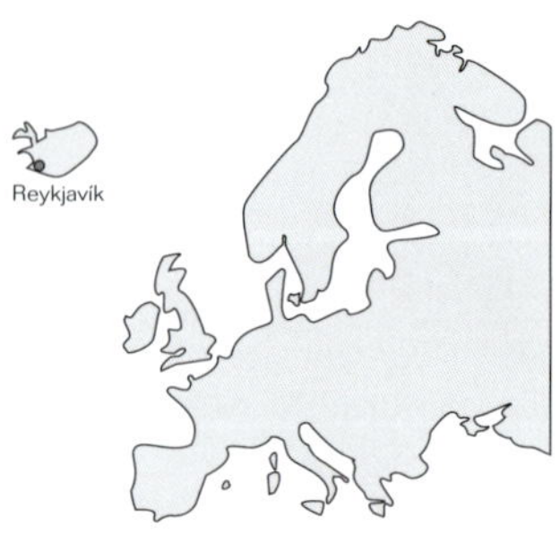

Die Väter der Stadt. Als erster Siedler auf isländischem Boden gilt Ingólfur Arnason. Er gab dem Ort, an dem er siedelte, den Namen „Rauchbucht", denn unweit seines Hofes stiegen wie von Geisterhand Rauchschwaden aus dem Boden. So geschehen im Jahr 874 Anno Domini. Bis ins 18. Jahrhundert hinein lebten an der Rauchbucht nur wenige Menschen auf meist weit verstreut liegenden Höfen. Es war der Landvogt Skúli Magnússon, der ab 1749 für einen Aufschwung sorgte, indem er wollverarbeitende sowie Fischereibetriebe ansiedelte und Werften bauen ließ. Er gilt als Vater von Reykjavík, das 1786 das Stadtrecht erhielt.

In die Unabhängigkeit. Nachdem es einmal angefangen hatte, ging es kontinuierlich bergauf mit Reykjavík, auch wenn man immer wieder wohl oder übel nach der Pfeife der dänischen Regierung tanzen musste, unter deren Oberhoheit Island bis 1944 stand.

Im Herzen der Altstadt befindet sich der Austurvöllur. Sonnenanbeter und Picknicker fühlen sich hier vor dem exklusiven Hotel Borg sichtlich wohl.

FAKTEN

* **Name auf deutsch:** „Rauchbucht“
* **Einwohner in Reykjavík:** ca. 114 800
* **Einwohner in der Agglomeration:** ca. 185 000
* **Sehenswürdigkeiten:** Ásmundarsafn, Domkirkja, Einar-Jónsson-Museum, Freilichtmuseum Árbaejarsafn, Hallgrímskirkja, Handschriftensammlung Árni-Magnússon, Kjarvalsstadir, Nationalmuseum, Nationalgalerie, Perlan

BERÜHMTE PERSONEN

* **Níels Finsen** (1860–1904), Arzt (Nobelpreis 1903)
* **Halldór Laxness** (1902–1998), Schriftsteller (Nobelpreis 1955)
* **Arnaldur Indridason** (geb. 1961), Schriftsteller

Dies änderte sich erst, als Engländer und Amerikaner im Zweiten Weltkrieg hier Truppen stationierten. Die Wirtschaft boomte, und Reykjavík wurde endgültig zum wirtschaftlichen Zentrum Islands. Die Stadt löste sich dann am 17. Juni 1944 endgültig vom dänischen Mutterland, das zu diesem Zeitpunkt noch von der deutschen Wehrmacht besetzt war. Nach dem Krieg entwickelte sich Reykjavík immer weiter – und ein Ende scheint noch immer nicht absehbar.

Nicht nur der Landschaft wegen. Viele der Besucher kommen heute eher aufgrund der großartigen und einzigartigen Landschaft auf die Insel hoch droben im Nordatlantik. Aber auch innerhalb der Stadtgrenzen finden sich viele Sehenswürdigkeiten, deren Besuch durchaus lohnenswert ist. Zum Beispiel die Altstadt. Sie beschränkt sich zwar nur auf ein kleines Karree zwischen dem Tjörnin-See und dem Meer, doch hier drängen sich tatsächlich eine Menge von sehenswerten Bauwerken. Der Tjörnin-See mitten in der Stadt ist im Übrigen ein einzigartiges Vogelparadies. Auffällig ist das 1992 am Nordwestufer eingeweihte, auf Säulen stehende Rathaus mit der sehenswerten Reliefkarte Islands im Erdgeschoss. Das älteste Gebäude der Stadt ist der Fógetinn von 1751. Heute beherbergt er eine Kneipe. Schräg gegenüber liegt der neu gestaltete Ingólfstorg mit den dampfenden Basaltsäulen zum Gedenken an den ersten Siedler. Hier irgendwo hat wohl Arnasons Hof gestanden.

Hallgríms Kirche. Ganz ideal für den Beginn eines Stadtrundgangs ist die ganz Reykjavík überragende neogotische Hallgrímskirkja, das Wahrzeichen der Stadt, erbaut auf einer Anhöhe (1945–1986). Von dem 73 Meter hohen Turm hat man die beste Aussicht über die Stadt und das Meer dahinter. Vor dem Portal steht die Statue von Leif Eiríksson, dem nachgesagt wird, um das Jahr 1000 Amerika entdeckt zu haben.

Das Tal der warmen Quellen. Das Laugardalur liegt drei Kilometer außerhalb der Stadt. Ein riesiger Zeltplatz, eine Jugendherberge und das große Reykjavíker Freibad liegen hier, außerdem der Botanische Garten, ein Zoo und ein Skulpturengarten. Aus zahlreichen Bohrlöchern wird heißes Wasser aus dem Erdinnern gefördert, mit dem unter anderem die Rasenheizung im Fußballstadion betrieben wird. Erdwärme ist übrigens die Grundlage des Heizungssystems. Die Einwohner von Reykjavík erhalten ihr heißes Wasser seit mehreren Jahrzehnten aus der Erde – und im Winter wird auf dieser Basis geheizt.

Mitte: Der Tjörnin-See.

Unten: Ein auffallendes Gebäude ist der Perlan mit seiner Glaskuppel auf den riesigen Heißwasserspeichern.

NORWEGEN

Oslo

NUR ETWA EIN VIERTEL DER HAUPTSTADT NORWEGENS BESTEHT AUS HÄUSERN, STRASSEN UND DEN ÜBERALL ANZUTREFFENDEN IBSEN- UND MUNCH-MUSEEN, DEN REST BILDEN WÄLDER, SEEN UND DIE WOHL BERÜHMTESTE SKISPRUNGSCHANZE DER WELT.

Man kann von fast jedem Punkt der Stadt aus die Sprunganlage am Berghang des Hausberges sehen. Und vom Holmenkollen hat man eine wunderbare Aussicht über die ganze norwegische Hauptstadt. Sicher wäre das auch der beste Einstieg nach Oslo: mit einem technisch sauberen Skisprung im V-Stil mitten hinein in die Innenstadt. Bis jetzt hat selbst der weiteste Satz von hier oben Sven Hannawald nur 132,5 Meter in Richtung Stadtzentrum gebracht.

Die neue Stadt – Christiania. Auch wenn Oslo im Jahr 2000 sein tausendjähriges Jubiläum begangen hat, so kann man dagegenhalten, dass die heutige Stadt erst nach dem großen Brand von 1624 geboren wurde. Davor war das alte Oslo, einst am gegenüberliegenden Akerufer gelegen, die Residenz der norwegischen Wikingerkönige, die um das (oder im) Jahr 1000 gegründet worden war. König Christian IV., Herrscher über Dänemark und Norwegen, ließ die Stadt später am anderen Ufer der Aker neu errichten. Und Christian drückte der Stadt seinen Stempel auf, indem er sie Christiania nannte. Die Neugründung wuchs dank der Holzindustrie und der Schiffsausrüster rasch, und das, obwohl der König den so genannten Mauerzwang erlassen hatte: In der Stadt durfte keinerlei Holz mehr als Baumaterial verwendet werden.

Rechts: Das norwegische Parlament tagt im Stortinget.

Unten: Von überall kann man das sportliche Wahrzeichen von Oslo erblicken: die Skisprungschanze.

Hauptstadt Norwegens. Dänemark, das in den Napoleonischen Kriegen für Frankreich Partei ergriffen hatte, musste nach der endgültigen französischen Niederlage Norwegen an das Nachbarland Schweden abtreten. Gegen Ende des 19. Jahrhunderts schwang sich Christiania zum Zentrum der norwegischen kulturellen Renaissance auf. Eine Welle des Nationalismus erfasste das Land. Und so trat Norwegen 1905 aus der Union mit Schweden aus. Prinz Carl von Dänemark wurde zum König Hakon VII. gewählt und Christiania zur Hauptstadt erklärt. Erst 1925 nahm die Stadt wieder ihren ursprünglichen Namen Oslo an.

Vom Rathaus zum Hauptbahnhof. Ein Wahrzeichen der Stadt ist das Rathaus mit seinen beiden massigen Türmen, erbaut zwischen 1931 und 1950 an der Aker Brygge am Hafen. Hier wird jedes Jahr der Friedensnobelpreis verliehen. Nach wenigen Schritten in Richtung Innenstadt steht man auf der Pulsader der Stadt: der Karl-Johans-Gate, zwischen dem Stortinget und dem königlichen Palast. Auch das Nationaltheater, das historische Museum, die Nationalgalerie, die Universität und der Regierungsbau liegen in der Nähe – ebenso wie der Hauptbahnhof.

Kvadraturen. Der Stadtteil im Zentrum Oslos zwischen Schloss Akershus (14. Jahrhundert), dem Dom (1697), der Övre Vollgate und der Skippergate heißt Kvadraturen. Hier sind noch viele gut erhaltene Gebäude aus dem 17. Jahrhundert vorhanden. In der Kvadraturen befinden sich auch viele historische und kulturelle Institutionen, wie das Theatermuseum, das Museum für Gegenwartskunst, die Börse, das Café Engebret und das Restaurant Det Gamle Raadhus, in dem es echte norwegische Spezialitäten gibt.

Immer wieder Edvard Munch. Er ist mit Sicherheit Norwegens berühmtester Maler, Edvard Munch. Seine Bilder rufen bei den einen Begeisterung hervor, andere schlagen entsetzt die Hände über dem Kopf zusammen. Doch so polarisierend sein Werk auch sein mag, das Munch-Museum ist ein absolutes Muss für jeden Oslo-Besucher. Das liegt nicht nur am legendären „Schrei". Hier in Oslo hat man die Auswahl zwischen „Angst" und „Melancholie", „Trauer" und der „Verzweifelten Frau", ferner den stimmungsvollen Darstellungen „Der Sarg wird rausgeschafft" sowie „Selbstbildnis mit Weinflasche" und dem fast zwangsläufig daraus folgenden „Selbstbildnis in der Hölle". Der Museumsshop bietet seit neuestem den „Schrei" auch zum Mitnehmen und Aufblasen an, damit man sich überall daran erinnern kann: Das Leben ist wohl doch kein Zuckerschlecken.

FAKTEN

*** Einwohner in Oslo:**
ca. 550000

*** Einwohner in der Agglomeration:**
ca. 1 Mio.

*** Sehenswürdigkeiten:**
Holmenkollen-Schanze, Königsschloss, Kon-Tiki-Museum, Munch-Museum, Nationalgalerie, Oslo Bymuseum, Osloer Rathaus, Schloss Akershus, Vigelandpark

BERÜHMTE PERSONEN

*** Kjetil André Aamodt**
(geb. 1971), alpiner Skirennläufer, vierfacher Olympiasieger

*** Jostein Gaarder**
(geb. 1952), Schriftsteller

*** Trygve Gulbranssen**
(1894–1962), Schriftsteller

*** Edvard Munch**
(1863–1944), Maler und Grafiker

*** Bente Skari**
(geb. 1972), Ski-Langläuferin

FINNLAND

Helsinki

HELSINKI IST EINE GRÜNE STADT, WENN NICHT GERADE ALLES IN EIN SAMTENES WINTERWEISS GETAUCHT IST. ABWECHSLUNG VERSPRICHT EIN ABSTECHER ZUM VERGNÜGUNGSPARK LINNANMÄKI UND ZU SEAWORLD, DAS EIN WENIG STADTAUSWÄRTS LIEGT.

Helsinki bietet aber auch dem Kunstbeflissenen kulturelle Angebote in Hülle und Fülle. Im Sommer ist die Stadt mit den schönen Parks, dem vielen Wasser, der frischen Seebrise und den netten Straßencafés ein sehr angenehmer Aufenthaltsort mit einer eher kleinstädtischen Atmosphäre. Es gibt hier keinerlei Hochhäuser – und der Kauppatori, der Marktplatz, wird von Gebäuden aus dem 19. Jahrhundert malerisch umrahmt.

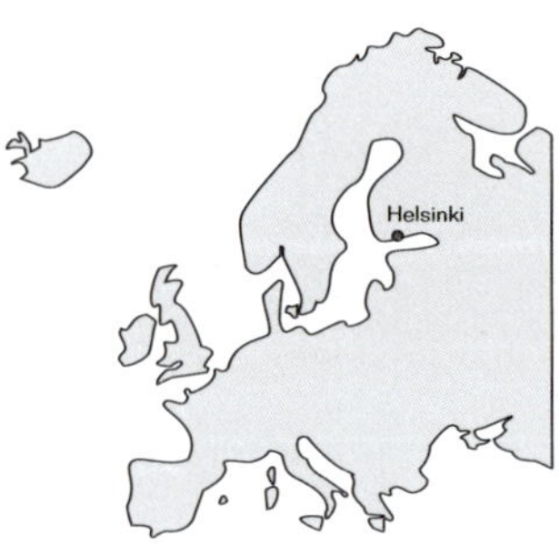

Helsingfors lautete der erste Name der 1550 per Dekret durch den Schwedenkönig Gustav I. Wasa gegründeten Stadt. Für die Schweden war es gewissermaßen eine Notwendigkeit, die Stadt zu errichten, wollten sie doch der Konkurrenz aus Tallinn das Leben schwer machen und die schwedischen Ansprüche in der Ostsee untermauern. Noch heute findet sich viel schwedisches Erbe in Helsinki – trotz des großen Feuers von 1808. Daran konnten selbst die Zaren nach der Abtretung Finnlands an Russland 1809 nichts ändern. Doch erst unter der russischen Oberhoheit machte Helsinki richtig Karriere. Die Nähe zu St. Petersburg brachte bedeutende Architekten wie Carl Ludvig Engel und Johan Albrecht Ehrenström in die Stadt, die ein klassizistisches Juwel an der Ostsee schufen, in dem sich bis heute schwedische, russische und finnische Kultur gleichermaßen widerspiegeln.

FAKTEN

* Name in der Landessprache (Schwedisch): Helsingfors
* Einwohner in Helsinki: ca. 559300
* Einwohner in der Agglomeration: ca. 1,23 Mio.
* Sehenswürdigkeiten: Havis-Amanda-Brunnen, Kaupungintalo, Konzerthaus Finlandia, Linnanmäki, Reichstag, Seaworld, Seurasaari, Suomenlinna, Temppeliaukio-Kirche, Uspenskij-Kathedrale

BERÜHMTE PERSONEN

* Mika Waltari (1908–1979), Schriftsteller
* Mika Salo (geb. 1966), Autorennfahrer
* Linus Torvalds (geb. 1969), Gründer des freien Software-Projekts „Linux"

Auf dem Kauppatori steht der Stein des Anstoßes von 1908: die nacke Meerjungfrau des Künstlers Ville Vallgren.

Die Nackte vom Marktplatz. Helsinkis Sehenswürdigkeiten findet man alle auf engstem Raum im Zentrum der Stadt rund um den Südhafen. Hier liegt der Marktplatz (Kauppatori), und auf ihm das Wahrzeichen der Stadt, der Havis-Amanda-Brunnen mit der bezaubernden Meerjungfrau von Ville Vallgren. Diese sorgte 1908 bei der Einweihung – aufgrund der entblößten Brüste – für einen handfesten Skandal. Gegenüber liegt das Kaupungintalo, das klassizistische Rathaus von C. L. Engel (1833), und zwei Blocks weiter östlich thront der würdevolle Präsidentenpalast, vor dem gewöhnlich ein stoischer Wachtposten steht.

Orthodox und lutherisch. Süd- und Nordhafen werden durch einen Kanal miteinander verbunden. Am Ufer des Südhafens erhebt sich die russisch-orthodoxe Uspenskij-Kathedrale mit ihren Zwiebeltürmen, die fast wie fehl am Platz anmuten, inmitten der anderen Bauwerke. Auf dem Senatsplatz, dem unbestrittenen Meisterwerk von J. A. Ehrenström, erhebt sich die Statue von Zar Alexander I., der die Stadt aus ihrem schwedischen Dornröschenschlaf erweckt hatte. Der beeindruckende Platz gilt als einer der schönsten in Nordeuropa. An der Ostseite liegt der frühere Senat, jetzt Sitz der Regierung, und im Westen die Universität. Der imposanteste Bau am Senatsplatz ist aber wohl die klassizistische lutherische Kathedrale.

Die Suomenlinna („Finnlands Burg") ist eine Festung, die vor dem Hafen liegt. Die Festungsanlage steht auf der Liste des UNESCO-Weltkulturerbes und gilt als eines der beliebtesten Ausflugsziele. Der Bau der Anlage wurde 1748 von den Schweden begonnen. Ein befestigter Schutz war nötig geworden, nachdem Zar Peter der Große mit der Gründung von St. Petersburg eine stärkere Stellung im Ostseeraum einnahm. Zwar nahmen die Russen die Festung nie ein, doch nach der Eroberung der Stadt übergab der schwedische Kommandant 1809 die Festung an die russischen Eroberer.

Oben: Wurde niemals erobert: die Festung Suomenlinna, seit 1991 Weltkulturerbe.

Links: Einträchtig stehen die lutherische Kathedrale (hinten) und die orthodoxe Uspenskij-Kathedrale nebeneinander.

RUSSLAND

St. Petersburg

PRUNKVOLLE PALÄSTE, PRÄCHTIG SCHIMMERNDE HAUSFASSADEN UND VERGOLDETE KUPPELN PRÄGEN DEN CHARME DER STADT AN DER NEWA. ZAR PETER DER GROSSE VERSUCHTE MIT DER NEUEN HAUPTSTADT ANSCHLUSS AN DEN WESTEN EUROPAS ZU FINDEN.

Besonders aufgepeppt haben die Petersburger Stadtväter und die Investoren heute die alte Prachtstraße, den Nevski Prospekt. Der Boulevard führt mit seinen vielen Brücken über die Kanäle der Stadt. Das auf 44 Inseln im Mündungsgebiet der Newa erbaute St. Petersburg mit seinen 540 Brücken gilt als die schönste Stadt Russlands. 1990 wurde der historische Kern von der UNESCO auf die Liste des Weltkulturerbes gesetzt. St. Petersburg erblickte im 17. Jahrhundert auf dem Reißbrett das Licht der Welt.

Das Fenster zum Westen. St. Petersburg ist mit Abstand Russlands europäischste Stadt. Von Zar Peter dem Großen an der einzigen Stelle, wo traditionell russisches Territorium an einen Wasserweg zum Norden grenzt, als „Fenster zum Westen" gegründet, wurde St. Petersburg mit dem im 18. und 19. Jahrhundert üblichen Pomp und Ordnungssinn von vorwiegend westeuropäischen Architekten gebaut. Das Ergebnis ist eine Stadt, die noch immer zu den schönsten Europas gehört. Heute, da an der Stadt Schönheitskorrekturen vorgenommen werden, die seit fast 80 Jahren überfällig sind, fühlen sich ihre Bewohner trotz der drückenden Probleme, von denen auch St. Petersburg nicht verschont geblieben ist, noch immer so stark mit ihr verbunden, dass sie sie liebevoll „Piter" nennen.

Zarin Elisabeth – Tochter Peters des Großen – erlebte die Fertigstellung des von ihr in Auftrag gegebenen Winterpalastes 1762 nicht mehr.

FAKTEN

* **Name von 1924 bis 1991:** Leningrad
* **Einwohner in St. Petersburg:** ca. 4,6 Mio.
* **Sehenswürdigkeiten:** Alexander-Nevski-Kloster, Alexandrinski-Theater, Auferstehungskirche, Eremitage, Erlöserkirche, Isaak-Kathedrale, Katharinenpalast, Kunstkammer, Mariinski-Theater, Menshikow-Palais, Peterhof, Peter-und-Pauls-Kathedrale, St.-Annenkirche, Winterpalast, Woronzow-Palais, Zarskoje Selo

BERÜHMTE PERSONEN

* **Joseph Brodsky** (1940–1996), Schriftsteller (Nobelpreis 1987)
* **Carl Peter Fabergé** (1846–1920), Juwelier
* **Viktor Hartmann** (1834–1874), Architekt, Bildhauer und Maler
* **Wladimir Putin** (geb. 1952), Politiker

Auf Sumpf gebaut. Der Traum Peters des Großen war es, Russland zu einer Seemacht zu machen. Dafür benötigte er jedoch einen Hafen an der Ostsee. So eroberte er für den waghalsigen Plan 1703 die schwedische Festung „Nyenschanz" und baute auf einer nahe liegenden Flussinsel der Newa, der so genannten Haseninsel, das erste Bauwerk seiner neuen Stadt: Die Peter- und-Paul-Festung. Die Grundsteinlegung war am 16. Mai und gilt als offizielles Gründungsdatum von St. Petersburg, das seinen Namen zu Ehren des heiligen Petrus erhielt – was nicht als Eigenlob des Zaren gedacht war. Doch die geologischen Bedingungen stellten eine Herausforderung dar. Überall war Sumpfland. In vielen Gebieten war der Boden derart weich, dass zehntausende hölzerner Pfähle als Grundlagen in den Boden gerammt werden mussten, um die Gebäude vom Sinken abzuhalten.

Hier tanzt der russische Bär. Diese Zeiten sind schon lange vorbei. Zaren, Revolution, Kommunismus und Perestroika haben die Stadt immer wieder Veränderungen unterzogen. Das einst beschauliche, aber mondäne St. Petersburg ist heute eine der Partyhochburgen Europas mit einem ausgeprägten Nachtleben. London, Paris oder Rom können hier nur mit Mühe Schritt halten, wenn im Sommer nachts die Straßen unter Strom stehen. In den Wintermonaten sind die Clubs mit ihrem interessanten Showangebot aber mindestens genauso voll. Die Stadt bietet für jeden Geschmack das Richtige.

Die „Weißen Nächte". Wenn man über das „Nachtleben" von St. Petersburg, der einzigen Millionenmetropole in arktischen Breiten, spricht, dürfen die „Weißen Nächte" nicht unerwähnt bleiben, wenn es einen Monat lang gar nicht wirklich dunkel wird. Während dieser Zeit herrscht in der Stadt ein Hauch von Mystik und Romantik. Bei angenehmsten Temperaturen ziehen die Menschen durch die Stadt und über die vielen Kanäle. Wegen der Lage der Stadt im hohen Norden schafft es die Sonne im Sommer nicht tatsächlich unterzugehen. Die Abenddämmerung, kurz vor Mitternacht, verschmilzt mit der Morgendämmerung. Ein silbriges, leicht bläuliches Glühen beherrscht dann die Szenerie. Der Nevski Prospekt ist während der „Weißen Nachtfesttage" von Ende Juni bis Mitte Juli die Tribüne für unzählige Touristen. Und auch im August kann man die „Weißen Nächte" noch spüren, selbst dann ist es um 24 Uhr noch immer nicht richtig dunkel.

Mitte: Der Peterhof-Palast.

Unten: Blick über die alte russische Hauptstadt entlang der Newa mit der Isaak-Kathedrale im Vordergrund.

SCHWEDEN

Stockholm

STOCKHOLM LIEGT AM UND „IM" WASSER – UND GERADE DAS MACHT DEN REIZ DER STADT AUS. STARKE KONTRASTE BILDEN DIE HÜGEL VON SÖDERMALM MIT IHREN AUSBLICKEN AUF DIE STADT UND DIE ALTEN WÄLDER AUF DER INSEL DJURGARDEN.

In der schwedischen Metropole gibt es einen Turm, der eine lohnende Aussicht auf das alles bietet – vom 155 Meter hohen Kaknästurm kann man bei guten Bedingungen sage und schreibe 60 Kilometer weit sehen! Vom Stadthaus zum Globen, über die Hochhäuser am Heumarkt und die gesamten Gewässer der Stadt bis hin zu den entferntesten Gegenden des Großraumes Stockholm.

Im Land der Nordmänner. Lange bevor die Stadt gegründet wurde, bevölkerten Wikinger die Gegend, an der sich die Ostsee und der Mälarsee treffen. Zwischen 800 und 1050 erlebte ihre Kultur ein starkes Wachstum, und der Mälarsee wurde zu einem viel besuchten Handelsplatz. Eines der wichtigsten Handelszentren war dabei die Insel Björko in der Nähe des heutigen Stockholms, die 1993 von der UNESCO zum Weltkulturerbe erklärt wurde. Stockholm selbst wurde erstmals im 13. Jahrhundert erwähnt und dabei schon 1270 als Stadt tituliert. Die strategisch ausgesprochen günstige Lage ließ die aufstrebende Stadt bis zum 15. Jahrhundert zu einem wichtigen Machtfaktor in Skandinavien werden.

Stockholms Altstadt. Mit der Unabhängigkeit von Dänemark 1523 begann der Aufschwung Stockholms zur Residenzstadt. Ab 1634 wurde Stockholm sogar Hauptstadt. In dieser Zeit entstanden einige der

Rechts: Das Versailles des Nordens: Schloss Drottningholm.

Unten: Die Centralbron ist eine der wichtigsten Brücken Stockholms über den Mälarsee.

großartigen Bauten und Paläste in der Stockholmer Altstadt – genannt Gamla stan –, so unter anderem das Riddarhuset (Ritterhaus, 1641–1674), das Oxenstierna'sche Palais (1653–1668), das Tessin'sche Palais (1692), die alte Reichsbank und auch die St.-Gertrud-Kirche (Tyska Kyrkan), die Kirche der deutschen Kaufleute, deren Handelshäuser sich entlang der Västerlangagatan aneinander reihen. In der Altstadt stehen aber auch Gebäude aus früheren Zeiten wie zum Beispiel die Storkyrkan (Domkirche) St. Nikolai aus dem 13. Jahrhundert – die Krönungskirche der schwedischen Herrscher. Hier heiratete auch König Carl XVI. Gustav seine bürgerliche Königin Silvia.

Kungliga Slottet – das königliche Schloss. Eine der meistbesuchten Attraktionen ist die Wachablösung auf dem Schlosshof. Aber das königliche Schloss hat noch mehr zu bieten. Die 608 Räume – das sind drei mehr als der Buckinghampalast in London und damit ist es das größte Königsschloss der Welt – wurden von den besten und berühmtesten Künstlern und Handwerkern Europas gestaltet. Neben den Prunksälen, dem Reichssaal und der Schlosskirche kann man hier zudem die prachtvollen Bernadotteräume, das Antikenmuseum König Gustavs III., die Schatzkammer und das Museum Tre Kronor besichtigen. Heute lebt die königliche Familie einige Kilometer westlich im barocken Schloss Drottningholm, das seit 1991 auf der Liste des UNESCO-Weltkulturerbes steht.

Skansen – das älteste Freilichtmuseum der Welt. Seit 1891 ist Skansen ein beliebtes Ausflugsziel für Alt und Jung. Hier wird das Leben vergangener Tage wieder lebendig. Besichtigen kann man wunderschöne alte Bauernhäuser, Herrenhäuser und Arbeitsstätten aus allen Landesteilen Schwedens. Auch ein kleiner Tierpark findet sich auf dem Gelände. Wölfe, Bären, Vielfraße, Rentiere und natürlich auch Elche leben hier in großen Freigehegen. Ein lebendiges Museum, in dem man nicht nur viel über die Vergangenheit Schwedens lernen, sondern sich außerdem wunderbar vergnügen kann.

Das Labyrinth der Schären. Stockholm wäre nicht Stockholm ohne die Schären mit ihren insgesamt 24 000 Inseln, Inselchen und Klippen. Die meisten der Schärenboote legen von Strömkajen und Nybroviken ab. Ein besonderes Erlebnis ist eine Fahrt auf einem der restaurierten malerischen Dampfschiffe. Die Fahrt nach Vaxholm dauert etwa eine Stunde, nach Schloss Drottningholm sind es 50 Minuten – das sollte man aber unbedingt gemacht haben. Sehenswert sind außerdem Sandhamn und Utö mit ihrer herrlichen Naturkulisse.

FAKTEN

* **Einwohner in Stockholm:** ca. 766 750
* **Sehenswürdigkeiten:** Bonde'sches Palais, Katarinakirche, Königliches Schloss, Oxenstierna'sches Palais, Palais des Erbfürsten, Ritterhaus, Skansen, Stadsholmen, Stockholms Stadshus, Storkyrkan, Tessin'sches Palais, Tyska Kyrkan, Vasamuseum

BERÜHMTE PERSONEN

* **Benny Andersson** (geb. 1946), Gründungsmitglied der Gruppe „ABBA"
* **Ingrid Bergman** (1915–1982), Schauspielerin
* **Greta Garbo** (1905–1990), Schauspielerin
* **Alfred Nobel** (1833–1896), Erfinder

ESTLAND

Tallinn

DIE HAUPTSTADT ESTLANDS IST EIN HERAUSRAGENDES KLEINOD DES MITTELALTERS. ÜBER DEN SCHMALEN GASSEN DER ALTSTADT ERHEBT SICH DER WEITHIN SICHTBARE DOMBERG. DER SAGE NACH HANDELT ES SICH DABEI UM DEN GRABHÜGEL KALEVS.

Die ehemalige deutsche Hansestadt Reval ist nach Meinung vieler Reisender die schönste Stadt des gesamten baltischen Raumes. Sie gehört zu den wenigen Städten, die immer noch von einer sehr gut erhaltenen mittelalterlichen Stadtmauer umgeben sind. Die Vielzahl an Touristen in Tallinn spricht für sich und betont die angenehme Atmosphäre, die große Anziehungskraft und auch die Gastfreundschaft der Stadt.

Die Hansestadt Reval. Bereits 1154 fand die estnische Siedlung Reval unter dem Namen Lindanise Erwähnung auf einer Landkarte des arabischen Geografen Al Idrisi. Die Lage zwischen Nord- und Osteuropa war ein günstiger Ausgangspunkt für die Entwicklung zur mächtigen Handelsstadt Reval, die im Jahr 1285 Mitglied der Hanse wurde. Der Reichtum der Hansestadt lockte zahlreiche Eroberer an, aber auch Händler. Dänen, Deutsche Ordensritter, Schweden und Russen – sie besetzten die Stadt immer wieder, ehe 1918 die Unabhängigkeitserklärung in Reval unterzeichnet wurde und Reval seinen alten Namen Tallinn zurückbekam.

Das sowjetische Estland. In den Jahren 1940 bis 1991 war Estland ein Teil des Vielvölkerstaates Sowjetunion, unterbrochen nur von der deutschen Besetzung von 1941 bis 1944. Wie die anderen baltischen Nationen waren auch die Esten unter Stalin zunächst einer

FAKTEN

*** Einwohner in Tallinn:** ca. 403 500

*** Sehenswürdigkeiten:** Alexander-Nevski-Kathedrale, Heilig-Geist-Kirche, Naissaar, Nikolaikirche, Rathaus, Schloss Katharinental, St.-Olai-Kirche, Teletorn, Toompea (Domberg)

BERÜHMTE PERSONEN

*** Fjodor Andresen** (1806–1880), russischer Maler

*** Robert Gernhardt** (1937–2006), Schriftsteller, Maler, Zeichner und Karikaturist

*** Neeme Järvi** (geb. 1937), Dirigent

Aus der Unterstadt mit seiner Stadtmauer erhebt sich der einst höchste Turm der Welt: der Turm der Kirche St. Olai.

strikten „Russifizierung" ausgesetzt, die jedoch im Lauf der Jahrzehnte spürbar nachließ.

UNESCO-Weltkulturerbe seit 1997. Tallinn besinnt sich seit der Unabhängigkeit von der Sowjetunion 1991 wieder auf die Werte und die Traditionen der Vergangenheit. Das Erbe der Hanse ist dabei allgegenwärtig, die Altstadt wird mit akribischer Sorgfalt restauriert – auch wenn die Kassen im Allgemeinen recht leer sind.

Einst das höchste Gebäude ganz Europas. Die mächtige Kirche St. Olai am nördlichen Ende der Altstadt kann man von Weitem erkennen. Um Kaufleute aus der ganzen Welt anzulocken, bauten die Bürger Tallinns im Mittelalter einen hohen Turm, der die Stadt berühmt machen sollte. Im Mittelalter maß der Turm für die damalige Zeit erstaunliche 159 Meter und galt als das höchste Bauwerk aller Zeiten. Im Lauf der Zeit wurde der Turm mehrmals beschädigt. Sein heutiges Aussehen erhielt er im Jahr 1830 – allerdings mit nur mehr 123 Meter.

Der Domberg. Wer von Finnland aus in die Stadt Tallinn reist, also mit der Fähre 50 Kilometer Ostsee überquert, hat eines der schönsten Stadtpanoramen der Ostseeküste im Visier – den massigen, steil abfallenden Kalksteinklotz des Dombergs (Toompea), die wuchtigen Wehrtürme und Mauern der Unterstadt, die gotischen Spitzen und elegant geschwungenen Barockhauben der Kirchen, den schlanken Rathausturm unten am Meeresufer und die Zwiebeltürme der Alexander-Nevski-Kathedrale oben auf dem Domberg. Jahrhundertelang haben die Menschen oben auf dem Domberg und die Bewohner der Unterstadt einander nur widerwillig und mit Murren zur Kenntnis genommen. Reval und sein Domberg, das ist die Geschichte zweier Gemeinwesen, zweier Welten. Oben der Klerus und der Adel – und unten die eigentlichen Herrscher der Stadt: die Kaufleute.

Oben: Die Pikk-Straße ist das Ziel zahlreicher Touristen.

Links: Auch Peter der Große hinterließ seine Spuren: Der Kadriorg-Palast wurde als seine Sommerresidenz erbaut.

LETTLAND

Riga

RIGA GILT ALS HEIMLICHE HAUPTSTADT DES BALTIKUMS. DIE TURMREICHE SILHOUETTE DER STADT ERINNERT ZUNÄCHST AN JENE DER HANSESTADT LÜBECK. NOCH ENGER VERBUNDEN IST RIGA ABER MIT BREMEN. VON DORT SOLLEN DIE GRÜNDUNGSVÄTER STAMMEN.

Die lettische Hauptstadt ist trotz aller äußerlichen Ähnlichkeiten mit den norddeutschen Hansestädten heute eher eine russische Stadt, denn nur ein Drittel der Bevölkerung ist tatsächlich lettischer Herkunft. Ein Vermächtnis der Sowjetunion. Doch die Letten sind daran gewöhnt, waren doch schon im Mittelalter und später zumeist die Deutschen in der Überzahl. Dadurch hat sich das lettische Selbstverständnis und Kulturleben in Riga besonders stark ausgeprägt.

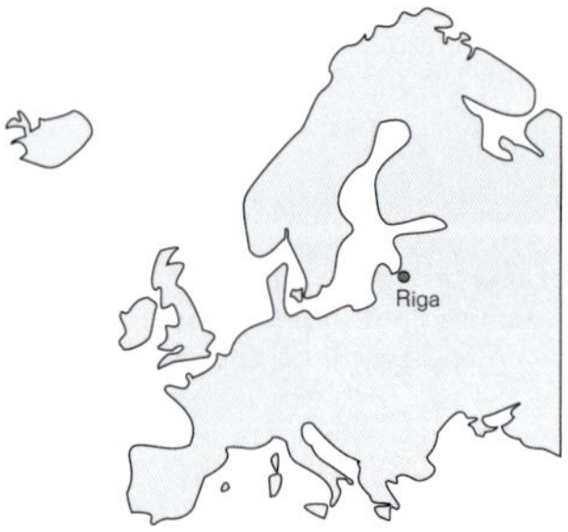

Das Riga der Letten. Doch die Letten empfanden und empfinden fremde Dominanz – zumindest im Bereich der Kultur – nicht als Unterdrückung. Sie pflegen das hanseatische Stadtbild und nehmen sich damit eines Erbes an, das ihnen nicht die eigenen Ahnen, sondern Eroberer hinterließen. In Riga findet man auch einen einzigartigen Bestand an Jugendstilbauten, der hauptsächlich von lettischen Architekten entworfen wurde. Die im späten 19. Jahrhundert gewachsene Neustadt besteht aus ganzen Straßenzügen solcher Jugendstilhäuser. Die Bebauung der Altstadt wirkt hingegen uneinheitlich – nicht zuletzt eine Folge des Zweiten Weltkriegs. Von den bedeutenden Sehenswürdigkeiten Rigas findet man nach wie vor weit über die Hälfte im Bereich der Altstadt, die bereits 1997 in die Liste des UNESCO-Weltkulturerbes aufgenommen wurde.

An der Freiheitsstraße liegt die russisch-orthodoxe Kirche.

FAKTEN

* **Einwohner in Riga:** ca. 731 670
* **Einwohner in der Agglomeration:** ca. 882 270
* **Sehenswürdigkeiten:** Daugavgriva, Drei Brüder, Freiheitsdenkmal, Große und Kleine Gilde, Okkupationsmuseum, Rigaer Schloss, Schwarzhäupterhaus, St.-Jakobi-Kirche, St.-Marien-Dom, St.-Petri-Kathedrale, Televizijas tornis

BERÜHMTE PERSONEN

* **Michail Barischnikow** (geb. 1948), Balletttänzer, Choreograf
* **Sergei Eisenstein** (1898 – 1948), sowjetischer Regisseur
* **Heinz Erhardt** (1909 – 1979), deutscher Komiker
* **Mariss Jansons** (geb. 1943), Dirigent

Riga und die Hanse. Um das Jahr 1158 kamen erstmals Kaufleute der Hanse zur kleinen Siedlung an der Daugava-Mündung. Als offizieller Stadtgründer im Jahr 1201 gilt Albert von Bekeshovede, ein Geistlicher aus der mächtigen Hansestadt Bremen, der Riga zum Amtssitz des Erzbistums Livland machte. Schiffe aus allen deutschen Hansestädten, aus England und den Niederlanden verluden hier Rohstoffe des Ostens. Die Kaufleute bauten ihre bewährten Speicherhäuser für die Schätze des Baltikums, die da waren Felle, Honig und natürlich Bernstein. 100 Jahre später trat die Stadt dem mächtigen Hansebund bei. In diese Zeit fühlt man sich noch immer hineinversetzt, wenn man von der Daugava aus auf Rigas Backsteinkirchtürme blickt, beispielsweise auf die Domkathedrale St. Petri, die Kirche St. Jakobi und den Dom von St. Marien.

Alt-Riga. An der Daugava reihen sich die Prachtbauten Rigas aneinander. Allen voran sticht dabei das Schloss ins Auge. 1330 wurde der Grundstein für die mächtige Anlage gelegt, die heute Sitz des lettischen Staatspräsidenten ist und in dem drei Museen Platz gefunden haben. Die Anglikanische Kirche, auch die „Kirche des Heiligen Erlösers“ genannt, befindet sich am Ufer neben dem Schloss und wurde 1857 bis 1859 nach einem Entwurf des Stadtarchitekten Johann Daniel Felsko erbaut. Die Erde, auf der die Kirche heute noch steht, wurde von den Auftraggebern extra aus England hertransportiert. Ihr Architekt Felsko zeichnet außerdem für das neue Haus der „Großen und Kleinen Gilde“ verantwortlich.

Sichtbares sowjetisches Erbe. Die Stadt kam im 17. Jahrhundert unter schwedische Verwaltung. Im Lauf der Besatzungszeit avancierte Riga dabei sogar zur größten Stadt im schwedischen Königreich – sie überflügelte Göteborg und Stockholm. Dass dies im 18. Jahrhundert schließlich auch die russischen Zaren anzog, liegt auf der Hand. Riga wurde ein wichtiger militärischer Ostseehafen. Die Sowjets, die Erben der Zaren, veränderten das Bild der lettischen Hauptstadt später nachhaltig. Die Skyline der Stadt ist heute auch von alten sowjetischen Bauklötzen geprägt, von denen noch immer einige stehen. Dazu gehört zum Beispiel die „Stalinstorte“, in der sich die lettische Akademie der Wissenschaften befindet. Das lettische Okkupationsmuseum hat sich ebenfalls in einem ehemaligen Sowjetblock niedergelassen – übrigens das meistbesuchte Museum der Stadt.

Mitte: Das berühmte Schwarzhäupterhaus ist eine Sehenswürdigkeit ersten Ranges.

Unten: Alte Bürgerhäuser in der Altstadt.

RUSSLAND

Moskau

MOSKAU GILT ALS DIE GESAMTRUSSISCHE HAUPTSCHAUVITRINE SCHLECHTHIN: DIE STADT HAT SÄMTLICHE ZARISTISCHEN, KOMMUNISTISCHEN UND MARKTWIRTSCHAFTLICHEN VERÄNDERUNGEN IN EINER GANZ BESONDEREN ART UND WEISE ERLEBT.

Heute erscheint Moskau als Weltmetropole mit Prunk und Überfluss, aber auch krassen sozialen Kontrasten. Vielleicht bringt der jetzige Anflug von Kosmopolitismus Moskau in einem gewissen Maße um die frühere Rätselhaftigkeit und Romantik, doch bleibt der althergebrachte und urwüchsige Zauber, der der alten Hauptstadt innewohnt, trotz alledem unverändert. Vor allem die vielen orthodoxen Sakralbauten – Kirchen, Klöster und Kathedralen – verleihen der Stadt an der Moskwa noch immer das Flair der traditionsreichen Stadt der Zaren und orthodoxen Popen.

Zentrum des russischen Reiches. Die Hauptstadt Russlands beging 1997 mit einer ausgelassenen Feier das 850. Stadtjubiläum. Dieses Jubiläum basiert auf der allerersten schriftlichen Erwähnung aus dem Jahr 1147. In dieser wird erzählt, wie der Stadtgründer Juri Dolgoruki, Fürst von Susdal und Großfürst von Kiew, sechster Sohn von Wladimir Monomach, seinen Verbündeten Swjatoslaw Olgowitsch, den Fürsten von Nowgorod-Sewerski, mit den Worten einlud: „Komm zu mir, Bruder, nach Moskau", und er veranstaltete für ihn ein üppiges Mahl. Moskau entwickelte sich dann im nachfolgenden Jahrhundert zum selbstständigen Fürstentum und weitere 100 Jahre später zum Zentrum des Moskauer Großfürstentums, um das sich Russland

Rechts: In der Erzengel-Kathedrale liegen viele Zaren begraben.

Unten: Am südlichen Ende des Roten Platzes erhebt sich die St.-Basilius-Kathedrale.

zu vereinigen begann. Die Stadt wurde Residenz von Metropoliten und ab der zweiten Hälfte des 15. Jahrhunderts schließlich zur Hauptstadt des einheitlichen Russischen Staates.

„Das Dritte Rom". Der damals regierende Fürst Iwan III. ließ die Stadt durch italienische Architekten in gebührendem Maß verschönern. So entstanden die Uspenski-Kathedrale, die Erzengel-Kathedrale und der „Iwan der Große"-Glockenturm. Die groß angelegten Kirchenbauten sind als Zeichen einer neuen Rolle Moskaus zu deuten. Durch die Hochzeit mit der Tochter des letzten byzantinischen Kaisers machte Iwan III. Moskau zum Nachfolger der römischen Tradition. Nach 1453, nach der Erstürmung von Byzanz durch die Osmanen, trat Iwan die Kaisernachfolge der byzantinischen Herrscher an; er selbst nannte sich 1478 erstmals Zar. Ganz offiziell ließen sich die russischen Herrscher allerdings erst ab dem Jahr 1547 zu Zaren krönen.

„Der Schreckliche". Fürst Iwan IV. wurde im Jahr 1547 der erste russische Zar. Und unter seiner Regentschaft blühte Moskau noch einmal richtig auf. Iwan der Schreckliche war eine der schillerndsten Zarenfiguren des russischen Reiches. Ein frommer Mann soll er gewesen sein und belesen in der Heiligen Schrift. Doch seine Launen und sein Jähzorn kosteten tausende seiner Untertanen das Leben. Und den Aufstieg, den er angestoßen hatte, brachte er auch selbst wieder zu Fall, als er bei seinen Bestrebungen und Vorstößen nach Westen einen kostspieligen Krieg (1558–1583) mit Polen, Schweden und Litauen provozierte. 1571 nutzten die Krimtataren, dass Iwans Aufmerksamkeit gen Westen gerichtet war, und überfielen Moskau, das sie fast bis auf die Grundmauern niederbrannten.

Moskau gegen St. Petersburg. Der Wiederaufbau des zerstörten Moskau in den letzten Jahrzehnten des 15. Jahrhunderts schloss den Ausbau des Kremls mit ein. Schon bald war Moskau wieder so prächtig wie vor dem Angriff der Tataren. Und um sich gegen Ähnliches zu wappnen, wurden um 1600 eine große Ringmauer wie auch Erdverschanzungen angelegt. Obwohl Moskau im 17. Jahrhundert neuerlich aufblühte und kulturelles Zentrum des Reiches wurde, verlegte Zar Peter der Große 1712 die Hauptstadt nach St. Petersburg. Moskau behielt jedoch die Bedeutung des größten historischen und religiösen Zentrums weiter bei und spielte auch eine sehr wichtige Rolle im politischen, ökonomischen und kulturellen Leben des Landes. Und in der Mariä-Entschlafens-Kathedrale des Kreml wurden nach wie vor die russischen Zaren gekrönt.

FAKTEN

*** Einwohner in Moskau:**
ca. 10,4 Mio.

*** Einwohner in der Agglomeration:**
ca. 14,43 Mio.

*** Sehenswürdigkeiten:**
Basilius-Kathedrale, Bolschoi-Theater, Borodino-Panorama-Museum, Federazija, Kirche zu den zwölf Aposteln, Kreml/Roter Platz, Lenin-Mausoleum, Lomonossow-Universität, Mariä-Entschlafens-Kathedrale, Patriarchenpalast, Puschkin-Museum für Bildende Künste, Staatliches Geschichtsmuseum, Tretjakow-Galerie, Triumph-Palast, Uspenskij-Kathedrale

Nicht weit vom Kreml entfernt liegt der Maneshnaja-Platz, eine der exklusivsten Adressen von Moskau, mit dem 1817 erbauten Exerzierhaus.

Auch ohne Residenzstatus entwickelte sich die Stadt weiter, zumal einige Zaren lieber in Moskau verweilten als im sumpfigen St. Petersburg. Von Jahr zu Jahr wurde die Stadt schöner. Ob es neue Steinpflaster auf den Straßen waren (ab 1870 dann Asphalt) oder die immer wieder modernisierte Straßenbeleuchtung – Moskau stand St. Petersburg in nichts nach.

Die Stadt der Helden. Die schöne Stadt an der Moskwa war aus diesen Gründen immer wieder Ziel von Invasoren: Tataren, Mongolen und Franzosen – und die deutsche Wehrmacht. Nach dem Brand von 1812 im Zuge des großen vaterländischen Krieges gegen Napoleon hatte man die Stadt sehr schnell – und noch dazu schöner – wieder aufgebaut. Die Deutschen kamen 1941 gar nicht in den Genuss der Eroberung der jetzt sowjetischen Hauptstadt (seit 1918), sie wurden bereits vorher gestoppt – Moskau wurde zur Heldenstadt verklärt.

Das Herz Russlands. Heute ist Moskau die größte Stadt Europas. Sie ist das politische, wirtschaftliche und kulturelle Zentrum des Landes mit Hoch- und Fachschulen sowie zahlreichen Kirchen, Theatern, Museen, Galerien und dem 577 Meter hohen Fernsehturm. Der Kreml wie auch der Rote Platz in Moskaus Zentrum stehen seit 1990 auf der UNESCO-Liste des Weltkulturerbes. Für den Reisenden beginnt ein Moskaubesuch heute deshalb auch zumeist auf dem Roten Platz. Hier im Kreml („Festungsstadt"), im Herzen der Stadt, wurde zu allen Zeiten russische und sowjetische Geschichte geschrieben. Zaren und sowjetische Machthaber regierten von hier aus ein riesiges und unüberschaubares Reich.

Ein Besuch im Kreml. Die Uspenskij Sobor (Mariä-Himmelfahrt-Kathedrale) ist die größte unter den Kathedralen in der Festungsstadt. Hier wurden die orthodoxen Patriarchen bestattet und die russischen Zaren gekrönt. Die Sakomarij (die gebogenen Giebel) sind eine Erweiterung der Gewölbe der Kathedrale. Die hübsche Blagoweschtschenskij Sobor (Mariä-Verkündigungs-Kathedrale) mit ihren neun schimmernden vergoldeten Kuppeln war die Privatkapelle der Zaren. Iwan der Schreckliche ließ schließlich das Grosnenskij Portal hinzufügen, nachdem ihm der Zutritt zur Kirche verweigert wurde, da er entgegen der Kirchendoktrin zum vierten Mal geheiratet hatte. Die Archangelskij Sobor (Erzengel-Kathedrale) wurde 1505 errichtet und beherbergt die sterblichen Überreste der mächtigen Prinzen und Zaren, die im

Rechts: Direkt an der Moskwa liegt das Neue Tretjakow-Museum, die die wichtigste Sammlung russischer Malerei beherbergt.

Unten: Das GUM-Einkaufszentrum.

Kreml von 1325 bis 1696 regierten, ehe Peter der Große kam. Die Rüstkammer und der Diamantenfonds sind aufgrund der hier untergebrachten Staats- und Kirchenschätze einen Besuch wert, unter anderem werden die Fabergé-Eier und der 180-Karat-Diamant ausgestellt, den man Katharina der Großen schenkte. Ebenfalls im Kreml befinden sich die Zarenkanone und die Zarenglocke, beide sind die größten ihrer Art und wiegen 40 bzw. 200 Tonnen, wurden beide jedoch nie für ihren vorhergesehenen Zweck verwendet. Auf dem Kreml-Gelände wurde 1961 der Kongresspalast errichtet, ein sachlicher und zugleich festlicher Bau, dessen großer Saal ein Fassungsvermögen von bis zu 6000 Personen hat. Hier finden wichtige öffentliche Veranstaltungen und internationale Kongresse statt, aber auch Schauspiele sowie Opern- und Ballettaufführungen des Bolschoi-Theaters.

Der Rote Platz in Moskau. Auf dem großen Krasnaja Ploschtschad, dem Roten Platz, fanden während der Sowjet-Ära am Maifeiertag große Paraden statt, vor dieser Zeit war hier ein Markt. Viele Menschen kamen hierher, um das Lenin-Mausoleum zu besuchen, ein kastenartiges, modernes Bauwerk, in dem der Glassarg mit dem einbalsamierten Leichnam des Gründers der Sowjetunion untergebracht ist. Der Rote Platz wird auf der einen Seite von den Mauern und Türmen des Kremls und auf der anderen Seite von der Fassade des GUM-Kaufhauses gesäumt. Sie wiederum bilden die Kulisse für ein weiteres russisches Wahrzeichen: die Basilius-Kathedrale oder Pokroskij Sobor (Mariä-Schutz-Kathedrale) mit ihren farbenfrohen Zwiebeltürmen. Jeder der Türme besitzt ein unverkennbares Muster und die Wirkung aller zusammen ist erstaunlich. Iwan der Schreckliche ließ die Kathedrale in den 1550er-Jahren errichten, als Denkmal an seinen Sieg über die Mongolen bei Kasan.

Innerhalb der Gartenringstraße, die sich um das Stadtzentrum zieht, befinden sich die wichtigsten Sehenswürdigkeiten Moskaus. Die Moskwa fließt innerhalb dieses Rings an einer der Kremlmauern entlang und durch den durch Roman und Film bekannt gewordenen Gorkij-Park im Südwesten. Der „Gorkij-Park für Kultur und Erholung" ist der populärste unter den rund 100 Parks in Moskau. Hier gibt es zahlreiche Attraktionen, eine Bootsstation, Bars, Restaurants, Cafés und im Winter Eisbahnen. Auf Freilichtbühnen treten hier Künstler auf, an den Festtagen finden Volksvergnügungen statt und farbenprächtige Feuerwerke werden abgebrannt. Den älteren Teil des Parks bildet der Neskutshni-Garten mit malerischen Hügeln, grünen Hainen und kleinen Brücken. Hier befanden sich einst die Gutsgärten des Moskauer Adels.

BERÜHMTE PERSONEN

* **Fjodor M. Dostojewski** (1821–1881), Schriftsteller
* **Wladimir Iljuschin** (geb. 1927), Testpilot
* **Wassily Kandinsky** (1866–1944), Maler und Grafiker
* **Boris Pasternak** (1890–1960), Schriftsteller (Nobelpreis 1958)
* **Alexander Puschkin** (1799–1837), Dichter
* **Marat Safin** (geb. 1980), Tennisprofi
* **Boris Tschaikowski** (1925–1996), Komponist

DÄNEMARK

Kopenhagen

FAST JEDER BESUCHT DIE KLEINE MEERJUNGFRAU AM HAFEN VON KOPENHAGEN. IN HANS CHRISTIAN ANDERSENS BERÜHMTEM MÄRCHEN OPFERT DIE NIXE IHRE STIMME, UM IHREN FISCHSCHWANZ IN BEINE ZU VERWANDELN UND DIE LIEBE EINES PRINZEN ZU GEWINNEN.

Doch wie die Liebe so spielt – schließlich muss die unglückliche Nixe stumm mit ansehen, wie er sie zugunsten einer Prinzessin verlässt, und stürzt sich ins Meer. Heute sitzt die Meerjungfrau in Bronze gegossen auf einem Stein an der Hafenpromenade Langelinie. Leider wurde sie mehrmals Opfer von Vandalenakten; einmal schlug man ihr den Kopf ab, ein anderes Mal verlor sie einen Arm, 1998 wurde ihr dann der Kopf zum zweiten Mal abgeschlagen. Glücklicherweise werden aber die Originalformen aufbewahrt – so sind Nachbildungen defekter Teile jederzeit möglich.

Blitzkarriere. Als Dänemark im 10. Jahrhundert zum Königreich aufstieg, war Havn (Hafen) nur ein winziges unbedeutendes Fischerdorf. Doch unter dem Schutz der dänischen Krone entwickelte sich die Siedlung am Eingang zur Ostsee, einer strategisch ausgesprochen günstigen Lage, rasch zu einem wichtigen Handelszentrum. Bischof Absalon, Staatsmann und Heerführer zugleich, baute 1167, im anerkannten Gründungsjahr der Stadt, die Festung Slotsholm. Drei Jahre später nahm sie den Namen Kopmannaehafn („Kaufmannshafen") an. Und die aufstrebende Stadt wurde 1443 offiziell zur Hauptstadt des Kalmarer Bundes aus Dänemark, Norwegen und Schweden, und nach 1523 zur dänischen Kapitale.

Für jeden Touristen ein absolutes Muss in Kopenhagen: ein Besuch bei der kleinen Meerjungfrau.

FAKTEN

*** Name in der Landessprache (Dänisch):** København

*** Einwohner in Kopenhagen:** ca. 501 160

*** Sehenswürdigkeiten:** Dreifaltigkeitskirche, Frederikskirche, Freizeitpark Tivoli, Holmenskirche, Statens Museum for Kunst, Lille Havfrue (kleine Meerjungfrau), Ny Carlsberg Glyptotek, Runder Turm, St.-Petri-Kirche, Schloss Amalienborg, Schloss Christiansborg, Schloss Rosenborg

BERÜHMTE PERSONEN

*** Martin Andersen Nexö** (1869–1954), Schriftsteller

*** Niels Bohr** (1885–1962), Physiker (Nobelpreis 1922)

*** Sören Kierkegaard** (1813–1855), Philosoph und Theologe

„Habt Acht!“. Amalienborg, das berühmte Schloss der dänischen Königsfamilie, liegt auf einem weiten, achteckigen, gepflasterten Platz. An den vier Schrägseiten stehen vier fast identische Palais. Im Mittelpunkt der herrlichen Rokoko-Anlage, wohl einer der schönsten in ganz Europa, steht ein Reiterdenkmal zu Ehren von König Frederik V. Jeden Tag um zwölf Uhr findet auf dem Platz eine Wachablösung statt.

Der Runde Turm. Mitten in der Altstadt kann man von der breiten Plattform des Runden Turms die Aussicht genießen. Für die 36 Meter Höhe bis nach oben braucht man keine einzige Treppe zu steigen, doch dafür muss man 209 Meter im Kreis laufen, wie in einem Schneckenhaus. Leider wurde noch kein Pferdetransport eingerichtet, sonst könnte man hinaufreiten wie einst der Zar Peter der Große. An den Turm schließt sich die Dreifaltigkeitskirche (Trinitatis Kirke) an. Hier befinden sich auch die Einkaufsstraßen Strøget und Strædet. Sie bilden mit über einem Kilometer Länge eine der größten Fußgängerzonen Europas.

Schloss Christiansborg. Auf der kleinen Insel Slotsholm, die durch viele Brücken mit der Hauptstadt verbunden ist, steht Schloss Christiansborg. Es war das einstige Heim der Königsfamilie und ist heute Sitz der dänischen Regierung und des Parlaments – dem Folketing. Es ist der sechste Bau an dieser Stelle, seit Absalon seine Festung hier errichten ließ. Plünderungen, Feuer und erneuerungssüchtige Bauherren haben ihren Tribut gefordert. Die dritte Burg diente ab 1417 als ständiger Sitz der Krone und des Parlaments. Das heutige Gebäude stammt aus den ersten Jahren des 20. Jahrhunderts.

Der zweitälteste Vergnügungspark der Welt. Aus jeder Himmelsrichtung ist der altehrwürdige Vergnügungspark Tivoli – eröffnet am 15. August 1843 – erreichbar. Auf den einstigen Wassergräben des Verteidigungsgrabens kann man mit kleinen Booten fahren, ganz gemütlich im Riesenrad die Stadt von oben betrachten, sich in der Achterbahn vergnügen oder in einem der 25 weiteren Fahrgeschäfte und kann in den zahlreichen Restaurants schlemmen oder den Konzerten lauschen. Besonders beliebt sind die täglichen Vorführungen des Pierrots im Pantomime-Theater. Und auch nach über 150 Jahren sind grelle Leuchtreklamen auf dem Gelände verpönt – und das ist gut so, denn mehr als 110 000 Lampen verbreiten in dem berühmten Vergnügungspark eine einzigartige Atmosphäre.

Mitte: Schloss Amalienborg.

Unten: Die farbenfrohe Promenade am Nyhavn.

SCHOTTLAND

Edinburgh

NIRGENDWO WIRD DIE SCHOTTISCHE IDENTITÄT SO SEHR GEPFLEGT WIE IN DER HAUPTSTADT EDINBURGH AM MEERESARM DES FIRTH OF FORTH. WIE AN EINER PERLENKETTE ZIEHEN SICH DIE SCHMALEN ALTSTADTHÄUSER DEN KAMM DES CASTLE ROCK HINAUF.

An der höchsten Stelle des Rock erhebt sich Edinburgh Castle – über Jahrhunderte hart umkämpft und stets ein Zankapfel im Konflikt zwischen Schottland und England. Von der Burg führt Edinburghs Königsstraße, die Royal Mile, hinab zum Holyroodhouse, der königlichen Residenz. Eine Straße, auf der einst Staatskarossen und Henkerskarren rollten. Eine Straße des Volkes. Wenn im Sommer in Edinburgh mehrere Festivals gleichzeitig stattfinden, ist sie eine einzige Bühne.

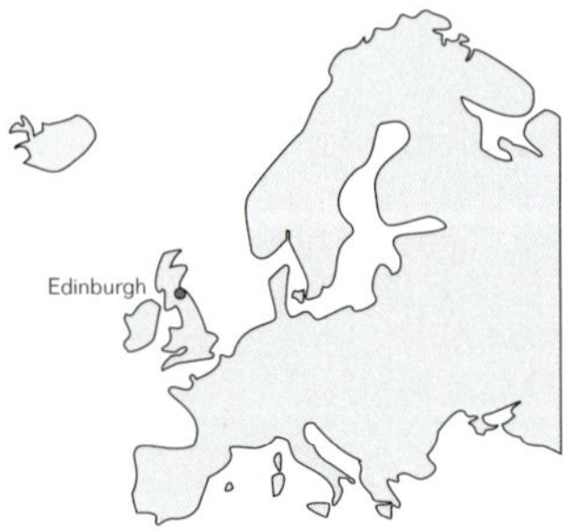

Hoch auf dem Castle Rock. Das Stadtzentrum Edinburghs wird von dem Vulkanfelsen des Castle Rock beherrscht. Drei der Hänge des Berges wurden durch Gletschereinwirkung praktisch vertikal abgeschliffen. Diese leicht zu verteidigende Stätte wurde schon sehr früh von den schottischen Stämmen besiedelt, deren erste Spuren aus der Zeit um 850 v. Chr. stammen. Es waren jedoch weder Pikten noch Skoten, sondern vielmehr die Angeln – Einwanderer aus dem Süden –, die hier im 7. Jahrhundert n. Chr. eine erste Festung errichteten: die Edwinesburh. Diese Burg führte ein schweres Dasein an der Grenze zwischen dem „zivilisierten" Britannien und dem „wilden" Schottland.

Europas erste „Wolkenkratzer". Mitte des 15. Jahrhunderts wurde das aufblühende Edinburgh Hauptstadt Schottlands. Schon damals bestand die

FAKTEN

✻ Name auf schottisch-gälisch:
Dùn Éideann

✻ Einwohner in Edinburgh:
ca. 435 790

✻ Sehenswürdigkeiten:
Arthur's Seat, Bellevue Chapel, Edinburgh Castle, Grassmarket, Greyfriars Kirkyard, Highland Tolbooth Kirk, Palace of Holyroodhouse, Princes Street Gardens, Royal Botanic Garden, Royal Mile, Royal Museum of Scotland, Scotch Whisky Heritage Centre, St Giles' Cathedral, University of Edinburgh

BERÜHMTE PERSONEN

✻ Alexander Graham Bell
(1847–1922), Erfinder des Telefons

✻ Toni Blair
(geb. 1953), britischer Politiker

✻ Sir Arthur Conan Doyle
(1859–1930), Schriftsteller und Arzt

✻ Sean Connery
(geb. 1930), Schauspieler

✻ Sir Walter Scott
(1771–1832), Schriftsteller

Bier, Whisky und Musik – das gehört in Edinburgh untrennbar zusammen. In vielen Pubs, wie hier im Sandy Bell's in der Forrest Road, treffen sich Freunde von Folkmusik.

gesamte Altstadt in ihren heutigen Grenzen. Die Gebäude reihten sich dicht an dicht. Bauland schien der einzige Mangel zu sein, woran der Ort, an dem Geldadel, Kaufleute und reges Handwerk für wachsenden Wohlstand sorgten, zu leiden hatte. Seit dem hohen Mittelalter hatte sich auch der Zuwandererstrom vervielfacht. Der Wohnraum war so knapp, dass man begann, bis zu zwölfstöckige Mietshäuser zu errichten, die wahrscheinlich ersten Wolkenkratzer Europas.

Auf der Royal Mile. Die prächtige Königsstraße, die Flaniermeile, führt in leichten Biegungen den Burghügel hinab bis zum Holyrood-Palast, der königlichen Residenz. An der Royal Mile befindet sich die Kathedrale von Saint Giles. Hier hielt der calvinistische Reformator John Knox einst flammende Reden gegen die Papisten und Puritaner. Seine größte Gegenspielerin und damit oftmals Ziel seines unbändigen Zorns war Königin Maria Stuart. Die lebenslustige Herrscherin blieb stets eine Fremde im eigenen Königreich. Sie verbrachte den Großteil ihrer Edinburgher Jahre im Palast von Holyrood.

James Craigs Neustadt. Im 18. Jahrhundert drohte Edinburgh aus den Nähten zu platzen. Die Royal Mile war zugebaut und immer wieder stürzten Teile der dicht hintereinander gestaffelten Häuserschluchten ein. Bürgermeister Georges Drummond war der Erste, der versuchte, Abhilfe zu schaffen. Er ließ 1767 einen Architekturwettbewerb zur Erweiterung der Stadt ausschreiben, den der 22-jährige Architekt James Craig gewann. Sein Entwurf war verblüffend einfach. Der verwinkelten Altstadt setzte er das Modell einer idealen, klassizistisch-modernen Neustadt gegenüber, die heute das Stadtzentrum bildet. Durch den Bau der North Bridge wurde schließlich die Edinburgher New Town mit der Old Town verbunden. Im Jahr 1995 wurden die Old und die New Town zum UNESCO-Weltkulturerbe erklärt.

Oben: In Edinburgh Castle finden viele Festivals statt, wie hier das Edinburgh Military Tattoo.

Links: Blick vom East Princes Street Gardens auf den Turm von St Giles.

LITAUEN

Wilna

SÜDLÄNDISCHER CHARME UNTER DER SONNE DES NORDENS. SO KANN MAN WILNA TREFFEND CHARAKTERISIEREN. WIE EIN AMPHITHEATER BREITET SICH DIE LITAUISCHE HAUPTSTADT ZWISCHEN DEN SIE UMGEBENDEN HÜGELN AUS.

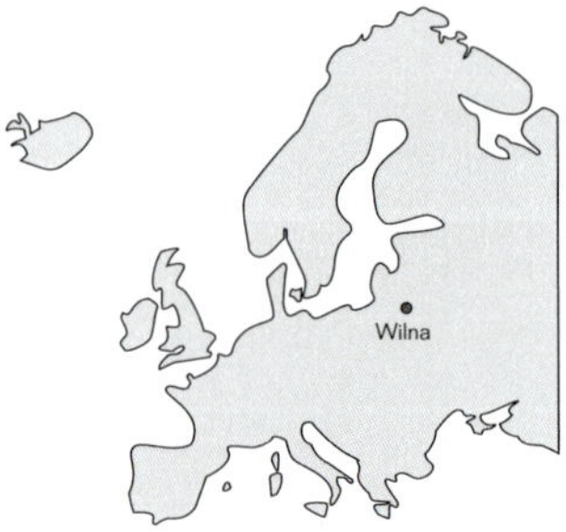

Wilna besitzt eines der größten historischen Zentren in ganz Osteuropa. Hier konzentriert sich der wertvollste historische und kulturelle Nachlass einer fast 1000-jährigen Geschichte. Fast 1500 Bauwerke aus allen Epochen der Stadt vermischen sich miteinander, ebenso alle Stile der Baukunst Europas: Gotik, Renaissance und Jugendstil geben sich ein Stelldichein. Aufgrund ihrer Einzigartigkeit wurde die Altstadt von Vilnius 1994 in die Liste des Weltkulturerbes der UNESCO aufgenommen.

Heiden und Christen. Als bereits ganz Europa zu einem Gott betete, da huldigte das Volk der Litauer immer noch seinen heidnischen Göttern. Dort, wo Vilna und Neris zusammenfließen und eine natürliche Barriere bilden, entstand im Schutz einer Festung ab dem 11. Jahrhundert die Stadt Wilna. Als Wilna 1323 unter Fürst Gediminas Hauptstadt des Großfürstentums Litauen wurde, lag es im wirtschaftlichen und politischen Fokus anderer Nationen. Der Deutsche Orden, Polen und der Zar schielten mit wachsamen und gierigen Augen auf Wilna. Jeder wollte ein Stück vom großen Kuchen haben. So kamen Kaufleute, Wissenschaftler und Priester in die Stadt – die Missionierung setzte ein.

Die Jesuiten in Vilnius. Wilna war nunmehr der östlichste Vorposten der Christenheit. Und heute

Rechts: Am Nordufer der Neris hat sich ein modernes Büro- und Geschäftsviertel entwickelt.

Unten: Südlich der Neris hält Fürst Gediminas Wache.

überrascht die Stadt daher den Besucher mit einer Viezahl prächtiger barocker Kirchen und Gebäude. Es hat den Anschein, als ob man den „Heiden" den Glauben demonstrativ in Stein „aufdrücken" wollte. Vor allem nach der Reformation begann eine intensive Bautätigkeit – insbesondere gefördert von der Gesellschaft Jesu – den Jesuiten. Der Jesuitenorden steht aber auch für die intellektuelle Blütezeit Wilnas. Im Jahr 1579 gründeten die Jesuiten die Universität. Das Universitätsviertel mit seinen italienisch inspirierten Innenhöfen, der imposanten St.-Johannes-Kirche mit ihrem Glockenturm, der alles überragt, sowie den so prachtvoll gestalteten Innenräumen des Observatoriums und der Bibliothek stellt ein einmaliges architektonisches Ensemble dar.

Stadt der Kirchen. Nach der Vereinigung mit Polen im Jahr 1569 verlor Wilna seine herausragende politische Bedeutung. Im Lauf der Geschichte wechselten danach mehrmals die Herrscher und Besatzer, die Stadt musste viel erleiden – sich immer wieder dem Willen anderer beugen. Trotzdem – oder gerade deswegen – wurden immer mehr Kirchen gebaut. Wilna wurde zur Stadt der Kirchen und Klöster, zum „Rom des Ostens". Davon profitierten zwar die Handwerker und auch die Wissenschaftler, doch politisch verlor die Stadt ihren Einfluss zusehends. Die Stadt wuchs noch immer sehr schnell, da eben Handwerker, Künstler und Arbeiter in die Stadt zogen. Anfang des 19. Jahrhunderts war sie dann die drittgrößte Stadt in Osteuropa. Nur Moskau und St. Petersburg waren noch größer.

Wilna heute. Nach über 50 Jahren Besetzung durch die Sowjetunion ertrotzte sich Litauen 1990 die Unabhängigkeit und Wilna wurde Hauptstadt eines modernen demokratischen Staates. Die Litauer restaurieren heute ihre Hauptstadt im Bewusstsein der eigenen wechselvollen Geschichte. Es sind nicht nur die Fassaden, die neu gestrichen werden, es sind auch die Fundamente, die offen gelegt und ausgebessert werden. Neben den Türmen der Universität residiert der Präsident der Litauer inmitten einer lebendigen alten Stadt in seinem Palais. Gegenüber der Altstadt und dem Stadtzentrum rund um den Gediminas-Prospekt, auf dem anderen Nerisufer gelegen, haben sich in den letzten Jahren die ersten Ansätze für ein modernes Büro- und Geschäftsviertel gebildet, mit dem Wilna zu einem Anziehungspunkt nicht nur für Touristen werden will.

FAKTEN

*** Name in der Landessprache (Litauisch):**
Vilnius

*** Einwohner in Wilna:**
ca. 542 300

*** Sehenswürdigkeiten:**
Altes Rathaus, Burgruine von Gediminas, Europapark, Kathedrale St. Stanislaus, St.-Johannes-Kirche, St.-Kazimir-Kirche, St.-Peter-und-Paul-Kirche, Universität, Wasserburg von Trakai

BERÜHMTE PERSONEN

*** Eduard Flegel**
(1855–1886), Afrikareisender

*** Jascha Heifetz**
(1901–1987), Violinist

*** Maximilian Steinberg**
(1883–1946), russischer Komponist

ENGLAND

Manchester

DIE ZEITEN, IN DENEN ALLEIN ARBEITERVIERTEL UND FUSSBALL DIE STADT PRÄGTEN, SIND LANGE VORBEI. MANCHESTER IST DIE WOHL MODERNSTE METROPOLE GROSSBRITANNIENS, LEUGNET DABEI IHRE TRADITIONELLEN WURZELN ABER NICHT.

Mit dem langen und mächtigen Schatten der britischen Hauptstadt täte sich jede andere Stadt schwer. Manchester hat jedoch unglaublich viel zu bieten. Eine prächtige Kunst- und Kulturszene, dazu Sehenswürdigkeiten, Einkaufsmeilen und ein absolut cooles Nachtleben. Doch über den Status eines Geheimtipps ist die Stadt im Nordwesten Englands in Europa bislang nicht hinausgekommen.

Von Briganten gegründet. Nein, Briganten sind keine Räuber, sondern ein keltischer Stamm. Sie siedelten hier, lange bevor Gnaeus Iulius Agricola 79 n. Chr. am Zusammenfluss des Irwell und des Medlock ein Fort errichten ließ: Mamucium. Agricola besaß augenscheinlich Humor, denn dies bedeutet „brustförmiger Hügel" und beschreibt die Lage des Forts wohl eindeutig. Die Überreste des römischen Forts waren noch bis zum 18. Jahrhundert sichtbar und wurden dann beim Bau einer wichtigen Eisenbahnlinie endgültig beseitigt. Ein Nachbau des römischen Kastells ist im Stadtteil Castlefield zu finden.

Wolle und Leinen. Nachdem die Römer im Jahr 407 Großbritannien verlassen hatten, verwaiste das Fort auf dem Hügel, bis sich im 7. Jahrhundert die Angelsachsen hier niederließen. Sie gründeten ein Dorf mit dem Namen Mameceaster, aus dem sich

Inzwischen zum Wahrzeichen Manchesters avanciert: das Lowry Centre an den Salford Quays mit seiner markanten Fußgängerbrücke über den Irwell.

FAKTEN

*** Einwohner in Manchester:** ca. 422 300

*** Einwohner in Greater Manchester:** ca. 2,5 Mio.

*** Sehenswürdigkeiten:** B of the Bang, Bridgewater Hall, Chinatown, Chorlton Park, Cornerhouse Gallery, Free Trade Hall, Imperial War Museum North, Manchester Art Gallery, Manchester Cathedral, Museum of Science and Industry, Old Trafford Stadium, People's History Museum,

BERÜHMTE PERSONEN

*** Norman Foster** (geb. 1935), Architekt und Designer

*** Noel Gallagher** (geb. 1967), Rockmusiker („Oasis")

*** David Lloyd George** (1863–1945), Politiker, Premierminister

*** Steven Patrick Morrissey** (geb. 1959), Popsänger („The Smiths")

Manchester entwickelte, das kontinuierlich zu einer bedeutsamen Stadt heranwuchs. Wollverarbeitung und Leinenherstellung waren dabei wichtige Handels- und Handwerkszweige. Und mit der industriellen Revolution (Erfindung der Dampfmaschine) im 18. Jahrhundert boomte die Stadt. Bis zum Zweiten Weltkrieg war Manchester Englands Textilstadt Nummer eins.

Friedliche Koexistenz. Gestern und heute erleben in Manchester ein friedliches Mit- und Nebeneinander. Nur wenige hundert Meter von den Glaspalästen des Millennium Quarter entfernt sieht die Stadt anders aus. In der historischen Altstadt erinnern zahlreiche Bauten an die Zeiten von Queen Victoria. Wer die kompakte Innenstadt nun nicht allein zu Fuß erkunden möchte, muss kein Taxi nehmen. Die Stadt bietet keine stimmungsvollen London-Taxis, sondern den Metro-Busshuttle oder aber die moderne Metrolink Tram, die alle wichtigen Sehenswürdigkeiten und Bezirke der Innenstadt ansteuert.

„Heut gehen wir bummeln". Manchester ist eine einzige große Einkaufsmeile. Rund um den Exchange Square findet man tolle Boutiquen, große Kaufhäuser und nette Cafés. Wer es noch trendiger mag, macht sich auf an das andere Ende der Stadt zum Northern Quarter. Die kleinen Designerstores stehen denen in London kaum in etwas nach und locken sogar die Prominenz an. Etwas sportlicher als das Pflastertreten in der City sind Ausflüge zum legendären Old Trafford Stadion von Manchester United, dem Velodrome oder dem County Cricket Club.

Die Kulturstadt. Besonders modern zeigt sich in Manchester das Millennium Quarter mit grandiosen – oder abschreckenden – Bauten aus Stahl, Beton und Glas. Aufregend ist das Design des geschwungenen Brückenbogens von der City über den Irwell zu den sanierten Salford Quays. Hochmoderne Gebäuden beherbergen unzählige Büros, Geschäfte, Bars oder Museen wie das Kulturzentrum Urbis. Der Glaslift fährt im 45-Grad-Winkel bis unters Dach. Überhaupt hat die Kunst- und Kulturszene hier einen besonders großen Stellenwert. Über 50 Galerien und Museen ermöglichen den Besuchern freien Eintritt. Besonders interessant sind dabei die Manchester Art Gallery mit Werken aus dem 20. Jahrhundert oder die alte Bibliothek. Sie existiert bereits seit dem 15. Jahrhundert.

Mitte: Das Glasgebäude des Urbis Museums.

Unten: Im altehrwürdigen Old Trafford Stadium spielt Manchester United.

IRLAND

Dublin

DIE IRISCHE HAUPTSTADT IST EINE DER LEBHAFTESTEN STÄDTE EUROPAS. DIE GANZE REGION UM DUBLIN BEFINDET SICH IN EINEM NICHT ENDEN WOLLENDEN WIRTSCHAFTSBOOM, DESSEN AUSWIRKUNGEN SICH ÜBERALL BEMERKBAR MACHEN.

Dublin gehört dadurch zwar nicht unbedingt zu den schönsten Städten Europas, den Mangel an Ästhetik gleicht es aber mit seinen unzähligen Attraktionen mehr als aus. Die meisten Sehenswürdigkeiten befinden sich südlich des Liffey in einer Gegend mit anmutigen georgianischen Villen und grünen Prachtstraßen rund um die Grafton Street und den eleganten Park St. Stephen's Green.

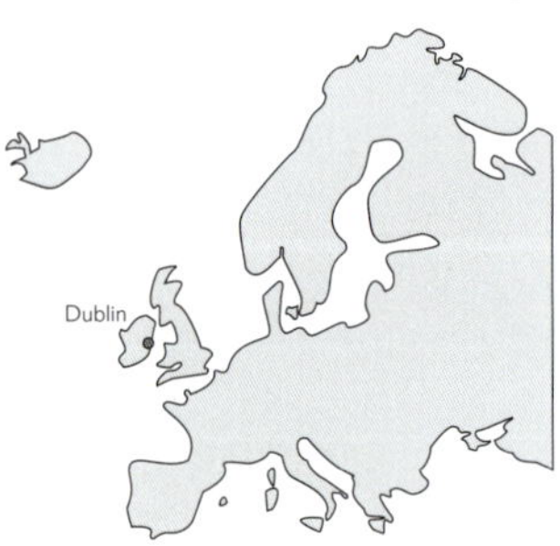

Erbe der Eroberer. Irland besitzt ein reiches, vielschichtiges Erbe und viele historische Hinterlassenschaften. Dazu gehören Grabstätten (Hünengräber) der ersten Siedler von etwa 3000 v. Chr. und keltische Ringfestungen aus der Bronze- und Eisenzeit. Die Wikinger hinterließen ihre Spuren in Form von Stadtgründungen – in Dublin geschah dies im Jahr 832 – und Befestigungsanlagen, wie auch später die normannischen Eroberer ab 1169. Mit der Christianisierung kamen die ersten Klöster, deren Rundtürme ebenso gern bestaunt werden wie die überall anzutreffenden keltischen Hochkreuze.

Das Buch von Kells. Die keltische Kulturperiode Irlands endete mit dem Abschluss der Christianisierung gegen Ende des 5. Jahrhunderts, der dann eine Blütezeit des frühchristlichen Irlands mit einer so genannten keltischen Kirche folgte, die im 12. Jahrhundert in der römisch-katholischen Kirche aufgehen

FAKTEN

*** Einwohner in Dublin:** ca. 495 780

*** Einwohner in der Agglomeration:** ca. 1,6 Mio.

*** Sehenswürdigkeiten:** Abbey Theatre, Christ Church Cathedral, Dublin Castle, Four Courts, Grafton Street, Guinness Store House, Half Penny Bridge, Irish Museum of Modern Art, James Joyce Museum, Malahide Castle, Merrion Square, National Gallery, National Museum, St Patrick's Cathedral, St Stephen's Green

BERÜHMTE PERSONEN

*** Samuel Beckett** (1906–1989), Schriftsteller (Nobelpreisträger)

*** Brendan Behan** (1923–1964), Schriftsteller, Journalist und IRA-Aktivist

*** James Joyce** (1882–1941), Schriftsteller

*** George Bernard Shaw** (1856–1950), Schriftsteller

*** Oscar Wilde** (1854–1900), Schriftsteller

Auf der Südseite des Liffey liegt das renommierte Trinity College.

sollte. Aus dieser Zeit stammt eine der bedeutendsten mittelalterlichen Handschriften: das Book of Kells mit der Abschrift der vier Evangelien (um 800 entstanden). Dieses einst, zumindest der Legende nach, mit einem goldenen Einband verzierte Buch liegt heute im renommierten Trinity College in Dublin.

Die Dubliner Universität. Das Trinity College ist wahrscheinlich die angesehenste Universität Irlands, die auf eine ungewöhnliche Vergangenheit zurückblicken kann. Sie wurde 1592 von Königin Elisabeth I. gegründet, um der Abwanderung von Studenten auf den Kontinent entgegenzuwirken, wo sie, wie man befürchtete, von revolutionärem und katholischem Gedankengut beeinflusst würden. Jahrhundertelang war die Universität ein Zentrum des Protestantismus. Heute sind drei Viertel der Studenten Katholiken. An der Universität studierten einige bekannte Persönlichkeiten, unter anderem Popstar Chris de Burgh.

Stadt der Kathedralen. Wo sich heute die Christ Church Cathedral erhebt, hatten die Wikinger den Grundstein für Dublin gelegt. Die Kirche wurde um 1050 als Holzbau errichtet. Die heutige Steinkirche wurde erst unter den Normannen um 1240 fertig gestellt und ist seitdem Sitz des Bischofs von Dublin. Die zweite Kathedrale Dublins ist die weit berühmtere St Patrick's Cathedral. Seltsamerweise ist gerade die Kirche des irischen Nationalheiligen (erbaut zwischen 1191 und 1270) die Hauptkirche der Protestanten.

Ein Blick ins Glas. Wer nach Dublin kommt, für den ist ein Besuch der Guinness-Brauerei Pflicht. Der im Herzen der Dubliner Altstadt gelegene Guinness Hopstore wurde 1876 errichtet, als Guinness sich anschickte, die größte Brauerei der Welt zu werden. The Hopstore ist seit 1957 ein hervorragender Ort für Ausstellungen und kulturelle Veranstaltungen. Und in der angenehmen Atmosphäre der Gravity Bar kann man den Geheimnissen des Guinness auf den Grund gehen.

Oben: Reges Treiben vor einem Pub in Dublin.

Links: Die St Patrick's Cathedral steht an jener Stelle, an der der heilige Patrick die ersten Iren taufte.

NIEDERLANDE

Amsterdam

DER SCHMELZTIEGEL AMSTERDAM ZIEHT BEREITS SEIT JAHRZEHNTEN NEUEINWANDERER AN. UND DIESE AUSGESPROCHEN FASZINIERENDE STADT MACHT ES VIELEN BESUCHERN TATSÄCHLICH SCHWER, WIEDER ABZUREISEN.

Geschichtsträchtig, aber auch zukunftsorientiert, typisch holländisch und doch multikulturell, gleichermaßen bodenständig wie dynamisch – so präsentiert sich Amsterdam, das auf Wasser gebaute „Venedig des Nordens". Schmale Grachtenhäuser, Patriziervillen, monumentale Backsteinfassaden sowie Stahl- und Glaskonstruktionen prägen heute das Stadtbild von Amsterdam, dessen Kaufleute und Seeleute im 17. Jahrhundert die halbe Welt beherrschten.

Auf Bäumen erbaut. Amsterdam liegt an der Mündung von Amstel und Ij in das mächtige Ijsselmeer. Die Beziehung zum Wasser ist daher eine ganz besondere. Amsterdam wurde schließlich auch auf mehreren Millionen Fichtenstämmen errichtet. Das Bild der Innenstadt wird von den unzähligen Grachten und den rotbraunen Backsteinhäusern geprägt – Häusern, die zum Teil kaum breiter sind als die knallrote Haustür, die den Einlass ermöglicht. Gardinen und Vorhänge in den Wohn- und Esszimmern sucht man wie in ganz Holland meist eher vergeblich. Hier ist man offen und hat nicht viel dagegen, sich in die eigenen vier Wände auf den Tisch und in die Suppenschüssel blicken zu lassen.

Reichtum auf Bier geb(r)aut. Die frühesten Bewohner von Amsterdam waren Bauern und Fischer, die im 12. Jahrhundert das Sumpfland rund um die

Rechts: Die schmalen Grachtenhäuser am Hafen.

Unten: Das Tor zum Amsterdamer Museumsviertel ist das Rijksmuseum.

Amstel mit Gräben, Dämmen und Deichen zähmten. Durch die Schlüsselposition im Handel zwischen Nord- und Ostsee sowie Südeuropa begünstigt, wuchs die Stadt ab 1300 sehr schnell. 1323 wurde es Amsterdam durch den Grafen Floris IV. von Holland erlaubt, Bier zu importieren, was stark zum Aufstieg als handelstreibende Stadt beitrug. Der erste Damm – der eigentliche Namensgeber der Stadt – ist noch heute existent. Inzwischen wurde er zu einem viel besuchten und beliebten Platz umfunktioniert.

Die Herren der sieben Meere. Amsterdams goldenes Zeitalter (1580–1740) begann, als die Spanier den Handelsrivalen Antwerpen besetzten und dessen Zugang zum Meer beschränkten. Um 1600 dominierten die Amsterdamer Schiffe den Seehandel und die Fischerei in Europa und mit Etablierung der überseeischen Kolonien während des 17. Jahrhunderts erweiterte man in jeglicher Hinsicht seinen Horizont. Im Jahr 1602 entstand dann die Verenigde Ooste Indische Compagnie (VOC), eine der größten Handelsgesellschaften der frühen Neuzeit, die zu 50 Prozent aus Amsterdams Stadtsäckel finanziert wurde – die Stadt wurde dadurch fast unermesslich reich.

Kreditgeber in der ganzen Welt. Im Laufe des 18. Jahrhunderts gewann das Finanzwesen nun immer größere wirtschaftliche Bedeutung und der Geldmarkt lief dem Handel den Rang ab; dieser erfuhr Anfang des 19. Jahrhunderts gemeinsam mit der Fischerei ein jähes Ende, nachdem die Stadt von den Franzosen besetzt und dann von den Briten blockiert wurde. Als die Franzosen im Jahre 1814 wieder abrückten, war Amsterdam zu einer lokalen Marktstadt herabgesunken und die Briten beherrschten die Meere. Amsterdam schaffte es jedoch, zum finanziellen Zentrum der Welt zu werden, als Bankier für die europäischen Fürsten, die mit geliehenem Geld ihre kostspieligen Kriege führten.

Olympia 1928. Amsterdam wandte nun dem Meer mehr und mehr den Rücken zu und definierte sich neu – diesmal als Industriezentrum. Man schuf Zugverbindungen, die Stahlproduktion blühte und die Bevölkerung wuchs. Durch die Diamantenindustrie erlebte die Stadt einen wirtschaftlichen Aufschwung. Als die Hauptstadt der neutralen Niederlande kam Amsterdam relativ ungeschoren durch den Ersten Weltkrieg und erfreute sich in den 1920er-Jahren eines richtiggehenden Wirtschaftsbooms, der von den 1928 hier stattfindenden Olympischen Spielen noch gekrönt wurde.

FAKTEN

* **Einwohner in Amsterdam:** ca. 742000
* **Einwohner in der Agglomeration:** ca.1,2 Mio.
* **Sehenswürdigkeiten:** Amstelkerk, Amsterdamer Zoo, Anne Frankhuis, Begijnhof, Beurs van Berlage, Centraal Station, Concertgebouw, De Duif, De Waag, Hortus Botanicus Amsterdam, Königlicher Palast, Museum Amstelkring, Rembrandthaus, Rijksmuseum, Scheepvaart Museum, Stadsschouwburg, St. Nikolaaskerk, Van-Gogh-Museum,

BERÜHMTE PERSONEN

* **Ruud Gullit** (geb. 1962), Fußballspieler und -trainer
* **Alfred Heineken** (1923–2002), Bierbrauer
* **Rinus Michels** (1928–2005), Fußballtrainer
* **Paul Verhoeven** (geb. 1938), Filmregisseur

NIEDERLANDE

Rotterdam

ROTTERDAM BESASS BIS 2004 DEN GRÖSSTEN HAFEN DER WELT, DER STETS DIE TREIBENDE KRAFT BEI DER ENTWICKLUNG DER STADT WAR. ER ERSTRECKT SICH ÜBER 40 KILOMETER VON DER STADTGRENZE BIS ZUR MÜNDUNG DER MAAS IN DIE NORDSEE.

Auf den ersten Blick beeindruckt Rotterdam neben dem monumentalen Hafen durch seine moderne Architektur. Ein Spaziergang durch Rotterdam gewährt einen Blick in die Zukunft der Stadtplanung. Futuristisch anmutende Bauwerke prägen die gesamte Innenstadt, Kubushäuser bilden einen spannenden Kontrast zum Alten Hafen – die auf der Spitze stehenden Würfel von Piet Blom stellen einen „Wald aus Baumhäusern" dar, der eine Hauptverkehrsstraße überquert.

Eine recht junge europäische Stadt. Die ältesten Besiedlungsspuren rund um Rotterdam stammen noch aus dem frühen 11. Jahrhundert, doch erst im 13. Jahrhundert begann hier eine richtige Besiedlung. Deiche wurden angelegt und die Region urbar und bewohnbar gemacht, die zuvor oft von Überschwemmungen heimgesucht worden war. Der Bau des Deichs an der Rotte im Jahr 1230 gilt heute als der De-facto-Gründungsakt der Stadt. Am 7. Juni 1340 erhielt Rotterdam offiziell das Stadtrecht. Danach entwickelte es sich aufgrund seiner günstigen geografischen Lage schnell vom Fischerdorf zur reichen Handels- und Hafenstadt.

Manhattan an der Maas. Im Zweiten Weltkrieg wurden Innenstadt und Hafengelände vollständig zerstört. Der Wiederaufbau in den folgenden Jahrzehnten schuf eine eindrucksvolle moderne Großstadt mit

Neben dem modernen Gebäude des Maritiem Museum Rotterdam steht noch immer ein „waschechter" Leuchtturm.

FAKTEN

✻ Einwohner in Rotterdam: ca. 589160

✻ Sehenswürdigkeiten: Delfshaven, Diergaarde Blijdorp, Erasmusbrücke, Euromast, Laurenkerk, Kop van Zuid, Kubushäuser, Kunsthalle, Museum Boymans Van Beuningen, Nationale Nederlanden Gebouw, Nederlands Architectuur Instituut, Oude Kerk, Provenierswijk, Rathaus, Schiedamsedijk, Stadhuis, Willemsbrücke

BERÜHMTE PERSONEN

✻ Leo Beenhakker (geb. 1942), Fußballtrainer

✻ Erasmus von Rotterdam (1469–1536), Humanist

✻ Rem Koolhaas (geb. 1944), Architekt

✻ Ruud Lubbers (geb. 1939), Politiker

✻ Giovanni van Bronckhorst (geb. 1975), Fußballspieler

unverwechselbarer avantgardistischer Architektur. Es entstand eine völlig neue City, die nur noch in Ansätzen an das Rotterdam des 19. Jahrhunderts erinnert. Die Stadt wächst noch immer, und auf der Suche nach Erweiterungsmöglichkeiten hat man viel Fantasie entwickelt. So wurde ein ehemaliges aufgegebenes Hafengebiet in einen komplett neuen Stadtteil verwandelt. Die Verbindung bildet ein meisterhaftes Brückenbauwerk: die Erasmusbrücke – benannt nach dem großen Sohn der Stadt, nach dem Philosophen Erasmus von Rotterdam.

Rotterdams Hafen. Wenn auch inzwischen Shanghai die Nummer eins unter den Welthäfen geworden ist, zumindest was die Umschlagsmenge betrifft, so besitzt Rotterdam noch immer das flächenmäßig größte Hafengelände der Welt, gigantische elf Quadratkilometer umfasst es. Ganze Städte gehören dazu – wie etwa Schiedam, Vlaardingen und Hoek van Holland. Mehrere 100 Millionen Tonnen Waren aus ungefähr 30000 Containerschiffen werden hier jährlich umgeschlagen. Ganz weit draußen an der Maasmündung liegt gegenüber Hoek van Holland der moderne und zukunftsweisende Europoort mit seinen Öltanks und Raffinerien.

Das höchste Bauwerk der Niederlande. Einen herrlichen Panoramablick über diese gigantische Hafenanlage hat man vom 185 Meter hohen Euromast am Parkhafen, einem Fernsehturm mit einem Restaurant, der „Schiffsbrücke", das mit modernen Navigationsgeräten eines Schiffes ausgestattet ist. Der Turm ist das höchste Bauwerk in den Niederlanden. Errichtet wurde er im Jahre 1960 anlässlich einer internationalen Gartenbauausstellung (der „Floriade"), allerdings zuerst nur mit „mageren" 104 Meter. Als aber rundherum die Gebäude in die Höhe schossen, stockte man den Turm mit dem so genannten Space Tower zu seiner heutigen Höhe auf.

Eine grüne Stadt. Die Rotterdamer Parks liegen über die ganze Stadt verteilt. Sie laden zum Spazierengehen ein oder haben ein bestimmtes Thema wie beispielsweise der Museumspark. Eines aber haben sie alle gemeinsam: Sie sind Orte der Ruhe. Außer wenn eines der vielen Festivals stattfindet – dann werden die Parks zur Bühne für Gesang, Tanz oder Dichtkunst. Der größte öffentliche Park ist der Kralingse Bos. Auf dem Parksee dort lässt sich die imposante Rotterdamer Skyline gemütlich von einem gemieteten Segelboot aus bestaunen.

Mitte: Die Kubus-Häuser von Rotterdam sind einzigartig.

Unten: Am alten Voorhaven geht es heute recht ruhig zu.

DEUTSCHLAND

Berlin

KEINE ANDERE STADT DER WELT TRÄGT IHRE GESCHICHTE SO ZUR SCHAU WIE BERLIN, DIE HAUPTSTADT DER BUNDESREPUBLIK DEUTSCHLAND. GEWISS, DIE MAUER IST WEG, DOCH IM HERZEN IST DIE STADT NOCH IMMER GETEILT.

Dabei ist im Zentrum Berlins ein angenehmer optischer Übergang vom Glamour des Westens zum neu herausgeputzten Zentrum des ehemaligen Ostberlins gelungen. Bevor die Mauer abgerissen wurde, schien die Stadt das ewige Symbol für die Entfremdung einer ganzen Nation zu sein. Doch Berlin ist den Wandel durchaus gewohnt. Angefangen bei den Wirren des Dreißigjährigen Krieges bis hin zu schrecklichen Zerstörungen durch die Bomben und die Brände im Zweiten Weltkrieg, befand sich die Stadt ständig in einem Belagerungszustand oder in einer Phase des Wiederaufbaus.

Berlin-Cölln. Die ersten Aufzeichnungen über eine Siedlung an der Stelle des heutigen Berlin stammen aus dem Jahr 1237 und berichten von einer Ortschaft namens Cölln, die sich südlich der Museumsinsel an den Ufern der Spree ausbreitete. Ein wenig älter sind hingegen die heutigen Berliner Stadtbezirke Spandau (1197) und Köpenick (1209). Erst 1244 schließt sich Berlin an. Das mittelalterliche Berlin entwickelte sich entlang der Spree um die Nikolaikirche herum und zog sich nach Nordosten in Richtung des heutigen Alexanderplatzes. 1307 wurden Berlin und Cölln zusammengeschlossen.

Hauptstadt der Hohenzollern. Im Jahr 1415 übernahmen die Hohenzollern die Regierungs-

Rechts: Moderne Skulptur vor dem Europa Center.

Unten: Der Berliner Reichstag.

geschäfte in der Mark Brandenburg. Über 500 Jahre blieben sie in Berlin und Potsdam und lenkten die Geschicke der Stadt: zuerst als Markgrafen von Brandenburg, dann als Könige in und von Preußen – und schließlich als deutsche Kaiser. Als Berlin Wohnsitz der Hohenzollern wurde, musste es allerdings seinen Status als freie Hansestadt aufgeben. Die ökonomischen Aktivitäten verlagerten sich vom Handel auf die Produktion von Luxuswaren für den Hofadel.

Die Sache mit den Knüppeln. Mit der Reformation setzte in Berlin die Säkularisierung von Kirchenbesitz ein. Kurfürst Joachim II. Hektor nutzte das so erworbene Geld für Bauprojekte. Er gilt als der Vater des Kurfürstendamms und ließ das malerische Jagdschloss im Grunewald und das Berliner Stadtschloss errichten. In Joachims Regentschaftszeit fällt eine amüsante Episode. Zur Volksbelustigung ließ der Kurfürst eine Art Kriegsmanöver zwischen Berlinern und Spandauern durchführen. Die Berliner und die Cöllner gingen nur mit kurzen Knüppeln bewaffnet gegen die Spandauer vor, woraufhin die Bezeichnung „Knüppelkrieg" die Runde machte. Die Zuschauer erlebten eine dreitägige Wasserschlacht auf der Havel und anschließende Auseinandersetzungen an Land, die immer heftiger wurden. Das Dumme an der Geschichte: Die Berliner sollten eigentlich die „Schlacht" gewinnen, aber die Spandauer waren damit nicht so recht einverstanden. Sie lockten die Berliner in einen Hinterhalt und schlugen wild mit ihren Knüppeln auf sie ein. Über den Ausgang war der Kurfürst so erbost, dass er den Spandauer Bürgermeister für einige Monate einsperren ließ.

Haupt- und Residenzstadt. Während des Dreißigjährigen Krieges nahm Berlin großen Schaden, die Bevölkerungszahlen sanken drastisch ab. Erst unter dem „Großen Kurfürsten" Friedrich Wilhelm breitete sich Berlin wieder aus. Mit der Gründung des Königreichs „in" Preußen (1701) setzte wieder ein Bauboom ein – Schloss Charlottenburg ist nur einer der Zeugen dieser Epoche. Es war auch die Zeit, in der aus den fünf bis dahin unabhängigen Städten Berlin, Cölln, Friedrichswerder, Dorotheenstadt und Friedrichstadt per Dekret am 1. Januar 1710 die Königliche Haupt- und Residenzstadt Berlin wurde.

Einst war es nur ein Stadttor. Mit dem Bau der Zollmauer wurde 1734 bis 1737 ein Vorgängerbau des heutigen Brandenburger Tores als Stadttor an der Straße nach Brandenburg an der Havel errichtet. Im Zuge des Mauerausbaus ließ der preußische König Friedrich Wilhelm II. von 1788 bis 1791 das Brandenburger Tor von Carl Gotthard Langhans (1732–1808) im frühklassizistischen Stil neu bauen. Die von Johann

FAKTEN

*** Einwohner in Berlin:** ca. 3,4 Mio.

*** Sehenswürdigkeiten:** Berliner Dom, Berliner Stadtschloss, Brandenburger Tor, Checkpoint Charlie, Denkmal für die ermordeten Juden Europas, Deutsche Oper Berlin, Friedrichstadtpalast, Gendarmenmarkt, Gropiusstadt, Jagdschloss Glienicke, Jagdschloss Grunewald, Kaiser-Wilhelm-Gedächtniskirche,Marienkirche, Müggelturm, Museumsinsel, Nikolaikirche, Paul-Löbe-Haus, Pfaueninsel, Potsdamer Platz, Rathaus Pankow, Reichstag, Rotes Rathaus, Schloss Bellevue, Schloss Charlottenburg, Schloss Köpenick, Schloss Schönhausen, Siegessäule, Sophienkirche, Staatsoper Unter den Linden, St.-Michaels-Kirche, Tiergarten, Treptower Park, Zeughaus, Zitadelle Spandau

Die evangelische Kaiser-Wilhelm-Gedächtnis-Kirche steht auf dem Breitscheidplatz am Anfang des Kurfürstendamms.

Gottfried Schadow (1764–1850) gefertigte fünf Meter hohe Quadriga erhielt das Berliner Wahrzeichen im Jahr 1793, damals noch mit der geflügelten griechischen Friedensgöttin Eirene. Mit dem Abriss der Zollmauer in den Sechzigerjahren des 19. Jahrhunderts wurden auch fast alle Stadttore abgerissen; nicht so das Brandenburger Tor.

Von der Friedens- zur Siegesgöttin. Für acht Jahre verschwand die Quadriga nach 1806 nach Paris. Napoleon hatte sie nach der Eroberung von Berlin einfach als Kriegsbeute mitgehen lassen. Doch ehe er sie aufstellen lassen konnte, war der ehrenwerte Kaiser schon auf dem Weg ins Exil nach Elba. Die Quadriga kehrte nach Berlin zurück, und nun machte man kurzerhand aus Eirene eine Viktoria – die Siegesgöttin. Seit 1957 steht die Quadriga – allerdings nur in Kopie, da das Original von schießwütigen Wehrmachtssoldaten 1945 fast komplett zerstört worden war – wieder auf dem Tor. Von August 1961 bis Dezember 1989 stand das Brandenburger Tor mitten im Sperrgebiet des geteilten Berlin. Am 22. Dezember 1989 wurde das Brandenburger Tor unter dem Jubel von mehr als 100 000 Menschen wieder geöffnet. Die Sperranlagen wurden danach vollständig beseitigt. Heute ziert das berühmte Wahrzeichen Berlins die Rückseiten der deutschen 10-, 20- und 50-Cent-Münzen als Symbol der Teilung und Einheit Deutschlands.

Wo stand die Berliner Mauer? Berlin ist heute eine der großen Kulturmetropolen Europas. Theater und Museen an jeder Ecke. Die preußische, deutsche und europäische Geschichte ist überall allgegenwärtig. Hingegen sucht man die Stellen, an denen die Berliner Mauer stand, heute eher wie die berühmte Nadel im Heuhaufen. Einige kurze Passagen – beispielsweise am Checkpoint Charlie oder in der Bernauer Straße – hat man für die zahlreichen Schaulustigen „konserviert". Die Berliner Mauer – 1961 erbaut – war das bedeutendste Symbol des bis 1989 geteilten Deutschlands. Dennoch wurde sie in den vergangenen Jahren Stück für Stück – und vielleicht mehr als notwendig – aus dem Stadtbild verbannt. Mauerteile wurden abgebaut und in die ganze Welt verkauft.

Der Ku'damm. Als die Hohenzollern im 16. Jahrhundert den Kurfürstendamm anlegten, da konnten sie nicht ahnen, dass er einmal zu Berlins beliebtester Flaniermeile und zu einer der berühmtesten Straßen weltweit werden würde. Immerhin wurde er auch erst zwischen 1883 und 1886 zum prächtigen Boulevard

Rechts: Die Neue Synagoge mit ihren auffallenden Zwiebeltürmen steht in der Oranienburgerstraße.

Unten: Am Großen Stern erhebt sich die Siegessäule.

mit einem Reitweg ausgebaut. Rund dreieinhalb Kilometer zieht sich die Straße von der Kaiser-Wilhelm-Gedächtniskirche bis nach Halensee zu den Villenkolonien des Berliner Westens. Besonders belebt ist der obere Teil des Kurfürstendamms, wo sich zahlreiche Kaufhäuser und Modegeschäfte befinden. Ruhiger ist der untere Teil mit seinen zahlreichen Bauten aus der Zeit der Wende zum 20. Jahrhundert, die heute viele Designergeschäfte beherbergen.

Berlins Weltkulturerbe. Wie es sich nun für eine echte Weltstadt gehört, hat Berlin natürlich etwas zum Weltkulturerbe beigetragen. Seit 1999 findet sich die Museumsinsel, die nördliche Spitze der Spreeinsel, als weltweit einzigartiges bauliches und kulturelles Ensemble auf der Liste der UNESCO wieder. Sie ist die Keimzelle der Berliner Museumslandschaft und mit ihren fünf Museen heute ein viel besuchter Anlaufpunkt und einer der wichtigsten Museumskomplexe der Welt. Herausragend unter den Bauwerken ist sicherlich das 1930 erbaute Pergamonmuseum, das meistbesuchte Berliner Museum.

Vom Tiergarten zu Siegessäule. Berlin besitzt neben ausgedehnten Waldgebieten im Westen und Südosten des Stadtgebietes eine Reihe großer Parkanlagen. Auch in Verbindung mit der Tatsache, dass fast alle Straßen von Bäumen gesäumt sind, gilt Berlin als besonders grüne Stadt. Die über 2500 öffentlichen Grünanlagen und Parks umfassen eine Gesamtfläche von 5500 Hektar und bieten vielfältige Freizeit- und Erholungsmöglichkeiten. Die größte gestaltete Parkanlage Berlins ist der Große Tiergarten im Herzen der Stadt. Ursprünglich war er ein ausgedehntes Waldareal vor den Toren der Stadt, genutzt von den preußischen Adeligen als Jagd- und Ausrittgebiet. Nach und nach wurde der Park dann von der Stadt umschlossen. Heute erstreckt sich die Anlage vom Bahnhof Zoo bis hin zum Brandenburger Tor. In unmittelbarer Nachbarschaft liegt das Parlaments- und Regierungsviertel. Einige große und wichtige Straßen durchschneiden den Tiergarten, darunter die Berliner Ost-West-Achse, die Straße des 17. Juni – der Name erinnert an den Volksaufstand in der Deutschen Demokratischen Republik vom 17. Juni 1953. Diese und andere Straßenzüge kreuzen sich am Großen Stern, in dessen Mitte sich seit 1939 die Siegessäule erhebt, ein weiteres Wahrzeichen Berlins.

BERÜHMTE PERSONEN

* **Marlene Dietrich** (1901–1992), Schauspielerin und Sängerin
* **Walter Gropius** (1883–1969), Architekt
* **Regine Hildebrandt** (1941–2001), Politikerin
* **Alexander von Humboldt** (1769–1859), Universalgelehrter
* **Hildegard Knef** (1925–2002), Schauspielerin, Sängerin und Autorin
* **Erik Zabel** (geb. 1970), Radrennfahrer
* **Konrad Zuse** (1910–1995), Erfinder des ersten funktionstüchtigen Computers

POLEN

Warschau

AN WARSCHAU KANN MAN DEUTLICH SEHEN, WIE EINE STADT DIE GROSSE UND EINZIGARTIGE CHANCE NUTZT, DIE SICH AUS DEM ENTSTEHEN DES FREIEN MARKTES UND DER ENTWICKLUNG DER DEMOKRATIE ERGIBT.

Der Investitionsaufschwung ist überall in Warschau zu spüren. Die Stadt wurde zu einer riesigen Baustelle mit großflächigen Sanierungs- und Restaurierungsgebieten. Firmen, Gesellschaften und Organisationen wählen Warschau als Standort wegen seiner zentralen Lage in Europa, der bequemen internationalen Reiseverbindungen, dem gut entwickelten Telekommunikationsnetz und nicht zuletzt auch wegen der wirtschaftlichen und politischen Stabilität.

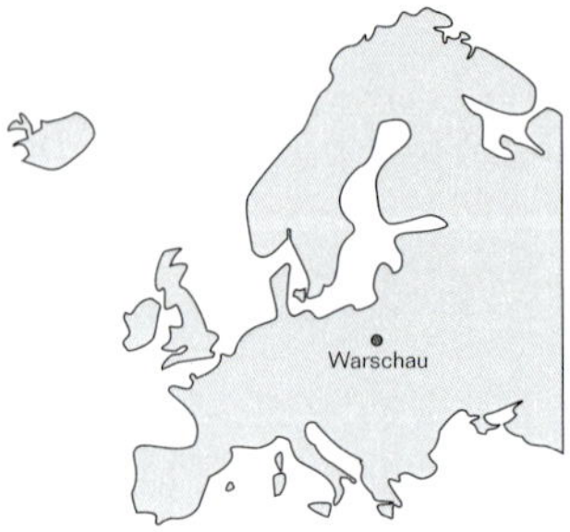

Auf einer Böschung der Weichsel. Wo heute das Königsschloss steht, wurde Warschau einst im späten 13. Jahrhundert gegründet. Über drei Jahrhunderte entwickelte sich Warschau prächtig. Politisches Gewicht erlangte die Stadt, als sie 1596 Hauptstadt Polens und Residenz von König Sigismund III. wurde, was sie auch heute noch, oder besser, wieder ist. 1772, 1793 und 1795 wurde Polen in den drei Teilungen von den europäischen Mächten zerstückelt. Zeitweise war Warschau preußisch, nach 1795 russisch. Immer wieder wurde Warschau zum Schauplatz von Aufständen gegen die russischen Herren, trotz allem aber wuchs die Stadt, bis sie 1918 wieder Hauptstadt des wiedererstandenen Polens wurde.

Die Altstadt Warschaus ist einer der meistbesuchten Orte. Entgegen ihrem Namen ist sie aber erst

FAKTEN

* **Name in der Landessprache (Polnisch):** Warszawa
* **Einwohner in Warschau:** ca. 1,7 Mio.
* **Einwohner in der Agglomeration:** ca. 2,9 Mio.
* **Sehenswürdigkeiten:** Barbakane, Haus zum Schiff, Jesuitenkirche, Johanneskathedrale, Königsschloss, Kulturpalast, Lazienki-Park, Marienkirche, Otrogski-Palast, Palast auf dem Wasser, Pomeranczarnia, Sakramentinnenkirche, Schloss Ujazdowski, Sigismund-Säule, St.-Anna-Kirche

BERÜHMTE PERSONEN

* **Władysław Broniewski** (1897–1962), Dichter
* **Maria Skłodowska-Curie** (1867–1934), Wissenschaftlerin und Nobelpreisträgerin
* **Lech Kaczyński** (geb. 1949), Politiker, Präsident Polens
* **Isaac Bashevic Singer** (1902–1991), Schriftsteller

Hoch über dem Marktplatz blickt König Sigismund III. Wasa auf Warschau herab.

einige Jahrzehnte alt, da die Stadt nach dem Zweiten Weltkrieg fast komplett neu gebaut werden musste. Als Vorlage dienten alte Pläne und Darstellungen. Dabei wurde jeder Stein, jedes erhaltene Detail eingesetzt. Bereits 1953 wurden die Arbeiten beendet. Wenn man nun auf dem Marktplatz sitzt und sich in einem der Cafés den typischen Warschauer Kuchen, die Wuzetka, schmecken lässt, sollte man sich die Entschlossenheit der Menschen bewusst machen, die sich unter den schweren Bedingungen der Nachkriegszeit den Wiederaufbau einer Stadt zum Ziel gesetzt hatten.

Über allem thront Sigismund. Die in der Mitte des Schlossplatzes (Plac Zamkowy) befindliche Sigismundsäule ist das älteste säkulare Denkmal der Stadt und wohl das bekannteste Polens. Auf einer 22 Meter hohen Plattform thront König Sigismund und freut sich über Worte des Lobes, Blicke der Begeisterung und das weitere Wachstum der Stadt.

Das „Geschenk" der Sowjets. Das Erste, das der Besucher nach dem Verlassen des Zentralbahnhofs in Warschau sieht, ist der Kulturpalast. Das höchste Gebäude der Stadt (234 Meter) wurde in nur drei Jahren, von 1953 bis 1955, gebaut und als Geschenk der Sowjetunion an Polen übergeben. Obwohl es wegen seiner Herkunft und der fremden Architektur bei vielen Warschauern unbeliebt ist, spielt es ohne Zweifel eine wichtige Rolle. Der Turm beherbergt Theater, Kinos, Ausstellungs- und Konferenzsäle, ein Kasino, mehrere Museen, den Jugendpalast und wissenschaftliche Institutionen. Außerdem befinden sich hier Geschäfte, Cafés und Restaurants sowie Sporteinrichtungen. Von der Aussichtsterrasse im 30. Stock hat man einen sehr schönen Blick auf die Stadt und ihre Umgebung. Inzwischen ist der Kulturpalast zum Wahrzeichen der Stadt geworden und statt an seinem Abriss arbeiten die Warschauer intensiv an der Errichtung der U-Bahn, auf die sie 1953 verzichtet hatten.

Oben: Der alte Königspalast von Warschau wurde erst in den 1970er-Jahren rekonstruiert und restauriert.

Links: Das ungeliebte Erbe der sowjetischen Besatzer: der Kulturpalast.

ENGLAND

London

ES GIBT GROSSBRITANNIEN, ES GIBT ENGLAND UND ES GIBT LONDON. ALLES GEHÖRT ZUSAMMEN – DOCH STRENG GENOMMEN HAT LONDON MIT DER ÜBRIGEN BRITISCHEN WELT NICHT VIEL AM HUT UND AUCH NICHT VIEL GEMEINSAM.

In London ist alles anders: die Leute, die Mode, die Trends, die Kultur und das tägliche Leben in der Stadt. London schläft nie und hat nicht nur deshalb in mancherlei Hinsicht starke Ähnlichkeit mit dem großen Bruder New York. Millionen von Touristen kommen Jahr für Jahr nach London. Die meisten Besucher lieben die Stadt, lieben die Londoner Underground, die Doppeldeckerbusse, die Taxis. Dabei wird meist gar nicht beachtet, dass London bereits seit Jahren an der Schwelle zum endgültigen Verkehrskollaps steht. Schnell ist hier, wer entweder gut zu Fuß ist oder ein Fahrrad besitzt.

The City of London. Einst stand auf dem heutigen Stadtgebiet eine kleine und unbedeutende keltische Siedlung mit dem Namen Plowonida, was so viel bedeutet wie „die Siedlung am breiten Fluss". Im ersten nachchristlichen Jahrhundert eroberten dann die Römer die Region und gründeten Londinium (etwa um das Jahr 47 Anno Domini), jene ungefähr eine Quadratmeile große Stadt, die heute als City of London bekannt ist. Die Römer bauten eine Brücke über die Themse und nutzten das Lager für die Verschiffung von Mineralien und landwirtschaftlichen Produkten. Im 2. Jahrhundert entwickelte sich Londinium dann sehr schnell zum Handelszentrum der römischen Provinz Britannia superior.

Rechts: Thames Barrier ist das größte bewegliche Flutschutzwehr der Welt.

Unten: Der malerische Greenwich Park ist UNESCO-Weltkulturerbe.

Die Stadt der Angelsachsen. Im Jahr 314 wurde London Bischofssitz. Danach begann ein schleichender Niedergang. Als die Römer im Jahr 410 offiziell das Ende der Besatzung erklärten, war die Stadt praktisch menschenleer – man hatte förmlich alles liegen und stehen lassen. Nachdem die Gegend während nahezu 150 Jahren verlassen dalag, wurde schließlich die strategisch günstige Position an der Themse von den Angelsachsen erkannt. Eine erste Siedlung wurde jedoch erst im Jahre 604 errichtet, allerdings nicht in der antiken, ummauerten City, sondern etwas westlich davon. Die neue Stadt war die Hauptstadt des Königreichs Essex – genannt Lundenvic (Hafen von London). Sie lag östlich des heutigen Trafalgar Square, schob sich aber im Laufe der Zeit dann wieder in Richtung der City of London.

Die Männer aus dem Norden. Die Angelsachsen wurden 1066 bei Hastings vernichtend geschlagen – von den Normannen. In Westminster Abbey, erbaut zwischen 1045 und 1065, ließ sich William der Eroberer nach der Einnahme der Stadt zum König Britanniens krönen, was seitdem alle britischen Monarchen getan haben. Auch ließ der neue Herrscher Englands drei Burgen errichten, um den Angelsachsen die Lust an Rebellionen gründlich zu verleiden: Baynard's Castle, Montfichet's Castle und den Tower of London. Immerhin bestätigte William die Rechte, Privilegien und Gesetze, welche sich die Stadt zur Zeit der Angelsachsen erworben hatte.

Blütezeit. Das 16. Jahrhundert war eine Zeit, in der London aufblühte. Um 1600 wuchs es mit der nahe gelegenen Hauptstadt Westminster City zusammen und wurde so selbst zum Mittelpunkt des britischen Empires. Es war nun eine der wichtigsten europäischen Handelsstädte an der Nordsee – und das, obwohl es gar nicht direkt am Meer lag, sondern rund 30 Kilometer entfernt an den Ufern der Themse. Das späte 16. Jahrhundert brachte auch eine Blütezeit der Kultur. In Southwark südlich der Themse entstanden zahlreiche Theater, das berühmteste war das Globe Theatre von William Shakespeare.

Das neue London. Die Pest von 1665 und der Große Brand von 1666 ließen die Stadt in ihren Grundfesten erbeben. Fast 70 000 Menschen starben, und beinahe zwei Drittel der Stadt wurden ein Raub der Flammen. Sir Christopher Wren (1632 – 1723) war verantwortlich für den Wiederaufbau zahlreicher Gebäude und Kirchen, darunter auch die Saint Paul's Cathedral. Die Zerstörung der Wohnhäuser in der Stadt bewog viele ehemalige Bewohner dazu, sich außerhalb der Stadtmauern niederzulassen. Dies führte zur Bildung von zahlreichen Vorstädten. Die meisten

FAKTEN

*** Einwohner in London:**
ca. 7,4 Mio.

*** Einwohner in der Agglomeration:**
ca. 12,6 Mio.

*** Sehenswürdigkeiten:**
Battersea Power Station, British Museum, Buckingham Palace, Cannary Wharf, Coliseum, Crystal Palace Tower, Docklands, Globe Theatre, Greenwich Park, Hyde Park, Lambeth Palace, London-Eye-Riesenrad, London Palladium, Madame Tussauds Wachsfigurenkabinett, Museum of London, National Gallery, National Theatre, Palace of Westminster, Piccadilly Circus, Regent's Park, Royal Albert Hall, Royal Botanic Gardens, Royal Opera House, St James's Palace, St John's Church, St Margaret's Church, St Martin-in-the-Fields, St Paul's Cathedral, Tate Gallery, Tower of London, Trafalgar, Victoria and Albert Museum, Westminster Abbey

Die Tower Bridge ist wohl das unbestrittene Wahrzeichen der englischen Millionenmetropole.

Aristokraten kehrten ebenfalls nicht mehr in die Stadt in ihre Villen zurück und errichteten stattdessen im West End repräsentative Wohnhäuser.

Dickens' London. Bis zur Wende ins 20. Jahrhundert schwoll London zur größten Stadt der Welt an. 6,6 Millionen Menschen wohnten 1901 in der britischen Hauptstadt. London war zu dieser Zeit die politisch und wirtschaftlich mächtigste Stadt der Welt. In dieser Periode wurden viele der bedeutenden Bauten errichtet und Plätze angelegt, darunter der Trafalgar Square, der Glockenturm mit dem Big Ben, der Westminster-Palast, die Royal Albert Hall, das Victoria and Albert Museum, die Tower Bridge und die Universität von London. Aber wie immer in solchen Hoch-Zeiten gab es auch Schattenseiten. Millionen von Menschen mussten in den überbevölkerten und unhygienischen Slums und Vororten leben. Wem fallen da nicht unweigerlich Oliver Twist und David Copperfield ein, beide sind in Romanen des unvergesslichen Charles Dickens verewigt.

Die Folgen des Krieges. Ein Desaster anderen Ausmaßes traf London im Zweiten Weltkrieg. Die deutsche Luftwaffe vernichtete 1940/1941 das einheitliche Bild des georgianischen und viktorianischen Londons; weite Teile des Zentrums und des East End wurden dem Erdboden gleichgemacht. Wo die Bomben eingeschlagen waren, wurden nach dem Krieg hässliche Wohnkomplexe hochgezogen und schnelle Billigsanierungen durchgeführt. Die Docks haben sich nach dem Krieg nie wieder erholt – der Schiffsverkehr wurde nach Tilbury verlegt, und die Docklands verwahrlosten und verfielen. In den 80er-Jahren des letzten Jahrhunderts wurden sie von den Stadtplanern neu entdeckt, wenn diese Entwicklung auch ihren Schwung mit der Anfang der 1990er-Jahre einsetzenden Rezession verlor.

Ein Labyrinth der Sehenswürdigkeiten. Nirgendwo sonst in Großbritannien findet man so viele Sehenswürdigkeiten wie in London. Hier gibt es allein vier Orte, die von der UNESCO zum Weltkulturerbe erklärt wurden: der Greenwich Park, der Palast und die Abtei von Westminster, die Royal Botanic Gardens und der Tower of London. Außerdem bieten hunderte von Attraktionen freien Eintritt. Es existiert wohl kein anderer Ort auf der ganzen Welt, wo man für so wenig Geld derart viele großartige Dinge zu sehen bekommt. Zu den besonderen Attraktionen zählen unter anderem das gigantische Riesenrad von British Airways, das London Eye, sowie die großen Museen und die Galerien. Wer sich lieber im Freien aufhält, für den

BERÜHMTE PERSONEN

* **David Beckham** (geb. 1975), Fußballspieler
* **David Bowie** (geb. 1947), Popmusiker
* **Howard Carter** (1874–1939), Archäologe und Ägyptologe
* **Charlie Chaplin** (1889–1977), Regisseur, Schauspieler und Komiker
* **Daniel Day-Lewis** (geb. 1957), Schauspieler
* **Daniel Defoe** (1660–1731), Schriftsteller
* **Alfred Hitchcock** (1899–1980), Filmregisseur
* **Sir Elton John** (geb. 1947), Popmusiker
* **Sir Peter Ustinov** (1921–2004), Schauspieler und Regisseur

Der berühmte Westminster-Komplex an der Themse ist ein beeindruckendes Bauwerk.

sind die zahlreichen Londoner Parks ein lohnenswertes Ziel für ausgedehnte Spaziergänge.

Unterhaltung vom Feinsten. Auch für Kulturbeflissene hält die britische Hauptstadt viel Abwechslung bereit. Von außen wirken die zumeist modernen Kulturburgen oft wie gesichtslose Betonbunker, doch das angebotene Programm ist absolute Weltklasse. Man nehme zum Beispiel das renommierte Barbican Arts Centre. Am Äußeren scheiden sich hier sicherlich die Geister. Manch einer empfindet es als einen architektonischen Albtraum, ein anderer ist restlos begeistert. In einem dürften jedoch beide Seiten einer Meinung sein: Was geboten wird – egal ob von der berühmten Royal Shakespeare Company, vom London Symphony Orchestra oder aber vom London Classical Orchestra –, ist absolute Spitzenklasse. Die Gelegenheit, hier eine Aufführung zu sehen bzw. zu hören, sollte man sich nicht entgehen lassen.

Die grünen Lungen der Stadt. London hat in der hektischen City seine Oasen der Ruhe. Da ist in der westlichen Innenstadt von London der berühmte Hyde Park. Der weitläufige Park war einst königliches Jagdgelände, der Schauplatz von blutigen Duellen und Exekutionen sowie von spannenden Pferderennen – und während des Zweiten Weltkriegs ein riesiger Kartoffelacker. Heute ist er Frischluftoase für Sonnenanbeter und lädt zu Bootsfahrten auf dem Serpentine, einem malerischen kleinen See, ein. Daneben birgt er die berühmte Speaker's Corner, wo jedermann seine Meinung einem mehr oder weniger „interessierten" Publikum kundtun kann. Nicht allzu weit entfernt im Regent's Park ist der Londoner Zoo angesiedelt sowie eine Moschee und ein Freilichttheater. Die Queen Mary Rose Gardens im Zentrum des Parks sind wundervoll anzusehen. Und der nahe Primrose Hill bietet herrliche Ausblicke über – und vielleicht auch Einblicke nach – London.

Oben: An der Speaker's Corner im Hyde Park darf jeder Reden halten.

Links: Ein beeindruckendes Ensemble: das Parlamentsgebäude und der Big Ben.

BELGIEN

Brüssel

IN GANZ EUROPA WIRD KEINE ANDERE STADT HÄUFIGER IN DEN MEDIEN ERWÄHNT ALS DIE BELGISCHE HAUPTSTADT BRÜSSEL. IN JEDER ZEITUNG UND IN JEDER SPRACHE IST DER NAME DIESER STADT MINDESTENS EINMAL PRO TAG ABGEDRUCKT.

Aber Brüssel ist mehr als nur das politische Herz der Europäischen Union. Belgiens Hauptstadt ist liebenswert, wunderschön – und voll mit Sehenswürdigkeiten und Leben. Im Jahr 2000 war sie Kulturhauptstadt Europas.

Die Burg mitten im Fluss. Der Name Brüssels (Bruocsella), erstmals 966 urkundlich erwähnt, bedeutet „Kapelle im Sumpf", was wahrscheinlich auf die Lage am Flüsschen Senne zurückzuführen ist. Gegründet wurde die Siedlung allerdings bereits drei oder gar vier Jahrhunderte zuvor. Eine erste Burganlage erhielt das Städtchen gegen Ende des 10. Jahrhunderts auf einer Insel in der Senne und damit die Grundlage für die weitere Stadtentwicklung.

Brüssels Mittelpunkt. Die Geschichte des Grand Place ist ein Spiegelbild der Geschichte der Stadt. Als Markt und Handelsplatz im 12. Jahrhundert geschaffen, lockte der Platz Zünfte, Gilden und nicht zuletzt die Stadtverwaltung an, die um den Grand Place herum ihre prächtigen, vom einstigen Wohlstand zeugenden Zunfthäuser errichteten. Brüssel und sein Markt wurden zu einem wichtigen Handels- und Finanzzentrum des hochmittelalterlichen Europas. Bis zum Jahr 1695 war der Grand Place ein lebhafter Handels- und Umschlagplatz. Dann beendeten französische Kanonen in einem drei Tage andauernden Bombar-

Das Manneken Pis im Gewand des bekannten unbeugsamen Galliers Obelix. Der Brauch geht auf eine Anregung des Kurfürsten Maximilian II. Emanuel zurück.

FAKTEN

* Einwohner in Brüssel: ca. 142850

* Einwohner in der Hauptstadtregion: ca. 1 Mio.

* Sehenswürdigkeiten: Atomium, De Markten, Bourse, Bruparck, Galeries St.-Hubert, Grand Place, Hôtel de Ville, Janneken Pis, La Bécasse, Manneken Pis, Notre-Dame de Finistère, Palais Royal, Stadthäuser von Victor Horta, St. Catherine

BERÜHMTE PERSONEN

* Jan Brueghel d. Ä. (1568–1625), Maler

* Audrey Hepburn (1929–1993), Schauspielerin

* Jacques Piccard (geb. 1922), Schweizer Tiefseeforscher und Ozeanograf

* Jean Toots Thielemans (geb. 1922), Jazzmusiker

dement das bunte Treiben: Alles lag in Schutt und Asche. Heute ist der Grand Place einmal mehr das Herz Brüssels und liebster Treffpunkt der Brüsseler und der Touristen. Bei Tag und Nacht pulsiert in den vielen Restaurants, Bars und Kneipen rund herum ausgelassenes urbanes Leben.

Das Rathaus von Brüssel. Architektonisches Juwel im Ensemble der prächtigen Zunfthäuser und Gebäude rund um den Grand Place ist das großartige Hôtel de Ville, das Rathaus/Stadhuis von Brüssel, das 1450 vollendet wurde. Mit seinem 96 Meter hohen Turm, der vom Erzengel Michael im Kampf mit dem Teufel beherrscht wird, überragt das Rathaus die historische Altstadt von Brüssel.

Das etwas andere Wahrzeichen der Stadt. Für die meisten Besucher ist und bleibt jedoch der „pinkelnde Knabe", das Manneken Pis, an der Rue de l'Etuve/Ecke Rue des Grands Charmes das Wahrzeichen Brüssels. Um wen es sich bei der Figur handelt, wen der Brüsseler Bildhauer Hieronimus Dusquesnoy der Ältere mit seiner Skulptur darstellen wollte, ist nach wie vor ein ungeklärtes Rätsel. Das ungenierte Kerlchen ist auf jeden Fall eine der Haupttouristenattraktionen der Stadt. Humorvolle Brüsseler machen sich an Geburts- oder Todestagen prominenter Stars einen großen Spaß daraus, das Manneken entsprechend zu verkleiden. Inzwischen gibt es übrigens als Antwort auf die Frage nach der Gleichberechtigung in der Impasse de la Fidelité die Statue der im Sitzen urinierenden Janneken Pis.

Das Riesenmolekül. Neben dem Manneken Pis ist das futuristische, 102 Meter hohe Atomium – erbaut wurde es anlässlich der Weltausstellung 1958 – zum zweiten Wahrzeichen von Brüssel avanciert. Das Atomium stellt die 165-milliardenfache Vergrößerung eines Eisenkristallmoleküls dar und es wurde als architektonisches Meisterwerk mit futuristischen Zügen gefeiert. Im Innern des Atomiums befindet sich heute eine sehenswerte Ausstellung zu den Themen Atomtechnik, Raumfahrt, Astronomie und Meteorologie. In der obersten Kugel befindet sich ein Restaurant, von dem aus man bei schönem Wetter einen herrlichen Blick über die ganze Stadt hat.

Mitte: Das Atomium – ein riesiges Molekül.

Unten: Auch Brüssel besitzt einen Triumphbogen. Er liegt am Eingang zum Parc du Cinquantenaire.

UKRAINE

Kiew

KIEW LIEGT AUF UND AN DEN HÜGELIGEN GRÜNEN DNJEPRUFERN. VOM WLADIMIR-HÜGEL AUS ERSCHLIESST SICH DAS PANORAMA DER GROSSARTIGEN STADT. DAS KIEW VON HEUTE IST GEPRÄGT VON DEN GOLDENEN KUPPELN SEINER VIELEN KIRCHEN UND KLÖSTER.

Trotz zahlreicher Eroberungen und Zerstörungen wird die Hauptstadt der Ukraine zu den schönsten Städten Osteuropas gezählt. Dem hat auch die knapp 70-jährige Periode des Kommunismus nicht viel anhaben können. Ganz im Gegenteil, nach dem Zweiten Weltkrieg ließen die neuen Machthaber Parks und Grünanlagen errichten – und, wie könnte es auch anders sein, den in sowjetischen Städten so unvermeidlichen Fernsehturm.

Wiege der slawischen Reiche. Die erste Erwähnung Kiews in den alten Chroniken geht auf das frühe 6. Jahrhundert zurück. Es wurde als Burg von drei Brüdern gegründet und nach dem Ältesten Stadt von Kyj (Kyjiw) genannt. Kiew war danach administratives, politisches und religiöses Zentrum unter vielen Herrschern, unter anderem der „Kiewer Rus“. Dabei handelte es sich um einen mittelalterlichen Staat in Russland, der Ukraine und Weißrussland. Kiew gilt damit weithin als die eigentliche Geburtsstadt aller slawischen Reiche.

Die russische Kultur. In ihrer Blütezeit unter den Großfürsten Swjatoslaw, Wladimir und Jaroslaw im 9. und 10. Jahrhundert war die Stadt eines der größten Zentren des mittelalterlichen Europas. Durch den hauptsächlich auf Konstantinopel ausgerichteten Handel kam es zu engen Kontakten mit dem byzanti-

Rechts: Das Kloster Kievo Petscherska.

Unten: Die Sophien-Kathedrale mit ihren vielen Kuppeln und Türmen.

nischen Reich, die zur christlichen Missionierung und schließlich im Jahr 988 zum Übertritt der Kiewer Rus zum orthodoxen Glauben führten. Es entstanden nun nicht nur sakrale und Festungsbauten im byzantinischen Stil rund um Kiew, sonder auch eine neue Kultur: die „russische Kultur", die auch die dunklen Jahrhunderte unter mongolischem Joch von 1240 bis 1569 überstand. 1667 annektierten die Russen schließlich die zu einer Provinzhauptstadt herabgesunkene Geburtsstätte Russlands. Kiew entwickelte sich von da an schnell und wurde im Lauf der Jahrhunderte zum wirtschaftlichen – aber auch kulturellen – Zentrum der Ukraine und 1991 die Hauptstadt des unabhängigen Staates Ukraine.

Das Kiewer Höhlenkloster. Kiew ist heute unbestritten der Mittelpunkt des ukrainischen Kulturlebens, zahlreiche Museen und Theater prägen die Kulturlandschaft. Und entsprechend seiner Bedeutung besitzt Kiew eine große Zahl an Sehenswürdigkeiten. Dazu gehören insbesondere die Altstadt mit den historischen Zeitzeugen aus 1500 Jahren wechselhafter Geschichte, allen voran das Höhlenkloster von Kievo Petscherska Lawra (Heiliges Maria-Himmelfahrt-Kloster), wo um das Jahr 1050 Einsiedlermönche Höhlen in den Steilhang des Dnjepr gruben und den Ort nach und nach zu einem Klosterkomplex mit zahllosen unter- und oberirdischen Kirchen und Räumlichkeiten erweiterten. Die Anlagen dieses geistig-kulturellen Zentrums des frühen russischen Reiches zählen heute zum UNESCO-Weltkulturerbe. Auch die Sophien-Kathedrale, begonnen im 11. Jahrhundert und aus- sowie umgebaut bis ins 17. Jahrhundert, mit üppigem Fresken- und Mosaikschmuck wurde 1991 auf die Liste der UNESCO gesetzt. Die Kathedrale war der Mittelpunkt des kulturellen und politischen Lebens des altrussischen Staates.

Die Kreschtschatik. Entlang überreich dekorierter Gründerzeitfassaden, vorbei an den Zeitzeugen des großen Baubooms um 1900 führen fast alle Wege – egal, ob aus der Oberstadt oder der Unterstadt kommend – zur Kreschtschatik, der prachtvollen Flaniermeile im Zentrum von Kiew. Sie ist unübersehbar stalinistischen Ursprungs. Dennoch wirkt sie beinahe fröhlich-beschwingt und verströmt geradezu südländisches Flair. Überall sitzen junge Leute in den Straßencafés. Hier herrscht ungetrübte Lebensfreude. Und inzwischen entdeckt man sogar den einen oder anderen Touristen in der ukrainischen Hauptstadt.

FAKTEN

*** Einwohner in Kiew:**
ca. 2,68 Mio.

*** Einwohner in der Agglomeration:**
ca. 3 Mio.

*** Sehenswürdigkeiten:**
Alter und neuer botanischer Garten, Andreaskathedrale, Babi Jar, Fernsehturm, Goldenes Tor, Hydropark, Kiewer Höhlenkloster, Klosterkirche St. Michael, Kreschtschatik, Marienpalast, Platz der Unabhängigkeit, Sophienkathedrale

BERÜHMTE PERSONEN

*** Oleg Blochin**
(geb. 1952), Fußballspieler

*** Zino Davidoff**
(1906–1994), ukrainisch-schweizerischer Unternehmer

*** Milla Jovovich**
(geb. 1975), Schauspielerin

*** Golda Meïr**
(1898–1978), israelische Politikerin

TSCHECHIEN

Prag

DIE HAUPTSTADT DER TSCHECHISCHEN REPUBLIK IST EINES DER BEDEUTENDSTEN STÄDTISCHEN DENKMALSCHUTZGEBIETE MITTELEUROPAS. SEIT 1992 IST DER HISTORISCHE STADTKERN IM UNESCO-VERZEICHNIS DES WELTKULTUR- UND NATURERBES EINGETRAGEN.

Prag ist eine wunderbare Stadt für alle Romantiker, an beinahe jeder Ecke findet man Spuren der bewegten Stadtgeschichte. Ein Bummel durch die Altstadt, vorbei am Pulverturm, dem Altstädter Rathaus und anderen barocken Prachtbauten über die Karlsbrücke hinauf zum Hradschin ist ein besonderes Erlebnis.

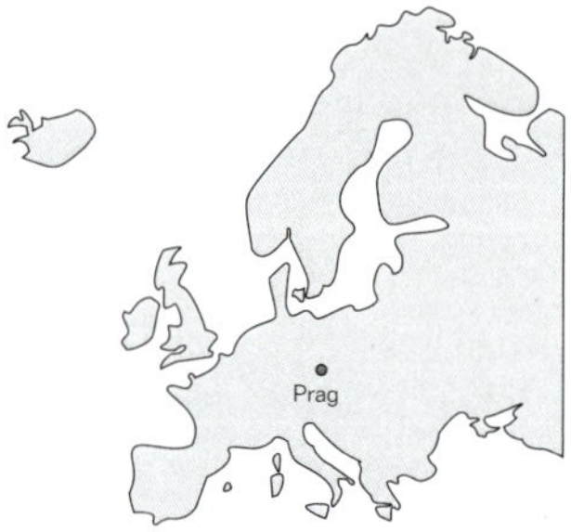

Die Prager Burg auf dem Hradschin wurde wahrscheinlich unter dem ersten Přemyslidenfürsten um 870 errichtet. Sie wurde zum Zentrum ihrer Herrschaft. Vratislav I., der erste böhmische König, verlegte um 1085 seine Residenz von der Burg auf den Vysehrad, wahrscheinlich aufgrund von Machtstreitigkeiten mit seinem Bruder Bischof Jaromír. Die Prager Burg blieb jedoch weiterhin Sitz der Prager Bischöfe. Im Inneren der Anlage steht der berühmte St.-Veits-Dom. Nicht zuletzt wird in Prag eines der besten Pils-Biere der Welt gebraut.

Die Stadt breitet sich aus. Im Schutz der beiden Burgen entwickelten sich auf beiden Seiten der Moldau Ansiedlungen deutscher und jüdischer Kaufleute sowie einheimischer Handwerker. Prag, die größte dieser Siedlungen, erhielt 1234 von König Wenzel I. das Stadtrecht, wodurch es zur Residenzstadt aufstieg. In den folgenden Jahren wurden dann Kleinseite (Malá Strana) und Hradschin (Hradčany) gegründet und besiedelt. Das 14. Jahrhundert brachte Prag Wohl-

FAKTEN

✻ **Name in der Landessprache (Tschechisch):** Praha

✻ **Einwohner in Prag:** ca. 1,18 Mio.

✻ **Sehenswürdigkeiten:** Altstadt, Antonín Dvořák Museum, Bedrich Smetana Museum, Lapidarium, Lobkowitz-Palast, Nationalmuseum, Nationaltheater, Schwarzes Theater, Staatsoper, Ständetheater, Villa Bertramka, Wenzelsplatz

BERÜHMTE PERSONEN

✻ **Madeleine Albright** (geb. 1937), US-Politikerin

✻ **Václav Havel** (geb. 1936), Politiker

✻ **Franz Kafka** (1883–1924), Schriftsteller

✻ **Egon Erwin Kisch** (1885–1948), Reporter und Journalist

✻ **Rainer Maria Rilke** (1875–1926), Dichter

Am Eingang zum Altstadtplatz erhebt sich das weltbekannte Rathaus (erbaut 1338). Im Hintergrund beschließt die Teynkirche den Platz.

stand. Im Jahr 1348 wurde die erste mitteleuropäische Universität – die Karlsuniversität (benannt nach Kaiser Karl IV.) – gegründet und mit dem Bau der Neustadt begonnen.

Zwei große Religionskriege – Hussitenkrieg (1419–1437) und Dreißigjähriger Krieg (1618–1648) – hinterließen tiefe Narben. Und beide Male bildete Prag den Schauplatz für die vermeintlichen Auslöser: den ersten (1419) und den zweiten Prager Fenstersturz (1618). Beide Male wurden katholische Amts- und Würdenträger aus dem Fenster geworfen, einmal von Hussiten, einmal von Protestanten. Einen weiteren kleinen Unterschied gab es allerdings: 1419 wurden die Gestürzten – sie fielen nicht allzu tief – von der unten wartenden aufgebrachten Menge gelyncht. Ihre Kollegen 200 Jahre später fielen zwar tiefer, hatten jedoch mehr Glück: Sie landeten in einem Misthaufen. Beiden Fensterstürzen allerdings folgten lange und Kräfte zehrende Kriege, in denen viele tausende den Tod fanden – und Prag seine Ausnahmestellung in Mitteleuropa einbüßte.

Der Prager Frühling. 1945 wurde Prag Hauptstadt der ČSSR. Unter sozialistischer Führung geriet Prag jedoch in eine tief greifende ökonomische und gesellschaftliche Krise: Das bürokratisch-zentralistische Planungssystem der Sowjetunion hatte zu einer dramatischen Stagnation der Wirtschaft geführt. Bis zum Ende des Jahres 1967 wuchs die Kritik in der Öffentlichkeit immer mehr an und radikalisierte sich dabei zunehmend. Innerparteiliche Spannungen und Machtkämpfe innerhalb der KPČ um die Führung, weg von dem aus Moskau vorgegeben Kurs, führten schließlich am 21. August 1968 zum Einmarsch der Truppen der Warschauer-Pakt-Staaten. Den endgültigen Bruch mit Moskau gab es 1989 („Samtene Revolution"), und am 1. Januar 1993 wurde Prag Hauptstadt der unabhängigen Tschechischen Republik.

Oben: Die malerischen Gassen am Hradschin laden zum Bummeln ein.

Links: Bei einbrechender Dunkelheit wirken Prags Moldaubrücken romantisch und filigran.

FRANKREICH

Paris

PARIS – STADT DER LIEBE, DER KÜNSTLER UND LEBENSKÜNSTLER. WER HAT SIE NICHT IM KOPF, DIE BILDER VON ROMANTISCHEN SPAZIERGÄNGEN AN DER SEINE, VON ÜBERDIMENSIONALEN LANDSCHAFTSBILDERN, VON BOHEMIENS UND INTELLEKTUELLEN?

In der Tat findet man meistens, was man erwartet oder zu entdecken hofft. Doch Paris kann man auch von einem anderen Blickwinkel aus erkunden. Man lasse sich nur einfach frei von vorgefassten Meinungen durch Prachtstraßen und Seitengassen treiben und nicht davon irritieren, dass die Spitze des berühmten Eiffelturms oder die Türme von Notre-Dame ab und zu ins Blickfeld kommen.

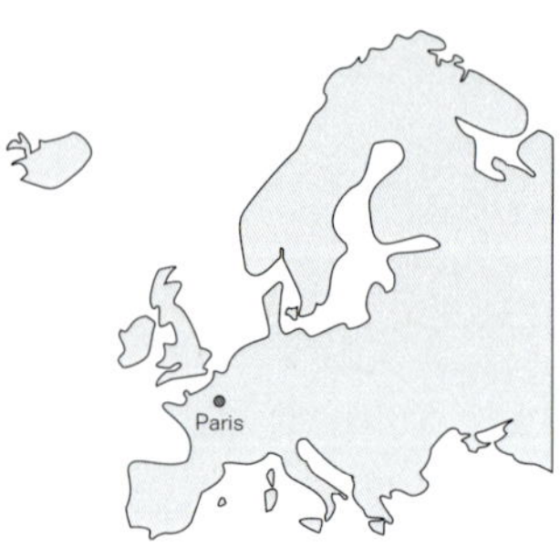

Apropos Eiffelturm. Warum heißt der Eiffelturm eigentlich Eiffelturm? Das liegt ohne Frage am Großvater seines Erbauers Gustave Eiffel. Er war seinerzeit aus dem Rheinland nach Frankreich ausgewandert und hatte seinen Namen geändert. Da er aus der Eifel stammte, fand er es passend, seinen für französische Zungen schwierigen deutschen Namen abzulegen. Er fügte jedoch zur Abgrenzung ein zweites „f" ein. Und so wurde aus einem gewissen Herrn Boenickhausen kurzerhand Monsieur Eiffel. Eröffnet wurde der Eiffelturm zur Weltausstellung in Paris im Jahre 1889. Gedacht war er zunächst nur für eine Dauer von 20 Jahren. Doch die Einnahmequelle Tourismus brachte viel Geld. Pro Tag kommen noch heute zwischen 10 000 und 25 000 Touristen, die auch gern Wartezeiten bis zu ein oder zwei Stunden in Kauf nehmen, zu der beeindruckenden Sehenswürdigkeit aus Stahl. Und meist dauert es mehr als eine weitere Stunde, ehe man vom

Rechts: Die weiße Kirche von Montmartre gleicht einer Moschee.

Unten: Vom Seine-Ufer aus wirkt die Kathedrale von Notre-Dame bombastisch.

Ticketschalter hinauf auf die dritte Plattform kommt, um einen Blick auf Paris zu erhaschen.

Aber nun zum Anfang der Geschichte. Es war im Jahr 200 v. Chr., als ein keltisch-gallischer Stamm die Siedlung Lutuhezi auf der Île de la Cité errichtete. Bei diesem Stamm handelte es sich um die Parisii. Wie wir alle aus den Asterix-Geschichten wissen, wurde um 50 v. Chr. ganz (!) Gallien von einem gewissen Julius Cäsar erobert, so auch Lutuhezi, das nun als Lutetia zur Hauptstadt einer römischen Provinz wurde. Nach dem Niedergang des römischen Reiches wurde unter dem Frankenkönig Chlodwig I. aus Lutetia dann Paris. Chlodwig macht die Stadt im Jahr 508 zur Hauptstadt des Fränkischen Reiches – und damit de facto zur Hauptstadt Frankreichs.

Blühendes Mittelalter. Die Hauptstadt sah gute wie schlechte Zeiten. Die Wikinger kamen im 9. und 10. Jahrhundert, plünderten die Stadt und brannten sie mehrmals nieder. Doch die französischen Könige ließen die Stadt immer wieder schöner und prächtiger aufbauen, und im Mittelalter blühte Paris auf – es begann der unaufhaltsame Aufstieg zu einer der schönsten und mächtigsten Städte Europas. Viele großartige Bauten stehen noch heute als steinerne Zeugen dieser Epoche: Sainte-Chapelle, der Louvre, das Collège de Sorbonne (die spätere Universität) und die Kathedrale von Notre-Dame.

Quasimodos Spielplatz. Die Kathedrale von Notre-Dame ist eines der bedeutendsten Zeugnisse der gotischen Architektur. Der Bau begann 1163 und dauerte bis etwa 1345. Im gewaltigen Innenaum, der von riesigen Fensterrosen dominiert wird, finden über 6000 Kirchgänger Platz. Besucher mit etwas Kondition können den Nordturm bis zur westlichen Fassade hinaufklettern und von dort die Aussicht auf die Furcht einflößenden Wasserspeier und natürlich auch auf einen Großteil von Paris genießen. Hier, hoch oben über der Stadt, kämpfte Victor Hugos „Glöckner von Notre-Dame" – alias Charles Laughton oder Anthony Quinn – um die Gunst und das Leben der schönen Esmeralda.

Der Traum des Sonnenkönigs. Einen Bauboom ohnegleichen aber sah Frankreichs Metropole im 17. Jahrhundert unter Louis XIV. (1643–1715). Sein wohl bekanntestes Vermächtnis ist Schloss Versailles westlich von Paris. Aus einem Jagdschlösschen seines Vaters ließ der von den berühmten Musketieren bewachte Sonnenkönig von 1668 bis 1698 in dem teils waldigen, teils sumpfigen Gebiet ein Schloss und Parkanlagen errichten, die auch noch Jahrhunderte später ein wahrer Publikumsmagnet sind. Der verschwenderische Sonnenkönig räumte für seine architektoni-

FAKTEN

*** Einwohner in Paris:**
ca. 2,13 Mio.

*** Einwohner in der Agglomeration:**
ca. 11,56 Mio.

*** Sehenswürdigkeiten:**
Arc de Triomphe, Arènes de Lutèce, Avenue des Champs-Élysées, Bastille, Bois de Boulogne, Centre Georges Pompidou, Comédie-Française, Disneyland Resort Paris, Dôme des Invalides, Église la Madeleine, Eiffelturm, Élysée-Palast, Fontainebleau, Jardin des Tuileries, Jardin du Luxembourg, Lido de Paris, Louvre, Musée d'Orsay, Notre-Dame de Paris, Opéra National de Paris, Palais du Luxembourg, Palais Royal, Panthéon, Place de la Concorde, Place d'Étoile, Pont Neuf, Sacré Cœur, Saint-Denis, Saint-Eustache, Sainte-Chapelle, Saint-Sulpice, Sorbonne, Versailles

Der Platz vor dem Louvre wird seit den 1980er-Jahren von einer gläsernen Pyramide geschmückt.

schen Extravaganzen fast die gesamte Staatskasse leer, brachte Frankreich an den Rand des Bankrott – so sagt man. Doch Finanzminister Colbert hatte alles im Griff. Wo es nur ging, wurden die Aufträge öffentlich ausgeschrieben und Kostenvoranschläge strikt eingehalten. Auch wurden in Friedenszeiten Soldaten zu den Arbeiten herangezogen. Grob geschätzt und nach oben gerundet, gab Colbert etwa 100 Millionen Euro für den Bau aus, drei Prozent der damaligen Staatsausgaben. Nimmt man den heutigen Haushalt Frankreichs als Maßstab her, hat das Gebäude allerdings relative Kosten in Höhe von unglaublichen 259,56 Milliarden Euro verursacht.

Vive la Révolution. Die Verschwendung und die Ausschweifungen der französischen Könige ließen am 14. Juli 1789 schließlich das Fass überlaufen. Das Volk von Paris stürmte die Bastille, das Staatsgefängnis für politische Häftlinge. Die Revolution begann und nahm ihren Lauf. Und die Revolution fraß schon bald ihre eigenen Kinder. Paris versank im Chaos. Die hehren Ziele der frühen Phasen der Revolution wurden rasch von einer Schreckensherrschaft mit über 17000 Enthauptungen abgelöst – später rollten auch die Köpfe der einstigen Revolutionsführer. Das Ende kam in Gestalt eines jungen korsischen Generals mit Namen Napoléon Bonaparte. Er nahm 1799 das Heft in die Hand und brachte Ruhe in die von Unruhen gebeutelte Hauptstadt. Sein Vermächtnis an das moderne Frankreich beinhaltet das Zivilgesetzbuch, den Code Napoléon, und Monumente wie den gewaltigen klassizistischen Triumphbogen.

Einstmals als Königspalast Mitte des 16. Jahrhunderts errichtet, wurde der Louvre während der Revolution einer neuen Bestimmung zugeführt. Im Jahr 1793 wurde er erstmalig als Museum genutzt. In den 1980er-Jahren wurde der Louvre mit einer rund 21 Meter hohen Glaspyramide versehen. Anfänglich als Flop verurteilt, hat das moderne Design – angeregt von Staatspräsident François Mitterrand – inzwischen unter denjenigen Akzeptanz gefunden, die Althergebrachtes doch eher langweilig finden. Menschenmassen drängen und schieben sich heute durch die mit zahlreichen Gemälden, Skulpturen und Antiquitäten gefüllten Räume. Auch die „Mona Lisa", die „Venus von Milo" und die „Nike von Samothrake" befinden sich im Louvre. Und zuletzt löste zudem Dan Browns Roman „Sakrileg" den Ansturm vieler Neugieriger in das Museum aus.

BERÜHMTE PERSONEN

✻ Charles Aznavour
(geb. 1924), Chansonnier und Schauspieler

✻ Brigitte Bardot
(geb. 1934), Schauspielerin und Umweltaktivistin

✻ Cyrano de Bergerac
(1619–1655), Schriftsteller

✻ Jacques Chirac
(geb. 1932), Politiker

✻ Alexandre Dumas d. J.
(1824–1895), Schriftsteller

✻ Molière
(1622–1673), Komödiendichter

✻ Edith Piaf
(1915–1963), Chansonsängerin

✻ Voltaire
(1694–1778), Schriftsteller und Philosoph der Aufklärung

✻ Émile Zola
(1840–1902), Schriftsteller

Er ist und bleibt das Wahrzeichen der Stadt: der Eiffelturm.

„Ein kleines Präsent“. 1885 schenkte die noch junge dritte Französische Republik (seit 1872) den Vereinigten Staaten von Amerika die Freiheitsstatue. Dieser symbolische Akt festigte die Republik, die von vielen republikfeindlichen Bürgern noch als Übergangslösung betrachtet wurde. Die Statue wurde von Frédéric Bartholdi entworfen. Und einmal mehr war es Gustave Eiffel, der sein Know-how einbracht: er konzipierte das massive Eisenskelett, das die bekannte Kupferstatue von innen stützt. Sie wurde im Juli 1884 in Frankreich fertig gestellt. Bartholdi baute die Statue daraufhin mit temporären Nieten in den kupfernen Platten probeweise in Paris zusammen. Anschließend wurde die Statue für den Transport in 350 Einzelteile zerlegt und in 214 Kisten verpackt. Sie erreichte den New Yorker Hafen am 17. Juni 1885 an Bord der französischen Fregatte Isère. Im Jardin du Luxembourg – einem der bekanntesten städtischen Parks im Quartier Latin, der 1612 angelegt wurde – kann man heute das ursprüngliche, nur zwei Meter hohe Original der Lady Liberty bewundern.

Shopping macht Laune. Das Paris von heute ist ein wahres Shopping-Mekka. Besonders die Damenwelt kommt angesichts der zahllosen Möglichkeiten ins Schwärmen. Edles Schuhwerk, elegante und auch ausgeflippte Kleider, Designer-Outfits, Haute Couture, allenfalls London hat noch Ähnliches zu bieten. So kommt man bei einem gemütlichen Einkaufsbummel in Paris um den Konsumtempel der Galeries Lafayette am Boulevard Hausmann nicht herum. Und andere Shopping-Paradiese findet man in den zahlreichen Nebenstraßen des Prachtboulevards Champs-Élysées. Die Boutiquen in Paris gehören zu den besten auf der Welt, schließlich ist Paris nicht nur die Stadt der Liebe, sondern auch der Mode.

Oben: Das Palais Luxembourg liegt im gleichnamigen Park.

Links: Mit dem Versailles schuf sich der Sonnenkönig Louis XIV. ein Denkmal für die Ewigkeit.

ÖSTERREICH

Wien

WIEN IST EINE PULSIERENDE, MODERNE GROSSSTADT MITTEN IM HERZEN EUROPAS, ABER AUCH EINE STADT MIT GESCHICHTSTRÄCHTIGEN VIERTELN, HÜBSCHEN GÄSSCHEN, PLÄTZEN UND ROMANTISCHEN HINTERHÖFEN.

Wien bedeutet ferner Weinseligkeit, Kaffeehauskultur und Stadt der Musik. Wo sonst kann man seine Tage damit zubringen, einfach nur im Kaffeehaus zu sitzen, Zeitung zu lesen und hin und wieder einen Schluck von einer Wiener Melange, einem Viertel Wein oder einem Seidel Bier zu schlürfen und dem Zitherspieler in der Ecke zuzuhören, der gerade die Titelmelodie aus „Der dritte Mann" spielt.

Wo der Wildbach rauscht. Im Zuge der germanischen Völkerwanderung im 4. und 5. Jahrhundert wurde die römische Gründung Vindobona, die seit 15 n. Chr. existierte, beinahe gänzlich zerstört, nur eine kleine Siedlung blieb übrig. Entstanden war dieser Ort aus der keltischen Stadt Vedunia – dem „Wildbach". Mit der Gründung der Markgrafschaft Ostarrichi unter den Babenbergern trat Wien im Jahr 976 aus dem Schatten des Vergessens wieder ins Licht.

Zweifelhaften Ruhm soll Wien gegen Ende des 12. Jahrhunderts errungen haben: mit der Beihilfe an der Entführung des englischen Königs Richard Löwenherz durch Markgraf Leopold V. Die beiden Adeligen sollen sich während des Dritten Kreuzzugs bis aufs Blut zerstritten haben. Auf der Heimreise nach England 1192 musste der König aufgrund widriger Umstände in Wien Station machen, wo er prompt erkannt

FAKTEN

*** Einwohner in Wien:** ca. 1,63 Mio.

*** Einwohner in der Agglomeration:** ca. 1,87 Mio.

*** Sehenswürdigkeiten:** Burgtheater, Gasometer, Hofburg, Hundertwasserhaus, Millennium Tower, Museumsquartier, Palais Liechtenstein, Staatsoper, Stephansdom, Theater an der Wien, Theater in der Josefstadt, Volksoper, Wiener Hochquellenwasserleitung, Wotrubakirche

BERÜHMTE PERSONEN

*** Friedensreich Hundertwasser** (1928–2000), Maler und Architekt

*** Bruno Kreisky** (1911–1990), Politiker

*** Niki Lauda** (geb. 1949), Autorennfahrer

*** Johann Nestroy** (1801–1862), Dramatiker und Satiriker

*** Romy Schneider** (1938–1982), Schauspielerin

*** Franz Vranitzky** (geb. 1937), Politiker

Das größte Wahrzeichen Wiens: der imposante Stephansdom.

und im Vorort Erdberg (gehört heute zu Wien-Landstraße) verhaftet wurde. Man schätzt das angeblich bezahlte Lösegeld auf etwa 25 Tonnen Silber, eine enorme Summe für die damalige Zeit. Dieses dreiste Stück soll den Wienern eine Münzprägestätte eingebracht haben – immerhin mit Zustimmung des Kaisers des Heiligen Römischen Reiches.

Im Schatten des Stephansdomes. Die erste „Version" des Doms wurde im Jahr 1147 fertig gestellt und war eigentlich viel zu groß für Wien, das erst acht Jahre später Hauptstadt des Herzogtums Österreich wurde. Rund 100 Jahre später entstand dann ein weiterer spätromanischer Bau, von dem das Westwerk mit den beiden Heidentürmen noch erhalten ist. Zwischen 1304 und 1340 wurde ein vergrößerter Chor (Albertinischer Chor) gebaut, nunmehr schon im gotischen Stil, und 1359 legte Rudolf IV. den Grundstein für den gotischen Neubau des Langhauses (bis 1474). Weil es dem Herzog nicht gelang, Wien zum Bischofssitz zu erheben – dies geschah erst 1469 –, ließ er ein von Passau unabhängiges Domkapitel einrichten. Auch nach der Erhebung zur Kathedrale 1469 wurde immer wieder Hand an das größte Wahrzeichen Wiens gelegt – man ging mit der Zeit und verpasste dem Stephansdom immer wieder einen neuen Außen- und Innenanstrich, je nach Modeerscheinung.

Bauboom im Barock. Im 16. Jahrhundert lag das Hauptaugenmerk auf den Befestigungsanlagen der Stadt, die 1529 von den Türken belagert worden war. Diese Arbeiten zogen sich lange hin – doch nicht ganz bis 1684, als die Türken wiederkamen. Diese mussten erneut unverrichteter Dinge abziehen, doch an der Stadt blieben Schäden zurück. Im Zuge des Wiederaufbaus wurde Wien weitgehend barockisiert. Die herausragenden Bauwerke dieser Epoche sind Schloss Schönbrunn, die Palais Liechtenstein, Schönborn und Schwarzenberg sowie vor allem Schloss Belvedere.

Oben: Der Prater mit dem Riesenrad, Naherholungszentrum der Wiener.

Links: Das Wiener Rathaus wurde 1883 nach Plänen von Friedrich von Schmidt fertiggestellt.

SLOWAKEI

Bratislava

UNTER DEN DONAUMETROPOLEN IST SIE EINE DER KLEINSTEN, UND DENNOCH HAT SIE IN DER EUROPÄISCHEN GESCHICHTE IHRE ROLLE BRAVOURÖS GESPIELT: BRATISLAVA, DAS EHEMALIGE DEUTSCHE PRESSBURG.

Die Hauptstadt der Slowakei liegt auf halbem Weg zwischen ihren großen Schwestern Wien und Budapest. Bratislava war immer schon ein Schmelztiegel der Völker und der Kulturen im pannonischen Raum. Anscheinend sprach man hier morgens mit den Arbeitern und den Dienstboten slowakisch, mittags mit den Geschäftsleuten aus Ungarn ungarisch und abends bei einem Besuch in Wien deutsch. Nach dem Ende des Sozialismus und der staatlichen Eigenständigkeit der Slowakei 1993 wurden in der Hauptstadt sehr schnell alte Wunden geschlossen. Die Altstadt ist nahezu vollständig saniert worden.

Die ersten Siedler am slowakischen Donaustrand, die eine befestigte Stadt erbauten, waren um 125 v. Chr. einmal mehr die Kelten, die jedoch nicht lange Freude an der malerischen und ansonsten ruhigen Gegend hatten, denn die Römer machten ihnen das Leben recht schwer. Kurzum, die Kelten zogen es vor, das Weite zu suchen. Eine halbes Jahrtausend lang machten es sich die Römer hier gemütlich, ehe auch sie von den aus Osten kommenden Hunnen, Slawen und Awaren verdrängt wurden. Die jedoch konnten sich nicht einigen, wer von ihnen der Stärkere war. Schließlich waren es die Ungarn, die Österreicher und die Mähren, die Bratislava zu dem machten, was es heute ist: eine respektable Hauptstadt.

Der Marktplatz von Bratislava ist – sofern nicht gerade Markttag ist – ein eher beschaulicher Platz zum Verweilen.

FAKTEN

✱ **Offiziell bis 1919:** Presporek

✱ **Name in Deutsch:** Pressburg

✱ **Einwohner in Bratislava:** ca. 425 150

✱ **Sehenswürdigkeiten:** Altes Rathaus, Franziskanerkirche, Hrad, Martinsdom, Michaelertor, Nationalgalerie, Palais Grassalkovich, Philharmonie, Primatialpalais

BERÜHMTE PERSONEN

✱ **Alexander Dubček** (1921–1992), Politiker

✱ **Johann Nepomuk Hummel** (1778–1837), Komponist

✱ **Hugo Portisch** (geb. 1927), österreichischer Journalist

Ein Besuch im Kaffeehaus. Die slowakische Hauptstadt bietet dem Besucher eine ganze Menge an Sehenswürdigkeiten. Die schöne Altstadt, hier liegen die meisten historischen Baudenkmäler dicht gedrängt beieinander, sollte man sich dabei keinesfalls entgehen lassen. Die Altstadt ist fast eine einzige Fußgängerzone, und wie in k.u.k. Städten üblich, so gibt es auch hier jede Menge Cafés – Kaffeehauskultur in reinster Form mit köstlichen Mehlspeisen und Torten. Das Haus Mayer am Hauptplatz wirbt noch heute mit dem Slogan „k.u.k. Hoflieferant" – und was einem vorgesetzt wird, genügt höchsten Ansprüchen. Der Platz mit Rolandstatue und -brunnen sowie dem Alten Rathaus (heute das Stadtmuseum) ist das Zentrum der Stadt – und das nicht nur für Touristen. Das Rathaus ist eines der ältesten aus Stein errichteten Gebäude der Stadt und damit der Slowakei.

Der Palast der Erzbischöfe. Verlässt man das Rathaus via Hinterausgang, steht man unvermittelt vor dem prächtigen klassizistischen Primatialpalais, der ehemaligen Residenz der Erzbischöfe von Pressburg. Schon früher (seit 1370) stand an dieser Stelle die Bischofsresidenz. Die Form wechselte mit den Stilepochen, und von 1778 bis 1781 durfte sich Melchior Hefele an dem Meisterwerk der Baukunst versuchen. An das Palais dürfte Österreichs Hochadel lange Jahre mit Schrecken zurückgedacht haben, denn hier wurde im Jahr 1805, nach der Schlacht von Austerlitz, der schmachvolle Pressburger Frieden unterschrieben, in dem Österreich Dalmatien und sein heiß geliebtes Tirol verlor.

Blick von oben auf die Stadt. Das Wahrzeichen Bratislavas liegt auf einem Berg und ist – wie könnte es anders in Mitteleuropa sein – eine Burg, genannt der „Hrad"; fast wie in Prag der Hradschin. Lange war sie Sitz von Königen, heute ist sie die Heimat des Slowakischen Nationalmuseums. Schaut man vom Hrad aus auf Bratislava, sieht man die Türme der zahlreichen Kirchen. Das wichtigste Sakralgebäude ist hier wohl der Martinsdom: In ihm wurden von 1563 bis 1830 die ungarischen Könige und Königinnen gekrönt, darunter auch Maria Theresia. Der 85 Meter hohe Domturm entstand zur gleichen Zeit wie die drei Kirchenschiffe, und als ein Bestandteil der Stadtbefestigung diente er zur Stadtverteidigung. An den Dom wurden Kapellen anderer Heiliger angebaut: Diese sind der heiligen Anna, der heiligen Sophie und dem heiligen Johannes geweiht.

Mitte: Der Eingang zum Primatialpalais.

Unten: Er ist das größte sakrale Bauwerk Bratislavas: der Martinsdom.

DEUTSCHLAND

München

MÜNCHEN IST EINE STADT VOLLER BESCHAULICHER BIERGÄRTEN, GROSSARTIGER PARKS UND STUCKVERZIERTER GEBÄUDE. IN KEINER ANDEREN DEUTSCHEN GROSSSTADT PRALLEN TRADITION UND MODERNE SO DEUTLICH AUFEINANDER WIE HIER.

Der dörfliche Charme so mancher Stadtteile Münchens wechselt sich ab mit der Hektik des Großstadtlebens, wie sie etwa am Marienplatz oder auf der Maximilianstraße spürbar ist. Die Stadt an der Isar präsentiert dem Besucher eine überwältigende Vielfalt an historischer Bausubstanz und ist trotz oder gerade wegen der allgegenwärtigen Geschichte zu einem der bedeutendsten Medien- und Wirtschaftsstandorte Deutschlands geworden. Der augenscheinliche Gegensatz Laptop und Lederhosen ist in München nicht nur eine Marketingphrase, sondern gelebte Wirklichkeit.

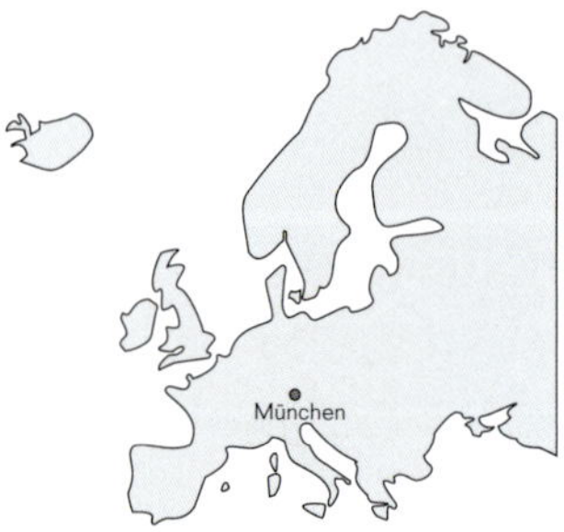

Vom Petersbergl nach München. Am Petersbergl gab es bereits im 8. Jahrhundert eine Niederlassung von Mönchen aus dem Kloster Tegernsee. Unter der heutigen Pfarrkirche St. Peter liegt ein gewölbter Raum, den Fachleute in die Zeit des beginnenden Mittelalters datieren. Hier sind die Ursprünge Münchens zu finden. Rund um die Peterskirche ließ im 12. Jahrhundert Heinrich der Löwe (Herzog von Sachsen und Bayern) München erbauen, das unter dem mächtigen Welfenherzog schnell zur Stadt aufstieg. 1255 wurde München zur Residenz bayerischer Herzöge und 1506 Hauptstadt Bayerns.

Die zweite Arena des FC Bayern. So wie München das Herz Bayerns ist, so gilt dies in der Stadt

Rechts: In Schloss Nymphenburg residierten die bayerischen Fürsten und Könige

Unten: In der Allianz-Arena kickt der FC Bayern München.

sicherlich für den Marienplatz, den bekanntesten und belebtesten Platz der Stadt. An der Nordseite des Platzes befindet sich das Neue Rathaus, auf seiner Ostseite das Alte Rathaus. Nur wenige Schritte davon entfernt liegt die Peterskirche, die älteste Kirche der Altstadt. Und der deutsche Fußballrekordmeister FC Bayern München feiert schon seit Jahren seine Meistertitel hier auf dem Marienplatz vor und mit tausenden begeisterter Fußballfans.

Wer München hört, der denkt wohl unweigerlich an das Oktoberfest, das Hofbräuhaus, die zahlreichen schattigen Biergärten und Menschen in Lederhosen und Dirndl. Aber München ist vor allen Dingen eine der wichtigsten deutschen Verlags- und Fernsehstädte. Viele Verlage, Sender, TV- und Filmproduktionsfirmen sowie Musikstudios haben ihre Zentralen in der Medienstadt München – und noch mehr Schauspieler, Fernsehschaffende, Künstler und Prominente leben in der Isarmetropole.

Sommerresidenz der bayerischen Monarchen. Wie die Prominenz heute, so residierten einst die bayerischen Herzöge, Kurfürsten und Könige in München. Daher hat die Stadt auch auf dem Sektor Kultur sehr viel zu bieten. Nicht, dass die Münchner Biergarten- und TV-Kultur nichts mit Kultur zu tun hätte. Der Besucher weiß aber so gar nicht recht, welche der vielen Sehenswürdigkeiten der Stadt er zuerst bestaunen soll. München ist voll davon. Einer der Glanzpunkte ist mit Sicherheit Schloss Nymphenburg mit dem gleichnamigen Park. Einst war es die Sommerresidenz der bayerischen Herrscher, und heute gehört es mit seiner kunstvollen Inneneinrichtung und der viel bewunderten Schönheitsgalerie König Ludwigs I. zu den meistbesuchten Sehenswürdigkeiten in Bayern.

Münchens Wahrzeichen. Jeweils 99 Meter (plus/minus zwölf Zentimeter) hoch sind die beiden Türme von Münchens bekanntestem Wahrzeichen, dem Dom zu Unserer Lieben Frau oder einfach kurz der Frauenkirche. Ihre Grundsteinlegung war am 9. Februar 1468 durch Herzog Sigismund erfolgt. Die Frauenkirche ist heute die Kathedralkirche des Erzbischofs von München und Freising. Da die Stadtverwaltung im Stadtzentrum innerhalb des Mittleren Rings keine Gebäude mit einer Höhe von mehr als 100 Meter erlaubt, und auch außerhalb dieses Rings seit November 2004 vorläufig keine höheren Gebäude im Stadtgebiet mehr gebaut werden dürfen, sind die Türme weithin sichtbar. Es kann nur der Südturm bestiegen werden, aber er bietet einen einmaligen Blick auf die bayerische Landeshauptstadt München und die greifbar scheinenden Alpen.

FAKTEN

* **Einwohner in München:** ca. 1,28 Mio.
* **Einwohner in der Agglomeration:** ca. 2,6 Mio.
* **Sehenswürdigkeiten:** Allianz Arena, Alte Pinakothek, Bayerische Staatsoper, Deutsches Museum, Englischer Garten, Feldherrnhalle, Frauenkirche, Friedensengel, Heiliggeistkirche, Hofgarten, Lenbachhaus, Michaelskirche, Münchner Residenz, Neue Pinakothek, Pfarrkirche Pinakothek der Moderne, Prinzregententheater, Schloss Nymphenburg, Theater am Gärtnerplatz, Theatinerkirche, Tierpark Hellabrunn, Viktualienmarkt

BERÜHMTE PERSONEN

* **Franz Beckenbauer** (geb. 1945), Ex-Fußballspieler („Der Kaiser")
* **Maximilian Josef Montgelas** (1759–1838), Minister
* **Franz-Josef Strauß** (1915–1988), Politiker

UNGARN

Budapest

IN BUDAPEST POCHT DAS HERZ UNGARNS. PRACHTBAUTEN AUS DER ZEIT DER WENDE VOM 19. INS 20. JAHRHUNDERT, TÜRKISCHE BADEANLAGEN UND KURBÄDER SOWIE LUXUSHOTELS IM JUGENDSTIL WARTEN AUF WIEDERENTDECKUNG.

Budapest ist wohl eine der am schönsten gelegenen Hauptstädte der Welt – so die Ungarn über ihre Hauptstadt. Der Himmel über der schier unendlichen Weite der Puszta, die malerischen Ufer der mächtigen Donau, die sich wie ein silberner Faden durch die Stadt zieht und sie in das bergige, verträumte Buda und das flache, großstädtische Pest teilt, die Kulisse der Burg auf den Hügeln der Westseite.

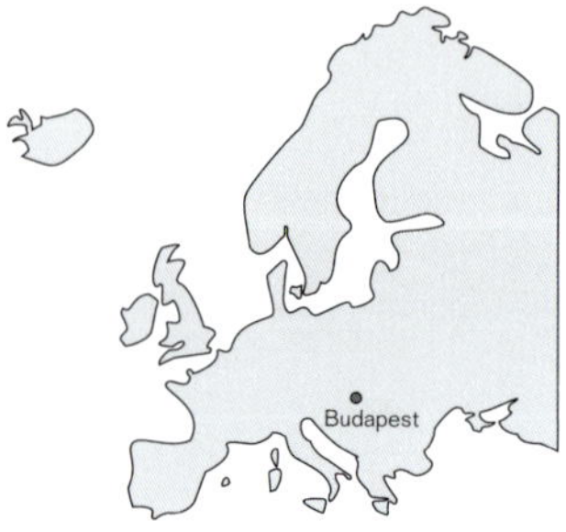

Zwei Städte – Handel und Politik. Die erste Stadt auf Budapester Boden war die Römerstadt Aquincum aus dem 1. Jahrhundert unserer Zeitrechnung. Spuren der Provinzhauptstadt lassen sich noch heute in Óbuda finden. Nach dem Niedergang des römischen Reiches im 4. Jahrhundert verließen auch die meisten Bewohner die Stadt – Aquincum verwaiste. Um 896 siedelten sich in der Region um Óbuda die ersten Magyaren an: Pest und Buda entstanden. Am Knoten vieler Verkehrswege sehr günstig gelegen, gewann dabei Pest immer mehr an wirtschaftlicher Bedeutung, während Buda jenseits der Donau zum politischen und Kirchenzentrum wurde. 1241 wurde auf dem Budaer Berg die Königsburg von Béla IV. erbaut, die heute – dank Kaiserin Maria Theresia – als Barockschloss über der Stadt thront. 1361 wurde Buda dann zur ständigen Residenz des ungarischen Königreiches (bis 1536).

FAKTEN

*** Einwohner in Budapest:** ca. 1,7 Mio.

*** Sehenswürdigkeiten:** Aquincum, Budaer Burgviertel, Corvinus-Universität, Fischerbastei, Gellértberg, Heldenplatz, Kettenbrücke, Königliche Burg, Matthiaskirche, Margaretenbrücke, Nationalgalerie, Parlament, Sándor-Palais

BERÜHMTE PERSONEN

*** Paul Almásy** (1906–2003), Fotograf

*** Theodor Herzl** (1806–1904), Schriftsteller, Publizist, Journalist

*** Ephraim Kishon** (1924–2005), israelischer Satiriker, Journalist und Regisseur

*** André Kostolany** (1906–1999), Finanzexperte, Journalist und Schriftsteller

Auf dem Pester Ufer, jenseits der Freiheitsbrücke, steht das Gellert-Hotel, das eines der schönsten Hallenbäder der Stadt beherbergt.

Türkische Bäder. Im 15. und 16. Jahrhundert eroberten die Osmanen große Teile Ungarns. Buda wurde nach 1541 Sitz des türkischen Statthalters, während Pest an Bedeutung verlor. Die neuen islamischen Herren ließen die Kirchen zu Moscheen umgestalten, errichteten zahlreiche türkische Bäder. Noch heute besitzt Budapest türkische Bäderkultur, wie das Király-Bad, das Rác-Bad und das Rudasch-Bad.

Aufschwung unter der k.u.k. Monarchie. Am Ende des 17. Jahrhunderts erobern die Habsburger Ungarn zurück. Für die Einwohner von Buda und Pest änderte sich zunächst nichts. Als Pest allerdings 1723 wieder Sitz der Verwaltung wurde, begann eine rasante Stadtentwicklung. Die Einheitsgemeinde Budapest entstand 1872 durch die Zusammenlegung der zuvor selbstständigen Städte Buda, Pest und Óbuda. Zunächst sprach man von Pest-Buda. In dieser Zeit entstand die Budapester U-Bahn – und es wurden die Kanalisation, Beleuchtung, Brücken und Pferdewege eingerichtet. Die Stadt erlebte einen unvergleichlichen Bauboom. Nach dem Ersten Weltkrieg wurde Budapest Hauptstadt des selbstständigen Königreichs Ungarn.

Zerstörung. Nach dem Zweiten Weltkrieg musste die Innenstadt von Budapest fast komplett neu aufgebaut werden. Die Belagerung durch die Sowjetarmee und die Häuserkämpfe hatten viel zerstört. Mehr als 102 Tage hatten die sowjetischen Truppen versucht, die Stadt einzunehmen, doch die deutschen und ungarischen Truppen verteidigten ihre Stellungen auf Kosten der Zerstörung der ungarischen Hauptstadt – und sie sprengten dabei auch sämtliche Donaubrücken.

Budapest ist heute eine westlich orientierte Metropole, die scharenweise Touristen anlockt – und das mit viel Charme. Einer der schönsten Aussichtsplätze über die Stadt ist sicher die Fischerbastei inmitten des Budaviertels, wo auch die historische Altstadt mit der Matthiaskirche liegt.

Oben: Die Kettenbrücke über die Donau.

Links: Wer vom Budaer Ufer über die Donau blickt, dem sticht das gotische Parlamentsgebäude ins Auge.

SCHWEIZ

Zürich

UMRAHMT VON DEN SCHWEIZER ALPEN LIEGT AM ZÜRICHSEE EINE DER SCHÖNSTEN STÄDTE MITTELEUROPAS. ZÜRICH IST EINES DER GRÖSSTEN BANKENZENTREN DER WELT, WO MILLIARDENSUMMEN PER MAUSKLICK IN ALLE RICHTUNGEN BEWEGT WERDEN.

Dennoch ist Zürich keine Stadt nur für Banker und Finanzjongleure. Es ist eine lebendige, tolerante, sehr weltoffene und multikulturelle Stadt. Ihr Herz schlägt in der Altstadt an der Limmat zwischen dem Ende des Zürichsees und dem Centralplatz. Hier befindet sich auch die weltberühmte Bahnhofstraße, die mondäne Banken- und Shoppingmeile Zürichs – sie wird gerne auch als das „Schaufenster der Schweiz" tituliert.

Die Spuren der Römer. Ein Grabstein aus dem 2. nachchristlichen Jahrhundert, gefunden wurde er beim Lindenhof, ist der älteste schriftliche Nachweis für die frühe Besiedlung der Stadt. Die römische Zollstation Turicum, die wahrscheinlich auf einer keltisch-helvetischen Siedlung errichtet wurde, ist somit die älteste belegbare Siedlung auf Zürcher Boden. Der Name hingegen scheint auf die Vorgänger der Römer – eben die Helvetier – zurückzuführen sein. Erst im 9. Jahrhundert tauchte erstmals der Name Zürich – die eingedeutschte Form des lateinischen Namens – in einem Schriftstück auf.

Der Lindenhof. Der Ort, auf dem einst das antike Turicum stand, ist der Lindenhof, ein Hügel auf einer Insel zwischen den Flüssen Sihl und Limmat bzw. dem Zürichsee. Die erhöhte Anlage im Stadtzentrum birgt Reste der römischen Zollstation sowie eines spätrömi-

Das Schweizerische Landesmuseum beherbergt die größte kulturgeschichtliche Sammlung der Schweiz.

FAKTEN

* Einwohner in Zürich: ca. 366800

* Einwohner in der Agglomeration: ca. 1,1 Mio.

* Sehenswürdigkeiten: Augustinerkirche, Belvoir-Park, Fraumünster, Großmünster, Hardturm, Liebfrauenkirche, Museum Bellerive, Paradeplatz, Pestalozzi-Denkmal, Predigerkirche, Schweizerisches Landesmuseum, Sechseläutenwiese, St. Peterskirche, Tonhalle Zürich, Wasserkirche

BERÜHMTE PERSONEN

* **Max Bircher-Benner** (1867–1939), Naturheilkundler, Erfinder des „Bircher-Müesli"

* **Johann Heinrich Pestalozzi** (1746–1827), Pädagoge

* **Johanna Spyri** (1827–1901), Schriftstellerin („Heidi")

* **Huldrych Zwingli** (1484–1531), Reformator

schen Kastells. Heute ist dieser einst betriebsame Ort des Handels zwischen Germanien und Rom eine Oase der Ruhe und Erholung inmitten der Stadt. Hier treffen sich vor allem Schachspieler. Großartig ist der herrliche Ausblick über die Altstadt und die unterhalb vorbeifließende Limmat.

Und natürlich Schokolade! Gegenüber am anderen Limmatufer liegt der Paradeplatz mit der weltberühmten Confiserie Sprüngli (gegr. 1836). Seit 1859 kann man hier Schokolade vom Feinsten kaufen und genießen. Noch heute gilt die Confiserie als eine der besten in der gesamten Schweiz. Hier gibt es alles, was des Feinschmeckers Herz begehrt: Pralinen, Trüffel und noch vieles mehr.

Übrigens: In der Schweizer Version von Monopoly ist der Paradeplatz die teuerste Straße. Im 17. Jahrhundert hingegen wurden hier – am einstmals als „Säumarkt" bezeichneten Platz – Schweine und Rinder verkauft. Erst um 1870 erhielt der Platz seinen noch heute gültigen Namen.

Für dicke Portmonees. Der Paradeplatz liegt ziemlich genau in der Mitte von Zürichs Shoppingmeile: der Bahnhofstraße. Mit 1,4 Kilometern Länge führt sie vom Hauptbahnhof bis hinunter zum Zürichsee. Es ist nicht schwer, hier innerhalb kürzester Zeit ein kleines – oder auch ein großes – Vermögen loszuwerden. Und auch wer hier ein Büro mieten oder ein Haus kaufen will, muss schon so einiges auf dem – natürlich Zürcher – Bankkonto liegen haben. Die sagenhafte Bankenmeile hat mit die teuersten Mieten und Grundstückspreise weltweit. Der Hauptbahnhof von Zürich, am Centralplatz am Nordende der Bahnhofstraße gelegen, wurde 1871 eingeweiht. Es ist ein wunderschöner Bau mit interessanten architektonischen Elementen. Unter dem Bahnhof befindet sich eine weitere weitläufige Shopping-Mall.

Die Zürcher Altstadt. Die meisten Sehenswürdigkeiten Zürichs, die eleganten Geschäfte der Bahnhofstraße sowie die Kirchen und Bürgerhäuser der Altstadt, liegen fast alle dicht gedrängt, an beiden Seiten der Limmat, zwischen dem Hauptbahnhof und dem Zürichsee. Das barocke Rathaus und die eindrucksvollsten Kirchen Zürichs, das Großmünster und das Fraumünster sowie die älteste Kirche der Stadt, die St. Peterskirche mit dem größten Zifferblatt in Europa, liegen alle in unmittelbarer Umgebung der Limmatmündung in den See.

Mitte: Am linken Limmatufer erheben sich das Fraumünster und die St. Peterskirche.

Unten: Die Löwenskulptur wacht vor dem Eingang zur Zürcher Börse.

ITALIEN

Venedig

FRÜH AM MORGEN TANZEN DIE GONDELN AN HOLZPFÄHLEN IM CANAL GRANDE. UM DIESE ZEIT, WENN DIE TOURISTEN NOCH FEST SCHLAFEN, HAT MAN VENEDIG GANZ FÜR SICH. MORGENS UND SPÄTABENDS IST DIE LAGUNENSTADT EIN ORT DER STILLE.

Rund zehn Millionen Besucher reisen jedes Jahr hierher an die Adria. Auf der UNESCO-Liste der schützenswerten Kulturdenkmäler Europas liegt Venedig auf Platz eins. Das historische Zentrum verteilt sich auf mehrere Inseln mitten in der Lagune. Wie viele Inseln sind es? Ganz genau wissen es wohl nur die Geografen: Die Quellen sprechen von 118 Inseln – verbunden durch mehr als 400 Brücken; 177 Kanäle durchziehen die Stadt.

Flucht in die Lagune. Das heutige Venedig entstand ab 453, als die Bewohner der Region, die Veneter, vor den Hunnen und später den Langobarden auf die Sandbänke und Inseln der Lagune flüchteten. Die größte Insel war Rialto, außen herum lagen Luprio, Gemine, Mendicola, Ombriola, Olivolo und Spinalunga. Aufgrund von Platzmangel wurde schließlich auch ins Wasser hinaus gebaut. Dichte Reihen von Pfahlrosten aus Ulmen und Lärchenstämmen wurden in den sumpfigen Untergrund gerammt, wobei im Lauf der Zeit diese Technik immer weiter verfeinert wurde.

Drehscheibe des europäischen Großhandels. Venedig war anfangs dem byzantinischen Reich unter dem Exarchen von Ravenna unterstellt, eine Tatsache, die sich bis zu der Eroberung von Konstantinopel im Jahr 1456 offiziell nie änderte. De facto allerdings agierte Venedig schon seit dem 9. Jahrhundert als eine

Rechts: San Giorgio Maggiore liegt auf einer Insel vor Venedig.

Unten: Die Hauptwasserverkehrsader Venedigs: der Canal Grande, im Hintergrund die Rialto-Brücke.

eigenständige Republik, als 811 der Dogensitz auf die Insel Rialto verlegt wurde. Damit begann der Aufstieg der Lagunenstadt zu einer der führenden Wirtschaftsmächte des Mittelmeerraumes.

Der Wind dreht sich. Der Streit mit den anderen Nationen und Mächten war damit vorprogrammiert, allen voran mit den oberitalienischen Städten und dabei zuallererst mit der aufstrebenden Republik Genua. Im 15. und 16. Jahrhundert stieß Venedig überall auf Widerstand. Konstantinopel wurde im Jahr 1453 von den Osmanen erobert. Somit wehte nun in der Ägäis, einem der liebsten Spielplätze der venezianischen Dogen, ein anderer, ein schärferer Wind. Im folgenden Jahrhundert wagten sich schließlich auch die iberischen Staaten, England und die Niederlande auf und über das Meer, die Konkurrenz wurde nun zunehmend größer für die Seemacht Venedig. Der Handel verlagerte sich immer mehr vom Mittelmeer fort auf die Weltmeere und Venedigs Profite wurden geringer.

Doch nur eine Stadt voller Räuber? Im Namen ihrer blühenden Stadt hatten ihre Einwohner in all den Jahrhunderten nicht nur ehrbare Geschäfte im Sinn gehabt. Wo es notwendig – also Profit möglich – war, da griffen sie gern auch einmal zu den Waffen. So raubten venezianische Kaufleute – immerhin in gut katholischer Glaubenseiferei – die Gebeine des heiligen Markus aus Alexandria und schmuggelten sie nach Venedig, wo mit dem Bau einer Kirche begonnen wurde: San Marco. Und Enrico Dandolo? Der 95-jährige Doge war 1201 ausgezogen, um die „Heidnischen Araber“ aus Jerusalem zu vertreiben. Doch stattdessen plünderte das Kreuzfahrerheer 1204 Konstantinopel. Ohne Skrupel töteten katholische Christen orthodoxe Christen, um an fette Beute zu gelangen. Doch es machte aus der Großmacht Venedig eine Weltmacht – eine unermesslich reiche Weltmacht.

Ein Ende mit Schreibfehler. Am 14. Mai 1797 endete die stolze Geschichte der „Allererlauchtesten Republik“, genannt „La Serenissima“ – Napoleons Truppen marschierten in Venedig ein. Doch die Stadt sollte nicht lange französische Besitzung bleiben. Im Frieden von Campo Formio trat Frankreich dann ganz Venetien und Friaul an Österreich ab. Interessant ist vielleicht, dass es sich hier um einen Schreibfehler handelt, der letztlich in die Geschichte eingegangen ist, denn der Ort und das umliegende Feld heißt in Wirklichkeit Campoformido. Auf die Gültigkeit des dort geschlossenen Vertrages hatte dies bis heute wohl keinerlei Einfluss.

FAKTEN

*** Name in der Landessprache (Italienisch):**
Venezia

*** Einwohner in Venedig:**
ca. 280 000

*** Sehenswürdigkeiten:**
Ca' d'Oro, Ca' Foscari, Farsetti, Loredan, Palazzo Corner Spinelli, Palazzo dei Camerlenghi, Palazzo Ducale, Palazzo Grassi, Residenz des Patriarchen, Rialtobrücke, San Giorgio Maggiore, San Marco, Santa Maria della Salute

BERÜHMTE PERSONEN

*** Giovanni Bellini**
(1430–1516), Maler

*** Giacomo Casanova**
(1725–1798), Reisender, Gelehrter, Schriftsteller und Liebhaber

*** Carlo Goldoni**
(1707–1793), Komödiendichter

*** Antonio Vivaldi**
(1678–1741), Komponist

SERBIEN

Belgrad

BELGRAD IST EINE DER ÄLTESTEN STÄDTE EUROPAS. DIE STADT AN SAVE UND DONAU BLICKT AUF 7000 JAHRE DURCHGEHENDE BESIEDLUNG ZURÜCK. UND IM 4. JAHRHUNDERT ERBLICKTE HIER SOGAR EIN RÖMISCHER KAISER DAS LICHT DER WELT.

Heute sucht die serbische Hauptstadt nach der langen, sozialistisch geprägten Ära im Vielvölkerstaat Jugoslawien und den Kriegen auf dem Balkan einen neuen Lebensstil und entdeckt seine mediterranen, schönen und ruhigen Seiten. Die Flusspromenaden laden zum Bummeln ein; der kleine Braune oder Espresso in einem der zahlreichen Cafés gehört unweigerlich dazu. Es herrscht Aufbruchstimmung in Titos Belgrad.

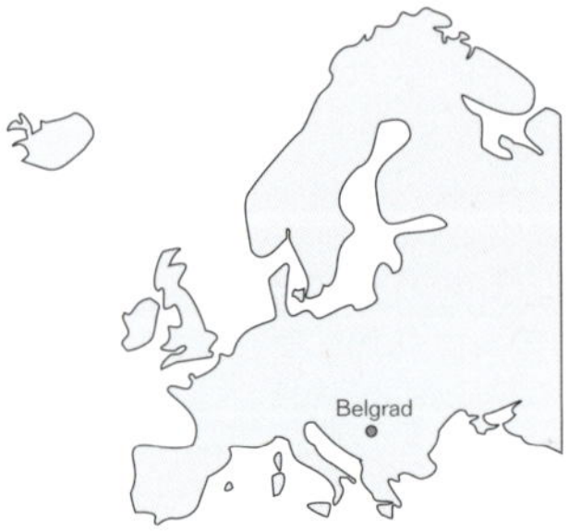

Keltische Stadtväter. Die wahren Stadtgründer von Belgrad scheinen eingewanderte Kelten gewesen zu sein. Ihre Anwesenheit in der um 279 v. Chr. erstmals erwähnten Stadt Singidun wird durch klar zuordbare Funde belegt. Wie an anderen Orten auch, wurden die keltischen Siedler von den Römern vertrieben, die im 1. Jahrhundert die Herrschaft übernahmen.

Das Belgrad der Serben. Erst im 6. Jahrhundert tauchten die Slawen in der Region auf und eroberten die Stadt, die sie „Weiße Festung" nannten: Beograd. Bulgaren, Byzantiner, Ungarn und Serben wechselten einander in der Herrschaft ab, bis die Stadt 1521 von den Osmanen erobert wurde. Bis auf kurze Unterbrechungen herrschten die türkischen Herren bis 1867 über die immer noch serbische Stadt, deren Einwohner wiederholt zu den Waffen griffen, um die fremde Oberhoheit abzuschütteln. Im Jahr 1882 wurde das

FAKTEN

* **Name in der Landessprache (Serbisch):** Beograd
* **Einwohner in Belgrad:** ca.1,7 Mio.
* **Einwohner in der Agglomeration:** ca. 2 Mio.
* **Sehenswürdigkeiten:** Altstadt, Erzengel-Michael-Kathedrale, Kalemegdan, Knez Mihailova, Konak, Nationalmuseum, Nikola-Tesla-Museum, Skadarlija, St.-Sava-Kathedrale, Weißes Schloss

BERÜHMTE PERSONEN

* **Jovianus Flavius Claudius** (331–364), römischer Kaiser
* **Anica Dobra** (geb. 1963), Schauspielerin
* **Bogdan Popovic** (1863–1944), Literaturwissenschaftler

noch junge Fürstentum Serbien, das sich endlich vom osmanischen Joch befreit hatte, zum Königreich erklärt und Belgrad damit königliche Hauptstadt.

Gebeutelte Stadt. Den Hauptstadtstatus behielt Belgrad über zwei Weltkriege hinweg bei. Noch heute sieht man die Schäden, die im Kosovo-Krieg 1999 durch die NATO-Luftangriffe verursacht wurden. Es ist daher keine nur schöne und einladende Stadt, was sich da an Donau und Save ausbreitet. Und doch! Belgrad hat Charme und alles, was nötig ist, um wieder seine alte Stellung auf dem Balkan einzunehmen.

Die Festung Kalemegdan. Die Altstadt befindet sich auf einem Felssporn direkt über der Mündung der Save in die Donau. Hier steht Belgrads Wahrzeichen: die Festung Kalemegdan. Vor 2000 Jahren erstreckte sich hier das römische Lager. Goten und Hunnen, Awaren und Slawen erstürmten die Wälle und rissen sie ein. Die byzantinischen Oberherren begannen daraufhin mit dem Bau der Festung. Der serbische Despot Stefan Lazarevic (1377–1427) ließ später die vorhandenen Anlagen durch gewaltige Befestigungen verstärken. Und doch überwanden die Türken 1521 auch diese monumentalen Wälle. Und während der österreichischen Besetzung 1717 bis 1739 wurde der Kalemegdan zu einer der stärksten militärischen Befestigungen in Europa ausgebaut.

In den Wällen der Belgrader Burg vereinen sich die Baustile vieler Epochen zu einem gewaltigen Festungskomplex.

Der Platz der Republik in der Altstadt gilt als Herz Belgrads. Von hier gehen die bis zur Festung Kalemegdan reichenden parallelen Fußgängerzonen Knez Mihailova und die Tschika Ljubina ab. Erstere stellt einen der ältesten Stadtteile mit Denkmälern, einer Reihe von repräsentativen Gebäuden und malerischen Bürgerhäusern, die Ende der 1970er-Jahre entstanden sind, dar. Hier lag wahrscheinlich die antike Keltensiedlung Singidun.

Oben: Das Nationalmuseum beherbergt viele Exponate aus der Frühgeschichte der Region.

Links: Mitten im Hafen von Belgrad gehen die Fischer auf Fischfang.

MONACO

Monaco

ÜBER DER MALERISCHEN ALTSTADT VON MONACO MIT IHREN VERWINKELTEN GASSEN UND SCHATTIGEN KLEINEN PLÄTZEN ERHEBT SICH DAS FÜRSTENSCHLOSS DER GRIMALDIS. EINIGE TEILE DES BAUS REICHEN BIS IN DAS 13. JAHRHUNDERT ZURÜCK.

Das Fürstentum Monaco, nach dem Vatikanstaat der kleinste souveräne Staat der Welt, hat zwei unterschiedliche Ansichten: die auf einem ins Meer ragenden Felsvorsprung gelegene Monaco-Ville und auf der anderen Seite des Hafens die mondäne Neustadt Monte Carlo. Dazwischen liegt das Hafen- und Geschäftsviertel La Condamine mit den modernen Hochhausbauten. Hier kann man das ganze Jahr über die größten und luxuriösesten Yachten der Prominenten und Reichen sehen.

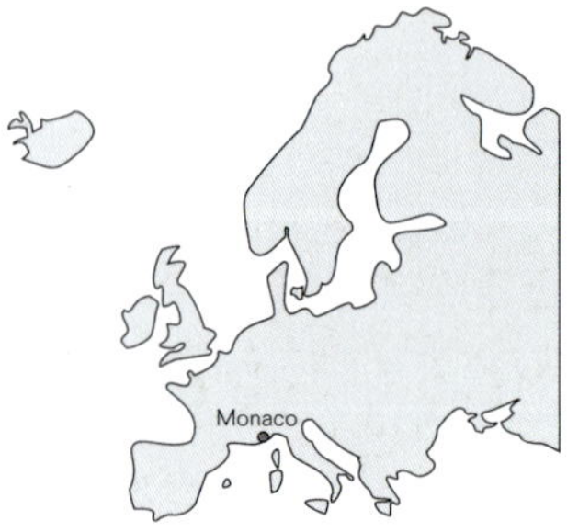

Der 10. Juni. Die Region bekam bereits im 5. vorchristlichen Jahrhundert einen Namen durch griechische Siedler: Sie nannten die Gegend zu Ehren ihres Gottes Herakles Monoikos, der Einzigartige, nach ihm. Daraus entwickelte sich später der Name des heutigen Fürstentums Monaco. Der Grundstein zum Bau einer Festung – und damit der späteren Stadt – wurde am 10. Juni 1215 von den Genuesern gelegt, die vom Kaiser mit der Region belehnt worden waren. Heute steht an gleicher Stelle der fürstliche Palast von Monaco.

Der Felsen der Grimaldis. Der genuesische Bürgerkrieg zwischen Guelfen und Ghibellinen hatte lange Zeit Auswirkungen auf Monaco. Ghibellinische Familien wie die Dorias und Spinolas und guelfische Familien wie die Fieschis und die Grimaldis lösten sich

Der Grundstein zum Fürstenpalast wurde 1215 gelegt. Erst im 17. Jahrhundert erhielt er seine heutige Gestalt.

FAKTEN

✱ Einwohner in Monaco: ca. 32 000

✱ Sehenswürdigkeiten: Cathedrale Saint-Nicolas, Grand Casino, La Chapelle de la Miséricorde, Monte Carlo Story, Museum der Erinnerungen Napoleons, Museum der Prähistorischen Anthropologie, Museum der Visitationskapelle, Nationales Puppenmuseum, Ozeanografisches Museum und Aquarium, Palais du Prince, Saint Charles, Tiergarten

BERÜHMTE PERSONEN

✱ Albert II. (geb. 1958), Fürst von Monaco

✱ Grace Patricia Kelly (1929–1982), Fürstin Gracia Patricia

✱ Rainier III. (1923–2005), Fürst von Monaco

in der Herrschaft über den damals eher kargen Felsen ab. 1296 wurden mit den Guelfen auch die Grimaldis aus Genua vertrieben. Erste Versuche, die Festung in Monaco zu erobern, scheiterten zunächst. Doch der erste Versuch gilt noch heute als Gründungsdatum des Hauses Grimaldi in Monaco: der 8. Januar 1297. Erst 1419 konnten die Grimaldis dann endlich in „ihre" Burg einziehen, die sie danach nie mehr räumen mussten. 1507 versuchte Genua ein letztes Mal, Monaco zurückzuerobern. 100 Tage belagerten sie den Felsen, doch ohne Erfolg.

Das erste Spielkasino. Über die Jahrhunderte lavierten die Fürsten und Fürstinnen des Hauses Grimaldi Monaco mehr oder weniger geschickt durch die europäische Geschichte. Wechselnde Bündnisse, Kriege und die Französische Revolution setzten dem kleinen Land schwer zu, bluteten es aus. Es war an Fürst Charles III. (1856–1889), den maroden Staat wieder auf Kurs zu bringen. Und was machte er? Um dem Fürstentum eine neue Einnahmequelle – einmal abgesehen vom allmählich anlaufenden Tourismus – zu verschaffen, gründete er die Société des Bains de Mer, die ein Spielkasino im Stil der Belle Époque errichten sollte. Ab 1863 lief das Geschäft dann auf vollen Touren, das Kasino wurde ein Welterfolg. Schon 1869 konnte die direkte Besteuerung im Land aufgehoben werden. Hotel an Hotel wurde nun gebaut. Die Gegend rund um das Kasino wurde zu Ehren des Fürsten Monte Carlo genannt und 1879 die Oper von Monaco eingeweiht.

Noblesse meets Hollywood. Nach 1956 wurde aus dem reichen Fürstentum mit Urlaubsflair und Spielkasino der mondäne und glitzernde Nobelort von heute: Fürst Rainier III. ehelichte die amerikanische Schauspielerin Grace Kelly, die mit Filmen wie „Über den Dächern von Nizza" an der Seite von Cary Grant zu Weltruhm gelangt war. Durch das Wirken Grace Kellys als Fürstin Gracia Patricia wurde Monaco endgültig zu einem Tummelplatz der Reichen dieser Welt.

Hochburg des Motorsports. Eigentlich ist Monte Carlo nur ein Stadtteil und Regierungsbezirk von Monaco, bekannt für Kasino, Strand und High Society. Es wird manchmal fälschlicherweise als Hauptstadt von Monaco ausgegeben, obwohl Monaco gar keine Hauptstadt hat, da es ein reiner Stadtstaat ist. Hier startet und endet alljährlich die Rallye Monte Carlo – und außerdem führt die Strecke des Großen Preises von Monaco (Formel 1) quer durch Monte Carlo.

Mitte: In Monaco sollte man unbedingt einen Blick ins Casino werfen.

Unten: Segelyachten im Hafen von Monaco.

FRANKREICH

Marseille

MARSEILLE – NACH WIE VOR DER WICHTIGSTE HAFEN AN DER FRANZÖSISCHEN MITTELMEERKÜSTE. TÄGLICH GEHEN FÄHREN HINUNTER NACH TUNIS, SODASS MAN MARSEILLE ALS TOR NACH AFRIKA BEZEICHNEN KANN.

Die Stadt ertrinkt im Verkehrslärm, erstickt in den Abgasen, kämpft mit sozialen Missständen und hoher Arbeitslosigkeit; und leider haben Drogenhandel und die Mafia Marseille weitgehend im Griff, ein Grund, warum man die Stadt auch das „französische Chicago" nennt. Trotz alledem ist Marseille eine wunderschöne Stadt. Das Leben brodelt in den Straßen – allen voran auf „La Canebière", Marseilles unumstrittener Prachtstraße.

Nur ein Punkt auf der Landkarte. Vor über 2500 Jahren gründeten griechische Händler die Kolonie Massilia an der Mündung der Rhône, wo heute der Vieux Port liegt. Diese Lage war eigentlich ideal für einen Hafen – und dennoch entwickelte sich die Stadt zunächst nur schleppend, sie besaß nie eine sonderlich große Ausdehnung. Bis ins Mittelalter hinein umfasste Marseille nur ein bescheidenes Gebiet zwischen dem Neuen und dem Alten Hafen.

Die „Marseillaise". Erst mit dem Ausbruch der Französischen Revolution erhob sich die Stadt aus ihrem Dornröschenschlaf – überraschenderweise auf musikalischem Sektor. Ende April/Anfang Mai 1792 wurde in Marseille der „Chant de guerre de l'Arme du Rhin" (Kriegsgesang der Rheinarmee) bekannt, dessen Text und Melodie der Pionieroffizier Claude Joseph Rouget de Lisle wenige Tage vorher geschaffen hatte.

Rechts: Der alte Fischereihafen.

Unten: Marseille aus der Vogelperspektive mit der Île d'If mit dem berühmten Château.

Eine Gruppe von Freiwilligen, die von Marseille ins revolutionäre Paris marschierte, machte dieses Lied überall – besonders aber in Paris – so bekannt, dass es schon bald darauf den Namen „Marseillaise" erhielt. 1879 wurde das Lied schließlich zur französischen Nationalhymne erhoben.

Der Hafen von Marseille. Marseilles Hafen, vielfach „Europort du Sud" genannt, ist der bedeutendste Seehafen Frankreichs. Zusammen mit dem Petroleumhafen und den ihm angeschlossenen Raffinerien von Laveral/Etang de Berre ist der Hafen von Marseille zurzeit der zweitgrößte Europas. Ihm verdankt die Stadt im Wesentlichen ihren wirtschaftlichen Erfolg und die Ansiedlung verschiedenster Industriezweige wie Metallverarbeitung, Fahrzeug- und Maschinenbau. Und schließlich sind die Umgebung des Alten Hafens (Vieux Port) und die von ihm ausgehende berühmte Straße „La Canebière" der Mittelpunkt und die große touristische Attraktion der Stadt.

Der Graf von Monte Cristo. Der alte Hafen beherbergt heute nur mehr Yachten, Fischer- und Sportboote. Eingerahmt wird der Wald aus Boots- und Schiffsmasten von den alten Forts von Saint-Nicolas und Saint-Jean aus dem 17. Jahrhundert. In der Zufahrt zum Hafen erhebt sich jene Insel, die seit dem Erscheinen des Romans „Der Graf von Monte Cristo" – verfasst von Alexandre Dumas dem Älteren – zum Wahrzeichen von Marseille geworden ist: die Île d'If mit ihrem Gefängnis-Château, in dem der Protagonist des Romans, Edmond Dantes, 14 Jahre Gefangener gewesen sein soll. Im Jahr 1961 durfte bei der fünften Verfilmung des Romanklassikers endlich ein Marseiller die Rolle des Edmond Dantes spielen: Louis Jordan.

Tor nach Afrika. Nicht weit vom Hafen entfernt befindet sich der Souk von Marseille. Die Straßen rund um die Rue d'Aubagne sind das Marktviertel der Menschen aus dem nordafrikanischen Maghreb. Das lebhafte Treiben in den Straßen, die hektische, fast fiebrige Atmosphäre unterstreicht die orientalische Färbung dieser alten französischen Hafenstadt.

FAKTEN

* **Einwohner in Marseille:** ca. 900 000
* **Einwohner in der Agglomeration:** ca. 1,2 Mio.
* **Sehenswürdigkeiten:** Cathédrale de la Major, Chaine de l'Etoile, Château d'If, Fort Saint-Jean, Fort Saint-Nicolas, La Bourse de Marseille, Musée des Beaux-Arts, Musée d'Histoire Naturelle, Musée du Vieux-Marseille, Notre-Dame de la Garde, Notre-Dame des Accoules, Palais de Longchamp, Quartier du Panier, Saint-Victor, Saint-Vincent de Paul

BERÜHMTE PERSONEN

* **Maurice Béjart** (geb. 1927), Choreograf
* **Fernandel** (1903–1971), Schauspieler („Don Camillo")
* **Louis Jordan** (geb. 1919), Schauspieler
* **Zinedine Zidane** (geb. 1972), Fußballspieler

BULGARIEN

Sofia

DER OSTEN ÖFFNET SICH UND BIETET BEEINDRUCKENDE METROPOLEN, ABER AUCH KLEINE SCHMUCKSTÜCKE, DIE MAN EINFACH GESEHEN HABEN MUSS. SO EIN SCHMUCKSTÜCK IST OHNE FRAGE DIE BULGARISCHE HAUPTSTADT SOFIA – GENANNT „DIE WEISE".

In der Innenstadt geht es meist turbulent und laut zu, aber deswegen noch lange nicht ungemütlich. Ähnlich wie Paris drückt Sofia als Hauptstadt einem ganzen Land seinen Stempel auf. Hier laufen alle Fäden des öffentlichen und kulturellen Lebens zusammen. Sofia ist eine Stadt zwischen den Welten. Zwar nicht derart vielfältig wie Istanbul, aber nichtsdestotrotz eine Schnittstelle zwischen Europa und Orient.

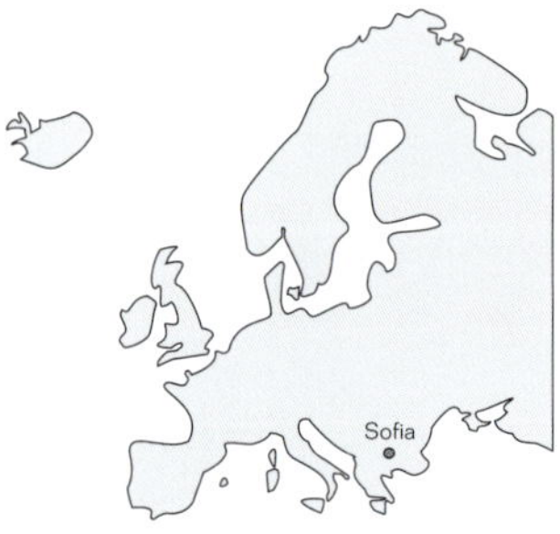

Stadt unter der Stadt. Die Geschichte Sofias reicht fast drei Jahrtausende in die Vergangenheit zurück. Im 7. Jahrhundert v. Chr. kam der thrakische Volksstamm der Serden an den Rand des Vitoscha-Gebirges im Westen des heutigen Bulgariens. Sie ließen sich hier nieder und gründeten Serdika – die Stadt der Serden. Für fast 400 Jahre bestimmten die Thraker die Geschicke des Balkans, dann kamen die Römer, eroberten Thrakien und bauten die Stadt der Serden zu einer römischen Provinzhauptstadt aus. Doch die römischen und thrakischen Spuren liegen längst unter meterhohen Erdschichten und moderneren Bauten begraben. Das alte Rathaus liegt unter dem Sheraton-Hotel, unter dem Nationalen Historischen Museum finden sich noch Reste einer frühchristlichen Basilika. Und die üblichen römischen Thermen kann man unter dem Rila-Hotel besichtigen.

FAKTEN

*** Einwohner in Sofia:**
ca. 1,14 Mio.

*** Sehenswürdigkeiten:**
Alexander-Nevski-Kathedrale, Archäologisches Museum, Nationale Kunstgalerie, Nationaltheater Iwan Wasow, Naturwissenschaftliches Museum, Rotunde Sv. Georgi, Sv. Nedelja, Sv. Petka Samardschijska

BERÜHMTE PERSONEN

*** Martin Balabanow**
(geb. 1974), Zeichner

*** Georgi Markow**
(1929–1978), Schriftsteller

*** Tzvetan Todorov**
(geb. 1939), Soziologe

Vor der Nationalversammlung erhebt sich das Denkmal Zar Alexanders II. von Russland. Ein Stück weiter steht das Wahrzeichen der Stadt: die Alexander-Nevski-Kathedrale.

Die heilige Sofia. Rom versank im 5. Jahrhundert im Chaos, und Byzanz sicherte sich die Territorien auf dem Balkan. Doch dann kamen die ersten Slawen: Die Bulgaren nahmen im frühen 9. Jahrhundert Serdika ein, das sie Sredets nannten, und gründeten das erste Bulgarenreich. Doch erst ab Ende des 12. Jahrhunderts – im zweiten bulgarischen Reich – wuchs Sredets zu einem wichtigen Handelszentrum an. Den heutigen Namen erhielt die Stadt im 14. Jahrhundert nach der Basilika der heiligen Sofia, erbaut im 9. Jahrhundert, wenige Jahre vor der Eroberung durch die Türken im Jahr 1386.

Sofias Annäherung an Europa. Mit der Gründung des dritten bulgarischen Reiches im Jahr 1879 wurde Sofia einmal mehr Hauptstadt eines freien Bulgariens. Schnell wandelte sich das Bild der Stadt von einer orientalischen Provinzhauptstadt zu einer europäischen Großstadt. Heute sind aus der Blütezeit Bulgariens zwischen der Staatsgründung und dem Ersten Weltkrieg viele Straßen, Gebäude und Parks erhalten, ganze städtebauliche Ensembles bewahren den architektonischen Stil aus der Zeit um die Jahrhundertwende.

Rund um die Kathedrale. Wahrzeichen der Altstadt Sofias ist die Alexander-Nevski-Kathedrale am gleichnamigen Platz. Sie wurde in Erinnerung an die Befreiung Bulgariens durch den russisch-türkischen Krieg 1877/78 errichtet. Nicht weit davon liegt die Sveta Sofia, die rote Backsteinbasilika zu Ehren der Namenspatronin der Stadt. Ansonsten ist die Innenstadt geprägt durch große Regierungsgebäude wie den Präsidentenpalast und Museen. Die Nationale Kunstgalerie beispielsweise ist im prunkvollen Zarenpalast untergebracht. Zu den Sehenswürdigkeiten von Sofia gehören die Heilquellen. Sie sind nicht wie einst über das ganze Stadtgebiet verstreut, die bekanntesten liegen in Bankia, Kniazevo und im Herzen der Altstadt.

Oben: Die St.-Georgi-Kirche im Innenhof des Sheraton-Hotels ist das älteste noch intakte Bauwerk Sofias.

Links: Ein Überbleibsel der türkischen Besatzungszeit: die Banja Basi Moschee.

ITALIEN

Rom

IHR VIEL GERÜHMTES DOLCE VITA, DAS SÜSSE LEBEN, ERWÄCHST AUS DER UNNACHAHMLICHEN MISCHUNG AUS GESCHÄFTIGKEIT UND MELANCHOLIE, SCHÖNHEIT UND VERFALL, ELEGANZ UND NONCHALANCE, DIE DIESE STADT PRÄGT.

Die „Ewige Stadt" – weshalb Rom dieses Prädikat erhielt, weiß wohl niemand so genau. Zyniker behaupten, „ewig" sei in Rom nur eines: das Chaos auf den Straßen … und selbstverständlich in der Politik. Sie hat ihren Beinamen wohl deshalb, weil die Metropole mehr als 2500 Jahre Geschichte in sich vereint, weil sie verheerende Barbareneinfälle, zahlreiche Plünderungen und Pestepidemien überstand und nach einem 1000 Jahre währenden Niedergang schließlich zu neuer Blüte gelangte. Und vielleicht auch deshalb, weil hier der Papst, das Oberhaupt der katholischen Kirche, residiert.

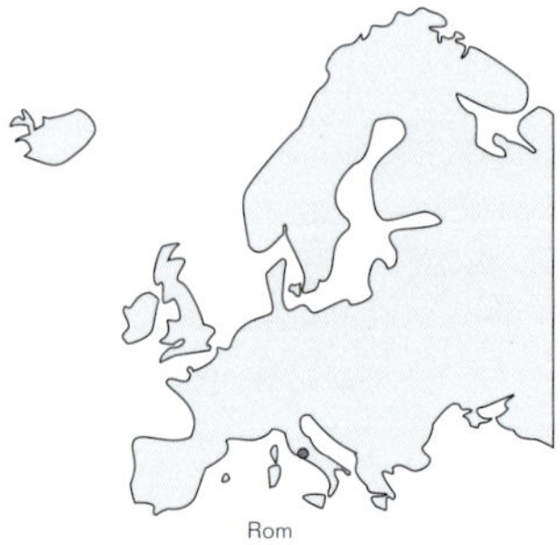

Der Fall Romulus. Rom ist die einzige in der Antike gegründete Stadt Europas, die mit einem exakten Gründungsdatum aufwarten kann: dem 21. April 753 v. Chr. Dies darf zu Recht angezweifelt werden, denn Archäologen fanden auf dem Palatin sogar Siedlungsreste aus der Zeit um 1000 v. Chr. Demnach wäre Rom also noch älter. Ihren Namen erhielt – ja, wer nun eigentlich von wem – die Stadt von ihrem Gründer Romulus, dem Brudermörder. Man darf jedoch getrost davon ausgehen, dass wohl eher Romulus seinen Namen lange nach der Stadtgründung Roms im Zuge der Legendenbildung bekommen hat. Und seinen Bruder Remus dürfte er wohl auch nicht wegen einer simplen Beleidigung erschlagen haben.

Rechts: Die Piazza del Popolo – der Platz des Volkes.

Unten: Einst die größte Arena der Welt: das Kolosseum, Wahrzeichen Roms.

Unterhaltung fürs Volk. Das Rom, das wir heute kennen, schufen weder Romulus noch Remus. Die glorreiche Zeit römischer Baukunst begann in Wirklichkeit erst zu Beginn unserer Zeitrechnung; Ausnahmen wie das Forum Romanum bestätigen natürlich die Regel. Doch tatsächlich begann erst nach dem großen Brand des Jahres 64 n. Chr. der große Bauboom. Wie man heute weiß, war Kaiser Nero nicht der, in dem Hollywoodfilm „Quo vadis" so glänzend von Sir Peter Ustinov verkörperte, böse Feuerteufel. Vom Glanz der Nach-Nero-Zeit zeugt heute das nicht mehr ganz so runde Kolosseum, das unter Neros Nachfolgern Vespasian und Titus erbaut wurde. Über 50 000 Menschen konnten an den Gladiatorenkämpfen teilnehmen. Und Sicherheit und Komfort der Besucher standen dem Standard von heute nur wenig nach.

Der unaufhaltsame Abstieg. Wo die Christen einst verfolgt und gekreuzigt wurden, entstand im 4. Jahrhundert die Keimzelle des Christentums. Das römische Reich wurde zu jener Zeit an allen Ecken und Enden von „Barbaren" bedroht, Angst und Panik machten selbst vor Rom nicht Halt. Zunächst wurden die Christen noch für diese Strafe der Götter verantwortlich gemacht und hemmungslos gejagt. Doch unter Konstantin dem Großen vollführte Rom eine Kehrtwendung um 180 Grad. Die Konvertierung des Kaisers zum Christentum war sicherlich nur politisches Kalkül, um seine Macht zu festigen und mehr Rückhalt aus dem Volk zu erfahren, doch sie leitete ungewollt den Untergang Roms ein. Es verlor seine uneingeschränkte Stellung im Reich, denn die aufstrebende neue Stadt Konstantins, sein „Konstantinopel" – griechisch und christlich orientiert – ließ Rom bald schon weit hinter sich.

Wallfahrt nach Rom. Im 8. Jahrhundert lebten nur noch rund 20 000 Menschen in Rom. Durch den Frankenkönig Pippin III. kam Rom jedoch eine neue Bedeutung zu: Durch die Pippinische Schenkung wurde Rom die uneingeschränkte Hauptstadt des Kirchenstaates (bis 1871), der zeitweise den halben Stiefel Italiens umfasste. In Rom ließen sich von nun an (fast) alle deutschen Kaiser krönen. Rom entwickelte sich zur Stadt der Pilger, die die großartigen Reliquien und Schreine des Christentums besuchen wollten. Rom wurde zum größten Wallfahrtszentrum der Christenheit, was es bis heute geblieben ist.

Unbeschreibliches Rom. Es gibt Städte, die kann man einfach nicht beschreiben – oder sie sind nicht einfach zu beschreiben – es kommt ganz auf die Sichtweise an. Rom gehört zweifellos zu dieser Kategorie. Die bewegte Historie ist allgegenwärtig, an jeder Ecke und überall zu spüren. Da stehen Gebäude aus

FAKTEN

*** Einwohner in Rom:**
ca. 2,55 Mio.

*** Einwohner in der Agglomeration:**
ca. 3,6 Mio.

*** Sehenswürdigkeiten:**
Caracalla-Therme, Engelsburg, Forum Romanum, Kolosseum, Konzertpark, Lateranbasilika, Maxentiusbasilika, Musei Capitolini, Museo Nazionale Romano, Palazzo Farnese, Palazzo Venezia, Pantheon, Petersdom, Piazza Navona, S. Pietro in Vincoli, St. Paul vor den Mauern, Vatikanische Museen, Villa Giulia

Blick hinauf zum Kloster Onofrio – hier starb der Dichterfürst Torquato Tasso, und hier findet sich auch sein Grabmal – auf dem Gianicolo, einem der sieben Hügel Roms.

den Anfängen des 1. Jahrtausends neben hochmodernen Glaspalästen. Rom ist allerdings auch dreckig, und Rom ist laut – vielleicht sogar die lauteste Stadt Italiens. Doch man kommt nur schwer von dieser Stadt los – einer Stadt, die ehemals fast die gesamte westliche Welt beherrschte und deren Einflüsse noch heute in den verschiedensten Kulturen der Welt zum Greifen nah scheinen.

Rom macht süchtig. Die Stadt ist mehr als nur Altstadt oder Vatikan, beides von der UNESCO zum Weltkulturerbe der Menschheit erklärt, mehr als nur einfach eine riesige Ansammlung historischer Bauten – es ist ein einzigartiges Lebensgefühl. Und Rom wird man auch nicht an einem Wochenende oder in einer Woche kennen lernen. Selbst nach zahllosen Aufenthalten hat man sich allenfalls ein winziges Stück vom römischen Kuchen abschneiden können. Doch genau das macht den Reiz aus, immer wieder hierher zu kommen. Rom, das ist in erster Linie für viele das antike Rom mit Sehenswürdigkeiten wie dem unvergleichlichen und gigantischen Petersdom, der legendären Fontana di Trevi und der Spanischen Treppe. Letztere hat ihren Namen von der spanischen Botschaft, die seit 1647 unterhalb der Stufen ihren Sitz hat. Diese Hot Spots gehören einfach dazu. Peinlich, wenn man trotz zahlreicher Rombesuche diese nicht gesehen hat. Besonders der Petersdom als zweitgrößte Kirche der Christenheit ist immer wieder beeindruckend; die Vielzahl der Kunstschätze ist schier überwältigend – und sie hier aufzählen zu wollen, ist unmöglich.

Eine Stadt ertrinkt im Verkehr. Das Herz Roms schlägt heute besonders in den Stadtteilen Trastevere und San Lorenzo. Die Straßen sind zu jeder Tages- und Nachtzeit überfüllt. Die Cafés und Trattorias platzen nicht nur abends und an lauen Sommernächten aus allen Nähten. Wie kaum eine andere Stadt Europas ist Rom am Morgen und späten Nachmittag einem Verkehrsinfarkt nahe. Abertausende Römer bewegen sich innerhalb der Stadtgrenzen allein per Motorroller oder Motorrad vorwärts. Man könnte glauben, dass Fußgänger und Radfahrer abseits der Fußgängerzonen in ständiger Lebensgefahr schweben. Trotzdem passiert weniger, als man denken mag.

Wie einst Anita Ekberg. Fast wie Paris ist Rom ein Shoppingmekka. Rom lebt am Puls der Modewelt – wenngleich die eigentliche Modehauptstadt Italiens im Norden des Landes liegt und Mailand heißt. Doch die Boutiquen der Stardesigner findet man nahezu an

BERÜHMTE PERSONEN

* **Cecilia Bartoli** (geb. 1966), Mezzosopranistin
* **Max Biaggi** (geb. 1971), Motorradrennfahrer
* **Lucretia Borgia** (1480–1519), italienische Fürstin
* **Julius Cäsar** (100–44 v. Chr.), römischer Staatsmann
* **Giancarlo Fisichella** (geb. 1973), Formel-1-Rennfahrer
* **Sophia Loren** (geb. 1934), Filmdiva
* **Mark Aurel** (121–180), römischer Kaiser

Auf der Spanischen Treppe herrscht immerzu reges Leben. Und über allem thront die Kirche von Trinità dei Monti.

jeder Straßenecke. Die mondänsten Laufstege der Stadt befinden sich in der Via Condotti und der Via Giubbonari. Wer schließlich vom strapaziösen Einkaufsmarathon irgendwann genug hat – an jeder Straße Roms kann man einen kleinen Park, ein Café oder eine Trattoria finden, in der man ausspannen kann. Nicht entgehen lassen sollte man sich beispielsweise die Ponte Garibaldi, Santa Maria – die älteste Kirche Roms – oder eben den Trevi-Brunnen. In diesem badete im Jahr 1959 in Fellinis Kultfilm „La Dolce Vita" der blonde schwedische Schauspielexport Anita Ekberg – fast nackt.

Die Stadt von oben betrachtet. Der Einstieg in einen unvergesslichen Abend in Rom beginnt für viele auf einem der Hügel. So treffen sich frisch verliebte Paare nicht selten für ein romantisches Stelldichein auf dem Gianicolo, dem Hügel des antiken Gottes Janus. Der mühsame Aufstieg zur Kuppe lohnt sich; vom Viale Trastevere führen Serpentinen hinauf. Auf einer Aussichtsterrasse liegt die Kirche San Pietro in Montario. Im 9. Jahrhundert wurde sie an eben der Stelle erbaut, wo der Legende nach der heilige Petrus gekreuzigt worden sein soll. Von hier oben hat man einen grandiosen Blick auf Rom und die monumentalen Zeitzeugen einer langen, langen Geschichte sowie die malerischen Albaner Berge im Hintergrund. Schon Torquato Tasso, der große italienische Dichter des 16. Jahrhunderts, kam gerne hier herauf, um auf die Stadt der Päpste hinunterzuschauen. Er starb im nahen Kloster Onofrio, einen Tag, bevor er von Papst Clemens VIII. in Rom zum „Dichterfürst" gekrönt werden sollte.

Oben: Die Via Condotti ist Roms Modestraße. Hier findet man Boutiquen mit großen Namen.

Links: Die Engelsburg wurde ursprünglich als Grabbau für Kaiser Hadrian (117–138) errichtet.

SPANIEN

Barcelona

DIE HAUPTSTADT KATALONIENS IST EINE DER AUFREGENDSTEN STÄDTE SPANIENS UND AUCH EUROPAS. BARCELONAS EINZIGARTIGE LAGE AM MITTELMEER UND ANTONI GAUDÍS EINDRUCKSVOLLE BAUWERKE ZIEHEN MENSCHEN AUS ALLER WELT MAGISCH AN.

Die bunte Mischung der vielen Kulturen prägt Barcelona ungemein und trägt zum kosmopolitischen Flair der Stadt bei. Und seit die Stadt für die Olympischen Spiele 1992 herausgeputzt wurde, bietet sie sogar noch mehr: Der Strand wurde erneuert, das Transportsystem ausgebaut und das olympische Dorf hat sich zu einer der Top-Sehenswürdigkeiten entwickelt. Darüber hinaus ist Barcelona ständig in Bewegung und verändert sich dauernd. Sogar heute noch werden ursprüngliche Projekte der Olympischen Spiele realisiert; sie verändern kontinuierlich das Stadtbild und den Charakter Barcelonas.

Von Barcino bis Eixample. Barcelona wurde als Barcino zwischen den Flüssen Noya und Llobregat an der Küste des Mittelmeers vor mehr als 2200 Jahren gegründet, der Sage nach vom Karthager Hamilkar Barkas, dem Vater Hannibals. Mit dem Untergang Karthagos 146 v. Chr. wurde das ummauerte Städtchen Barcino Teil des Römischen Reiches. Später beeinflussten Westgoten, Mauren sowie Christen die Stadtentwicklung. Spuren dieser bewegten Vergangenheit und vom Aufeinandertreffen unterschiedlichster Kulturen finden sich in der gesamten Stadt wieder: vom gotischen Viertel mit Resten römischer Ruinen bis hin zum modernen Stadtteil Eixample mit Antoni Gaudís fantasievollen Gebäuden ist hier alles vertreten.

Barcelona ohne Sagrada Família wäre heute kaum mehr vorstellbar. Die beinahe an einen Termitenbau erinnernden Kathedrale von Antoni Gaudí wird derzeit restauriert und fertig gestellt.

FAKTEN

* **Einwohner in Barcelona:** ca. 1,57 Mio.
* **Einwohner in der Agglomeration:** ca. 3 Mio.
* **Sehenswürdigkeiten:** Barri Gotic, Casa Batlló, Casa Milà, Eixample, El Liceu, Hospital de Sant Pau, Kolumbus-Statue, La Catedrál, La Ciutadella, La Sagrada Família, Maremagnum, Museu Joan Miró, Museu Nacional d'Art de Catalunya, Museu Picasso, Palau de la Música Catalana, Palau und Parc Güell

BERÜHMTE PERSONEN

* **Montserrat Caballé** (geb. 1933), Sopranistin
* **José Carreras** (geb. 1946), Tenor
* **Antoni Gaudí i Cornet** (1852–1926), Architekt
* **Joan Miró** (1893–1983), Maler
* **Juan Antonio Samaranch** (geb. 1920), IOC-Funktionär

Die Altstadt. Die Ciutat Vella ist das historische Zentrum Barcelonas. In den Anfängen war Barcelona nur ein kleines Dorf, das von einer massiven Stadtmauer umgeben war. In Barcelonas „goldener Ära" im 14. und 15. Jahrhundert stieg dann die Bevölkerungszahl gewaltig an. Die eindrucksvollen gotischen Bauwerke, mittelalterlichen Plätze und die kleinen verschlungenen Straßen der Altstadt zeugen noch heute von dieser Zeit. Direkt nebenan liegt La Ciutadella, der Stadtpark. Ein grüner Fleck zum Ausruhen inmitten der Stadt. Im Jahr 1888 fand hier die Weltausstellung statt, ein Jahr vor Paris.

Zwischen Kultur und Kulinarium. Las Ramblas ist der wahrscheinlich berühmteste Boulevard der Stadt. Die Straße durchquert die Altstadt von Barcelona, ausgehend von der Placa Catalunya bis hinunter zum Hafen. Der breite Fußgängerbereich in der Mitte des Ramblas ist der ideale Platz, um Menschen zu treffen oder die geschäftigen Händler und die Straßenkünstler zu beobachten. Entlang der zwei Kilometer langen Avenue liegen neben sehenswerten architektonischen und kulturellen Leckerbissen – dazu zählen das Opernhaus Liceu, das Kolumbus-Denkmal und das Seefahrtmuseum – vor allem auch kulinarische Köstlichkeiten: Auf dem wunderschönen, überdachten Markt La Boqueria gibt es alles, was das Herz eines Gourmets höher schlagen lässt.

Gaudís Stadt. Antoni Gaudí war einer der berühmtesten Architekten des Jugendstils in Spanien. Er baute in Barcelona unter anderem das Casa Batlló und das Casa Milà, auch La Pedrera genannt, an der Passeig de Gràcia, der Prachtstraße Barcelonas. Neben zahlreichen anderen Häusern entwarf Gaudí auch einen Park, den Parc Güell für den Textilfabrikanten gleichen Namens. 1882 übernahm Gaudí den Auftrag für eine Kathedrale. Die Sagrada Família blieb allerdings bis heute unvollendet. Für dieses Projekt gab Gaudí fast sein gesamtes Geld aus und lebte in den letzten Jahren nahezu ausschließlich in einer kleinen Hütte in der Nähe der Kirche. Am 7. Juni 1926 wurde Gaudí auf dem Weg zur Baustelle von einer Straßenbahn erfasst. Aufgrund seines doch eher schäbig wirkenden Äußeren wurde er in ein Armenhospital gebracht. Als man ihn dort fand, war es bereits zu spät. Antoni Gaudí wurde in der Krypta seiner unvollendeten Kathedrale beigesetzt.

Mitte: Die Mole im alten Hafen ist mit dem Maremagnum-Komplex zu einem Besuchermagneten geworden.

Unten: Die Casa Batlló zählt zu Antonio Gaudís Werken.

SPANIEN

Madrid

MADRID IST WENIGER GESCHICHTSTRÄCHTIG ALS ROM ODER PARIS UND VERSPRÜHT BEI WEITEM NICHT DEN CHARME IHRER GRÖSSTEN „KONKURRENTIN" BARCELONA, DAFÜR BESTICHT DIE SPANISCHE HAUPTSTADT MIT EINER REIHE ANDERER VORZÜGE.

Der besondere Charme von Madrid liegt vor allem in der Wildheit, der Aufgeregtheit und der Unbändigkeit – die Stadt ist vielfältig und widersprüchlich, manchmal romantisch und gemütlich, dann wieder schnelllebig und voller Risiko. Einheimische und Touristen, Jugendliche und Senioren – an Madrids Puerto del Sol treffen sich Generationen und Menschen aus aller Welt.

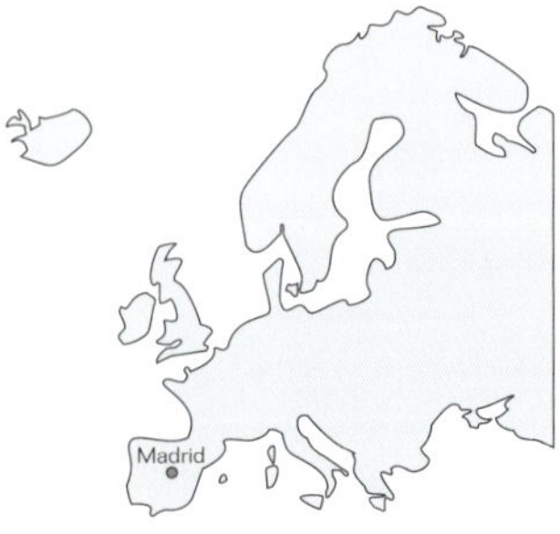

Eine junge Metropole. Den Spatenstich zum Bau des ersten Gebäudes unternahm der Emir von Cordoba Mohamed I. im Jahr 852. Er ließ einen Alcázar (Burg) zur Grenzsicherung bauen – Magerit genannt. Dass er dabei früher oder später die Kastilier auf den Plan rufen würde, dürfte dem Maurenfürst klar gewesen sein. Und so kam es auch. Alonso VI. von Kastilien eroberte 1083 die arabische Festung. Doch fast 450 Jahre blieben die Festung und die sich rund herum entwickelnde Stadt sich selbst überlassen. Erst der Habsburger Kaiser Karl V. begann, Madrid mit herrschaftlichen Gebäuden aufzupäppeln und unter die Arme zu greifen. Mit der Verlegung des Parlaments 1561 und der königlichen Residenz aus dem nahe gelegenen Toledo 1588 hierher begann der eigentliche Aufstieg. Über Nacht wurde Madrid zur Hauptstadt des spanischen Weltreiches – und das mithilfe der österreichischen Habsburger Kaiser.

FAKTEN

✻ Einwohner in Madrid:
ca. 3,15 Mio.

✻ Sehenswürdigkeiten:
Capilla del Obispo, Casa Cisneros, Casa de la Villa, El Prado, Estadio Vicente Calderón, Estadio Santiago Bernabéu, Kathedrale La Almudena, Museo Thyssen-Bornemisza, Palacio de las Comunicaciones, Palacio Real, Parque del Retiro, Paseo del Prado, Plaza Mayor, Plaza de España, Puerta de Alcalá, Puerta del Sol, Puerta de Toledo, San Francisco el Grande, San Isidro el Real, San Nicolás de los Servitas, Teatro Real, Torre España, Torre Puerta de Europa

BERÜHMTE PERSONEN

✻ Plácido Domingo
(geb. 1941), Operntenor

✻ José Ortega y Gasset
(1883–1955), Philosoph

✻ Julio Iglesisas
(geb. 1943), Sänger

✻ Javier Solana
(geb. 1942), Politiker

✻ Lope de Vega
(1562–1635), Dichter

Eines der berühmtesten Museen der Welt steht in Madrid: das Paseo del Prado, Spaniens größtes Kunstmuseum.

Noch heute nennen die Madrider ihr altes Stadtzentrum liebevoll nach den spanischen Habsburgern „El Madrid de los Austrias". Die Gegend um die Plaza Mayor, umrahmt von mehr als 100 Arkadenbögen, im Herzen der Habsburgerstadt ist heute eine der wichtigsten Fremdenverkehrszonen Madrids. In der Mitte sitzt hoch zu Ross König Philipp III. von Spanien, der den 1620 eingeweihten, allerdings 1790 nach einem Brand erneuerten Platz errichten ließ. Jahrhundertelang veranstaltete man hier Stierkämpfe und Theateraufführungen, Heiligsprechungen und Ketzerverbrennungen vor rund 50000 Zuschauern. Der Balkon der Casa de la Panadería, des Bäckerhauses, deren moderner Freskenschmuck 1992 aufgetragen wurde, war dabei für die Habsburger Könige (und Kaiser) reserviert.

Spaniens Märchenschloss. Eine Perle der spanischen Architektur ist das imposante Palastgebäude des Palacio Real. Das Werk des Madrider Architekten Ventura Rodríguez zeigt das typische Grundmuster eines spanischen Alcázars: Eine Vierflügelanlage aus Granit und Kalkstein rund um einen quadratischen Innenhof mit Waffenhof vor dem Haupteingang. Da der weniger opulente Palacio Zarzuela die Residenz des derzeitigen Königs Juan Carlos ist, wird der imposante 3000-Zimmer-Palast von Philip V. nur noch für offizielle Anlässe wie Staatsempfänge genutzt.

Schmucke Fassaden säumen den Boulevard Gran Vía, der die Calle de Alcalá mit der Plaza de España verbindet. Die großstädtische Flanier- und Geschäftsmeile wurde ab 1910 quer durch das Gestrüpp der Altstadtgassen gezogen. Wie ein Wahrzeichen erheben sich am Eingang die Rundtürme der Versicherungsgebäude Edificio Metrópolis und Edificio Grassy. Je näher man der Plaza de España kommt, umso häufiger kommen in der Architektur auch amerikanische Vorbilder zum Zug, etwa bei der Telefónica (Nr. 28), dem Gebäude der spanischen Telefongesellschaft.

Oben: Die Gran Vía ist die große Einkaufsstraße Madrids.

Links: Einst war die Plaza Mayor das Herzstück von Madrid. Heute tummeln sich hier vor allem Touristen.

PORTUGAL

Lissabon

DER GLANZ DER EINSTIGEN ZENTRALE DER GRÖSSTEN WELTENTDECKUNGEN, IHR SORGLOSER LEBENSRHYTHMUS, DER GEWISSE HANG ZU SCHWERMUT UND WELTSCHMERZ UND EINE BETÖRENDE FORM VON DEKADENZ – ALL DIES SCHLÄGT BESUCHER IN DEN BANN.

Mit diesen treffenden Attributen ausgestattet zählt Lissabon mit Sicherheit zu den schönsten Metropolen dieser Welt. Wie eine Diva ruht die legendäre „weiße Stadt" elegant am Tejo-Ufer zwischen den sieben Hügeln, auf denen sie einst erbaut wurde. Doch der rasante Takt der Moderne hat sich inzwischen auch der antiken Schönheit bemächtigt. Neben den alten Burgzinnen und prächtigen Kirchenkuppeln wachsen mittlerweile die großen Glaspaläste von Banken, Versicherungen und von Einkaufszentren amerikanischen Zuschnitts aus dem rot schimmernden Häusermeer hervor.

Die Stadt des Odysseus? Griechen, Phönizier, Karthager und Römer, alles, was in der Antike Rang und Namen hatte, kam hierher, um den wunderbaren Naturhafen von Alis Ubbo, der lieblichen Bucht, zu nutzen. Die Stadtgründung allerdings bleibt immer noch im Dunkel der antiken Geschichtsschreibung verborgen. Vielleicht war es aber doch tatsächlich der legendäre Odysseus, der auf seiner langen Irrfahrt hier vorübersegelte und eine griechische Kolonie gründete.

Am Gipfel angelangt. 715 eroberten die Mauren das inzwischen westgotische Lissabon. Es erlebte seine erste Blütezeit unter dem Banner des Halbmondes, ehe König Alfonso I. 1147 die „Rückeroberung" – die Reconquista – durch die Christen gelang; 1260 stieg

Rechts: Blick über die roten Dächer der Lissabonner Altstadt.

Unten: Das Hieronymuskloster Mosteiro dos Jerónimos in Belém ist seit 1983 Weltkulturerbe.

Lissabon zur Residenzstadt auf. Mit dem Zeitalter der Entdeckungen im 14. und 15. Jahrhundert kam ungeahnter Wohlstand in die Stadt, die zu einem der wichtigsten Häfen Europas wurde.

Das große Erdbeben. Das Erdbeben von 1755 forderte einen enormen Tribut von der einst größten Stadt Europas. Mit Stärke »neun« auf der Richterskala gehört es mit mehr als 100 000 Todesopfern zu den größten Naturkatastrophen der Geschichte. Dem Beben folgten eine Feuersbrunst und eine gewaltige Flutwelle, die Lissabon fast vollständig in Schutt und Asche legten. Zu altem Glanz gelangte Lissabon danach nie mehr, auch wenn die portugiesische Metropole wieder aufgebaut wurde. Besonders die Psyche der Lissabonner war angeknackst, das einstige große Selbstvertrauen der Kolonialmacht Portugal schwand dahin, das Land versank in Armut und mit ihm auch die „weiße Stadt".

Aufbruch in die Moderne. Von fatalistischer Rückwärtsgewandtheit, die den Portugiesen seitdem gerne nachgesagt wird, ist in der Hauptstadt heute kaum noch etwas zu spüren. Man arbeitet hektisch am Umbau Lissabons in eine moderne, europäische Weltstadt. Als „Kulturhauptstadt Europas 1994" wie auch mit der EXPO 98 erlebte Lissabon die größte urbane Revolution seit dem Erdbeben von 1755. Mit einem Milliardenaufwand wurde das Stadtzentrum für diese Ereignisse auf Hochglanz getrimmt und moderner gestaltet. Aber an den Rändern der Stadt gibt es Verhältnisse, die man in der Dritten Welt vermutet, nicht aber in einem EU-Land. Slums, die sich wie ein Gürtel um Lissabon legen. Sie sind das Erbe der Kolonialmacht, die ihr Land nicht ernährte und ihre Kolonien erst 1975 in die Freiheit entließ.

UNESCO-Weltkulturerbe. Das Schönste, was Lissabon heute zu bieten hat, liegt im westlichen Vorort Belém: Mosteiro dos Jerónimos. Gigantische Ausmaße, Harmonie und Schönheit machen das ehemalige Hieronymuskloster zu einem der schönsten Baudenkmäler der Welt. Es wurde ab 1500 unter der Herrschaft von König Dom Manuel erbaut. Glanzstück ist das Südportal, vom bedeutendsten Baumeister jener Zeit – Joao Castilho – kunstvoll aus Stein gehauen. Der Innenraum beeindruckt durch gotische Schlichtheit, ebenso das stützenlose Querschiffgewölbe. Im marmornen Pantheon befinden sich die Sarkophage nationaler Größen, unter anderem von Dom Manuel I., Vasco da Gama und Fernando Pessoa.

FAKTEN

* **Einwohner in Lissabon:** ca. 517 800
* **Einwohner in der Agglomeration:** ca. 2,68 Mio.
* **Sehenswürdigkeiten:** Alfama, Aqueduto das Águas Livres, Bairro Alto, Castelo da São Jorge, Convento do Carmo, Denkmal der Entdeckungen, Elevador de Santa Justa, Miradouros, Mosteiro dos Jerónimos, Oceanário de Lisboa, Palácio de Queluz, Ponte do 25 de Abril, São Roque, Sé Catedral, Torre de Belém, Torre Vasco da Gama

BERÜHMTE PERSONEN

* **Francisco de Almeida** (1450–1510), Seefahrer
* **Manuel do Nascimento** (1734–1819), Lyriker
* **Amália Rodrigues** (1920–1999), Fadosängerin
* **Jorge Sampaio** (geb. 1939), Staatspräsident

GRIECHENLAND

Athen

ÜBER 4000 JAHRE VOR DEM BAU DES ERSTEN MYKENISCHEN PALASTES UM 1300 V. CHR. SIEDELTEN MENSCHEN AUF DEM FELSHÜGEL, AUF DEM SICH HEUTE DIE WEITHIN SICHTBAREN ÜBERRESTE DER ATHENER BURG – DER WELTBERÜHMTEN AKROPOLIS – ERHEBEN.

Nebenbei bemerkt: Eine venezianische Granate ließ 1687 das türkische Munitionsdepot im Parthenon in die Luft fliegen, und mit ihm große Teile der alten Burganlage. Das ist zwar bedauerlich, aber wahrscheinlich kämen dann bei weitem nicht so viele Touristen den steilen Hügel hoch, und das, obwohl man doch von hier oben einen großartigen Panoramablick über die älteste Stadt Europas hat.

Die Akropolis. Die 1987 von der UNESCO in die Liste des Weltkulturerbes aufgenommene Athener Akropolis wurde nach den Perserkriegen des 5. Jahrhunderts zwischen 467 und 406 v. Chr. erbaut, während der Blütezeit der griechischen Kultur. Noch heute kann man hier die Propyläen, diesen mächtigen und imposanten Torbau, das Erechtheion (ionischer Tempel) sowie den Nike- und den Parthenon-Tempel besuchen. Im Parthenon stand einst eine Statue der Göttin Athene, von der heute leider nur mehr Kopien vorhanden sind. Ihr Kopf beispielsweise schlummert im Pariser Louvre.

Der tiefe Fall. Als die Römer im Jahr 86 v. Chr. Athen eroberten, lagen hinter der Stadt bereits über 1000 Jahre bewegter Geschichte. Athen blieb nach dem Einzug der Römer zwar im intellektuellen Bereich führend, doch die politische Bedeutung der ersten

Ein Abstecher in die Plaka lohnt sich – allein schon aufgrund der vielen Einkehrmöglichkeiten.

FAKTEN

*** Name in Landessprache (Griechisch):** Athinai

*** Einwohner in Athen:** ca. 729 130

*** Einwohner in der Agglomeration:** ca. 3,75 Mio.

*** Sehenswürdigkeiten:** Akropolis, Agora, Akropolismuseum, Archäologisches Nationalmuseum, Athener Trilogie, Byzantinisches Museum, Dionysostheater, Hadriansbibliothek, Kerameikos, Kloster Daphni, Lykavettos, Odeon des Herodes Attikus, Olympieion, Plaka, Tempel des Zeus

BERÜHMTE PERSONEN

*** Stavros Niarchos** (1909–1996), griechischer Reeder

*** Sokrates** (469–399 v. Chr.), Philosoph

*** Solon** (640–559 v. Chr), Gesetzgeber Athens

demokratischen Stadt war auf dem absoluten Nullpunkt angelangt. Im Mittelalter – die Stadt war seit dem 9. Jahrhundert Bischofssitz – wurde Athen erneut zum Spielball ausländischer Interessen, sie sah neue Herren kommen und gehen. Im Jahr 1456 wurde die Stadt schließlich von den Osmanen erobert. Aus dem Parthenon-Tempel wurde eine Moschee.

Rückkehr ins Licht. Zu Beginn des 19. Jahrhunderts, nach den Unabhängigkeitskriegen gegen die Türkei, war Athen nur noch ein kleines Dorf mit etwa 300 Häusern und 1000 Einwohnern. Dennoch wurde Athen 1834 Hauptstadt Griechenlands und königliche Residenz. Der erste griechische König Otto I. (1832–1862) aus dem Hause Wittelsbach ließ Athen ausbauen und gab zahlreiche klassizistische Bauten in Auftrag. Athen erhielt ein neues Gesicht – und es erwachte endlich wieder aus seinem Dornröschenschlaf.

Die Athener Altstadt. Athen auf die Akropolis reduzieren zu wollen, wäre unangemessen. Rund um ihren Felsensockel wurde eine große Fußgängerzone angelegt. Von dort aus sind alle wichtigen Sehenswürdigkeiten und die Plaka zu Fuß zu erreichen. Die Plaka ist das älteste und malerischste Stadtviertel Athens – mit verwinkelten, labyrinthartigen Gassen, steilen Treppen und zugleich dörflichem Charme. Man findet hier keine Prachtbauten, nur die Reste kleiner, oft aus Holz gebauter Handwerkerhäuser. Leider wird dieser Bezirk in erhöhtem Maße vom Tourismus beherrscht. Trotzdem macht es viel Spaß, hier zu bummeln. Besonders am Abend hat die Plaka eine einzigartige Atmosphäre.

Die Agora. Hinter dem Monastiraki-Platz, nordwestlich der Akropolis, liegt die Agora. Über viele Jahrhunderte hinweg war die Agora Mittelpunkt für Handel, Kunst und Philosophie. Hier steht auch der am besten erhaltene Tempel Griechenlands – der Hephaistos-Tempel. Dieser wurde zwischen 449 und 444 v. Chr. erbaut und thront hoch über der Agora. Der Tempel besitzt jeweils 6 Säulen an den Quer- und 13 Säulen an den Längsseiten und wurde für die Götter Hephaistos (Gott der Schmiede) und Athene erbaut.

Zeit für etwas Kultur. Am Südhang der Akropolis liegt das römische Odeon des Herodes Attikus, ein großes antikes Theater aus dem 2. Jahrhundert. Noch heute wird es wegen seiner atemberaubenden Akustik für die Athener Festspiele genutzt, die jeden Sommer Konzerte, Vorträge, Musicals und Dramen präsentieren. 5000 Zuschauer finden in dem weiten Rund Platz.

Mitte: Im Odeon von Herodes Attikus sang schon Luciano Pavarotti.

Unten: Das Olympiastadion wurde für Olympia 2004 vollständig renoviert.

Die Städte Mittel- und Südamerikas sind Gründungen aus der Kolonialzeit. Sie haben das Image von überschäumender Lebensfreude, allen voran natürlich die Sambametropole Rio de Janeiro. Manche Städte sind dagegen moderne Hochburgen der lateinamerikanischen Hochfinanz, andere wiederum wirken wie Relikte einer vergangenen Zeit.

MITTEL- UND SÜD-
AMERIKA

KUBA

Havanna

TRAURIGERWEISE BLÄTTERT DIE PRACHT DER ALTEN DIVA HAVANNA ALLMÄHLICH AB. DIE UNESCO HAT ALT-HAVANNA INZWISCHEN ZUM WELTKULTURERBE ERKLÄRT UND GELDER FREIGEMACHT, DOCH BISLANG IST ERST EIN TEIL DER GEBÄUDE SANIERT WORDEN.

Havanna wurde im Schachbrettmuster angelegt und mit prächtigen Kirchen und Adelshäusern fein ausgestattet. 300 Jahre lang beschränkte sich das urbane Leben der kubanischen Hauptstadt auf Intramuros innerhalb der Stadtmauer. Zu Beginn des 19. Jahrhunderts setzte aber ein Bauboom ein, dem die Mauer zum Opfer fiel, um für die Prachtalleen zwischen der Plaza Intramuros und der Plaza Extramuros Platz zu schaffen.

Tor zur Neuen Welt. Havannas Stadtgründung geht bis auf das Jahr 1515 zurück. An ihrem heutigen Platz steht die Hauptstadt Kubas, mit dem so geschützt gelegenen Naturhafen, jedoch erst seit 1519. Die gute zentrale Lage in der Karibik war für ihre Entwicklung ausgesprochen günstig. Denn alle wichtigen Handelsrouten von und nach Mexiko und Peru gingen hier vorüber. Dies führte zu einem rasanten Wachstum der Stadt. Im Jahr 1607 wurde Havanna Hauptstadt der Kolonie Kuba, wurde das Tor zur Neuen Welt – und von da an wuchs die Stadt kontinuierlich und unaufhörlich weiter.

Hemingways Havanna. Einen großen Boom erlebte die Stadt rund 150 Jahre später während der amerikanischen Prohibition. Die Karibikmetropole – insbesondere das Stadtviertel Vedado, wo heute das 142 Meter hohe Denkmal zu Ehren des Revolutionärs

An der Plaza de la Catedral schlägt das Herz von Havanna – und es läuten die Glocken von San Christóbal de La Habana.

FAKTEN

*** Name in der Landessprache (Spanisch):** San Cristóbal de La Habana

*** Einwohner in Havanna:** ca. 2,2 Mio.

*** Sehenswürdigkeiten:** Castillo de la Real Fuerza, Centro Habana, Kathedrale, La Cabaña, Malecon, Miramar, Museo de la Revolucion, Plaza de las Armas, Plaza Martí, Prado

BERÜHMTE PERSONEN

*** Juan Almeida** (geb. 1927), Revolutionär und Politiker

*** Gloria Estefan** (geb. 1957), Popdiva

*** Andy Garcia** (geb. 1956), amerikanischer Schauspieler

*** José Martí** (1853–1895), Nationaldichter

und Nationaldichters José Martí steht – wurde zum Asyl für viele Angehörige des US-Jetsets, für zwielichtige Gestalten und all jene, denen der Sinn nach einer guten Flasche Rum, einer aromatischen Zigarre und ein bisschen flotter Salsamusik stand. Auch Ernest Hemingway verschlug es hierher, wo er einen Großteil seines Romanwerkes verfasste – und gerne ein Gläschen oder zwei hinunterkippte und eine dicke Havannazigarre rauchte. Das Ende der langen kubanischen Party kam am Silvestertag im Jahr 1959, als die von Fidel Castro angeführten Rebellen in die Stadt einmarschierten. Heute locken die Nachtclubs jedoch wieder tausende Besucher nach Havanna.

La Habana Vieja, Alt-Havanna, wurde 1982 von der UNESCO zum Weltkulturerbe erklärt. Einige der schönsten Gebäude Havannas wurden zu Museen umgestaltet, und die Stadt bietet genügend Kirchen, Paläste, Schlösser, Denkmäler und Märkte, um jeden Kulturinteressierten zu befriedigen. Zu den herausragenden Sehenswürdigkeiten gehört die Plaza de la Catedral, einer der schönsten Plätze der Stadt. Die unterschiedlich hohen Türme der Kathedrale San Christóbal de La Habana beherrschen das Bild des Platzes. In der Nähe befindet sich das Castillo de la Real Fuerza, die älteste noch erhaltene koloniale Festung in der Neuen Welt. Die von Königspalmen gesäumte Plaza de las Armas ist seit 400 Jahren das Regierungs- und Machtzentrum Kubas. Der majestätische Palacio de los Capitanes Generales – neuerdings beherbergt er das Stadtmuseum – gegenüber auf der Westseite des Platzes ist eines der imposantesten Gebäude Kubas.

Markenzeichen – Zigarre. Vor der Revolution war Zentral-Havanna der Rotlichtbezirk der Stadt, doch heute leuchtet er allenfalls noch in verblassenden Pastellfarben. Die meisten Besucher machen in der Regel einen Bogen um dieses Viertel und halten sich lieber an den mehr Annehmlichkeiten bietenden Bezirk Vedado oder an die berühmten Sehenswürdigkeiten Alt-Havannas. Dabei gibt es im zentralen Havanna eine Menge zu sehen. Dominiert wird das gesamte Viertel von dem monumentalen El Capitolio Nacional, das, wie zum Hohn auf den Kapitalismus des großen Nachbarn im Norden, dem Capitol in Washington wie ein Bruder dem anderen gleicht – allerdings mehr Details aufweist. Auf der Westseite des Kapitols liegt eine der ältesten Zigarrenfabriken Havannas. Rund 400 Beschäftigte rollen hier Zigarren mit der Hand.

Mitte: Das Museo de la Revolucion, einst der Präsidentenpalast.

Unten: Kuba bei Nacht mit dem Hotel Nacional.

MEXIKO

Mexiko-Stadt

ÜBER DIE BREITEN AVENIDAS WÄLZT SICH EINE ENDLOSE KOLONNE VON FAHRZEUGEN, ABGASE WERDEN IN DIE LUFT GEBLASEN. AUF DEN ERSTEN BLICK ENTBEHRT DIESE STADT JEGLICHE ÄSTHETIK: LÄRM, SCHMUTZ UND HEKTIK ÜBERFALLEN DEN BESUCHER.

Mexiko-Stadt ist die größte Metropole des amerikanischen Kontinents – und sie platzt aus allen Nähten. Hinter der zunächst etwas trostlos wirkenden Außenfassade der riesigen Stadt verbergen sich allerdings viele großartige architektonische Schätze und dazu künstlerische Freiräume, wie sie keine andere lateinamerikanische Metropole vorweisen kann: Barockkirchen, Klöster und Kolonialpaläste neben innovativer moderner Architektur, unzählige Monumentalgemälde der berühmten mexikanischen Wandmalerschule sowie zahlreiche Museen mit Weltniveau.

Die Legende von Adler, Schlange und Kaktus. Im Tal von México auf über 2000 Meter Höhe gründeten im Jahre 1325 nomadische Azteken, sie nannten sich selbst Méxica, ihre Stadt Tenochtitlán. Strategisch gesehen hatten die Nomaden eine ausgesprochen kluge Wahl getroffen. Die Inseln inmitten des flachen Sees waren ideale Siedlungsplätze, die zugleich geschützt lagen. Aus den Méxica wurden schließlich sesshafte Indios. Zwischen den Inseln errichteten sie Dämme, wodurch ein richtiges Kanalsystem mit Zugbrücken und Schleusen entstand. Die Stadt wuchs schließlich auf mehr als 13 Quadratkilometer an. Von Tenochtitlán aus eroberten die Azteken mit Waffengewalt das gesamte Hochtal und beherrschten schon

FAKTEN

* * **Name in der Landessprache (Spanisch):** La Ciudad de México
* * **Einwohner in Mexiko-Stadt:** ca. 8,66 Mio.
* * **Einwohner in der Agglomeration:** ca. 22,1 Mio.
* * **Sehenswürdigkeiten:** Ala meda-Park, Casa Azul, Chapultepec-Park, Cholula, Corrida Plaza México, Iztaccíhuatl, Museo de Arte Moderno, Museo Nacional de Antropología, Museo Nacional de Arte, Palacio de Bellas Artes, Palacio Postal, Paseo de la Reforma, Popocatépetl, Templo Mayor, Teotihuacán, Xochimilco-Park, Zócalo

Herz der Stadt ist die Plaza de la Constitucion, auch Zócalo genannt. Hinter ihr erhebt sich die monumentale Kathedrale der Stadt.

bald große Teile des heutigen Mexikos sowie Teile Mittelamerikas.

Hernán Cortés. Mit dem Jahr 1519 begann der tiefe Fall des mächtigen Aztekenreiches. Mit nur wenigen Männern landete Cortés an der mexikanischen Ostküste. Selbst wenn man die Feuerwaffen sowie die Pferde der spanischen Konquistadoren mit ins Kalkül zieht, so ist Cortés' Leistung unglaublich – jedoch über die Maßen rücksichtslos und brutal. Er hatte lediglich 500 spanische Soldaten, 16 berittene Kämpfer, 6 Geschütze und 400 indianische Söldner bei sich, als er im August 1519 nach Tenochtitlán aufbrach. Die Azteken hingegen zählten hunderttausende.

Der 8. November 1519 besiegelte das Schicksal der Azteken: Moctezuma empfing Cortés als ehrenwerten Gast – und als Gott Quetzalcoatl – in seiner Stadt, und ließ das Verhängnis damit selbst zur Tür herein. Nach einem Missverständnis kam es zur Geiselnahme Moctezumas und einem Massaker unter der Priesterschaft durch die Spanier. Zwar konnten die Azteken die Eindringlinge besiegen und in die Flucht schlagen, doch verschob dies lediglich den Untergang in den August 1521, als Cortés mit neuen Truppen anrückte und die Azteken niederwarf. Auf dem Boden der alten Stadt errichteten die neuen Herren dann ihre eigene Stadt mit Kirchen und Palästen. Als neues Land gebraucht wurde, legte man den größten Teil des Sees trocken. Tenochtitlán wurde damit restlos von der Landkarte getilgt.

Jahrzehnte des Kampfes. Sechs lange Jahre währte auch der Unabhängigkeitskrieg der „neuen" Mexikaner gegen das spanische Mutterland, aber 1821 – 300 Jahre nach dem Fall der Azteken – war das Ziel erreicht. Was folgte, war ein Jahrhundert ständiger Klein- und Bürgerkriege. Zuerst waren es US-Amerikaner, die vom Norden des Landes Besitz ergriffen: Texas, Arizona und große Teile Kaliforniens gingen

Oben: Direkt hinter der Kathedrale liegt der aztekische Templo Mayor.

Links: Im rechten Winkel zu der Kathedrale steht der Palacio Nacional am Zócalo.

Die Wassergärten von Xochimilco liegen rund 20 Kilometer südlich des Stadtzentrums und sind ein farbenprächtiges Naherholungsgebiet.

verloren. Dann versuchte Kaiser Napoleon III. von Frankreich sein Glück. Er inthronisierte im Jahr 1864 den Habsburger Erzherzog Maximilian als Kaiser von Mexiko gegen den Willen des Volkes. Das Abenteuer des französischen Kaisers jedoch endete im Desaster. Im Jahr 1867, von Napoleon im Stich gelassen, wurde Kaiser Max von einem Erschießungskommando vor den Augen des mexikanischen Volkshelden Benito Juarez hingerichtet.

Aufschwung mit einigen Hindernissen. Erst nach den langen Jahren des Kampfes konnte Mexiko-Stadt endlich wachsen. Unter El Présidente Porfirio Diaz (1870–1911) setzte ein enormer Bauboom ein, die Industrialisierung konnte endlich richtig Fuß fassen, der Aufschwung setzte ein. Bis zum Ausbruch der mexikanischen Revolution im Jahre 1910 wuchs die Einwohnerzahl bis auf eine Dreiviertelmillion an. Und dies, obwohl die Lebensbedingungen in der von ungesunden Sümpfen umgebenen Stadt alles andere als gut waren. Die Situation wurde auch während und nach der Revolution nicht besser. Zehntausende Verzweifelter flüchteten in die sich schnell industrialisierende Hauptstadt auf der Suche nach Arbeit und besseren Lebensbedingungen – vielfach vergebens. Mexiko-Stadt wuchs unkontrolliert an – und mit ihr die sozialen Probleme. Diese Probleme sind auch heute noch allgegenwärtiger Teil des täglichen Lebens.

Widerspruch und Ergänzung. Heute ist Mexiko-Stadt von den Kontrasten alt und neu, reich und arm geprägt. Diese Unterschiede erfährt am besten, wer nachts anreist. Glitzernd und schimmernd empfängt den Besucher die Megacity. Und am Morgen kommt das Erwachen: Smog, Lärm – und unglaubliche Menschenmassen. Doch wo sind denn jene Paläste, von denen bereits der große deutsche Forschungsreisende Alexander von Humboldt erzählte? Wo verbirgt sich die sagenhafte Geschichte dieser Stadt mit ihrer einzigartigen Architektur über dem Grund eines Sees? Es gibt sie, die Spuren der Geschichte. Nebeneinander liegt das scheinbar Widersprüchliche: der Templo Mayor der Azteken neben der Kathedrale und dem Regierungspalast, die modernen Hochhäuser neben dem indianischen Ballspielplatz und der barocken Kirche auf der Plaza de las tres Culturas. Und die Basilika der Jungfrau von Guadalupe auf dem Hügel Tepeyac, auf dem einst die Aztekengöttin Tonantzín verehrt wurde.

Wandgemälde in der Altstadt. Die altehrwürdigen Gemäuer kann man im Centro Históricio in der Altstadt entdecken. Diese wurde 1987 in die Liste des

Rechts: Im Alameda Park finden regelmäßig Märkte statt.

Unten: Die pulsierende Hauptader ist der Paseo de la Reforma mit dem Unabhängigkeitsdenkmal.

UNESCO-Weltkulturerbes aufgenommen, zusammen mit den Wassergärten im Stadtteil Xochimilco. In den Straßen und Gassen der Altstadt geht das Leben der Stadt einen etwas geruhsameren Gang. Die Flucht in diese versteckten Winkel der Großstadt erweist sich für den Besucher in der Regel als Glücksfall, denn hier lernt er Mexiko-Stadt auf eine neuartige und überraschend anschauliche Weise kennen. Überall in den Höfen und Treppenaufgängen findet man monumentale Wandmalereien aus dem frühen 20. Jahrhundert. Besonders sehenswert sind hierbei die Gemälde im Palacio Nacional, dem Amtssitz des mexikanischen Präsidenten. Einer der Wegbereiter dieser Stilart, des so genannten Muralismo, Diego Rivera, schuf dort in den Jahren 1929 bis 1935 einen Zyklus zur mexikanischen Geschichte.

Vom Zócalo in die moderne Stadt. Herz der Stadt ist die Plaza de la Constitucion, von den Einheimischen Zócalo genannt. Hier erhob sich einst Moctezumas Herrscherpalast. Heute umranden den Platz die monumentale barocke Kathedrale, der Palacio Municipal und der Palacio Nacional. Nahe dem Zócalo liegt die von Kolonialgebäuden und Palästen aus Tezontle gesäumte Calle Moneda mit der Kirche La Santísima und dem barocken Erzbischöflichen Palais. Wenngleich sein Intermezzo nicht sehr erfolgreich war, so hat auch der Habsburger Kaiser Maximilian seine Spuren in der Stadt hinterlassen: die breite Hauptschlagader der Stadt, den Paseo de la Reforma. Von der Altstadt aus führte der breite und prächtige Boulevard einst zur ehemaligen Sommerresidenz des Kaisers: Schloss Chapultepec. Heute zieht die breite Straße auch unter den modernen Wolkenkratzern der Stadt dahin.

Theater und Museen. Viele Theater schmücken das Bild der Stadt. Eines der bekanntesten Theater ist der Palacio de Bellas Artes, der Palast der Schönen Künste, der nach 30-jähriger Bauzeit 1934 an der Ostseite des Parks Alameda Central eröffnet wurde. Auch hier trifft man auf die allgegenwärtigen Wandgemälde von Diego Rivera und seinen Mitstreitern. An Museen ist die Stadt ausgesprochen reich. Sei es das Museum für Moderne Kunst – und wiederum begegnet man Diego Rivera – oder das anthropologische Museum, das Museo Nacional del Arte oder auch das mit den Kunstwerken großer Meister gespickte Museo Rufino Tamayo (Miró, Dalí und Picasso) – Mexikos Museen zählen zu den renommiertesten und berühmtesten auf der ganzen Welt.

BERÜHMTE PERSONEN

* **Ernesto Canto** (geb. 1959), Leichtathlet und Olympiasieger
* **Frida Kahlo** (1907–1954), Malerin
* **Octavio Paz** (1914–1998), Schriftsteller
* **Vicente Fox** (geb. 1942), Politiker
* **Charles Seeger** (1886–1979), US-amerikanischer Komponist

VENEZUELA

Caracas

CAPITANO ALONSO DE OJEDA KAM ES WOHL „SPANISCH“ VOR, ALS ER EINES TAGES IM GEBIET VON MARACAIBO HOLZPFAHLBAUTEN MITTEN IM MEER ERBLICKTE. AN VENEDIG ERINNERT, GAB ER DEM ORT DEN NAMEN „KLEINES VENEDIG“: VENEZUELA.

Das Überseeabenteuer der Welser. Von 1529 bis 1556 lagen die Geschicke der Region in Händen der Augsburger Handelsfamilie Welser. Ambrosius Ehinger aus Ulm gab den Anstoß zu den Venezuela-Unternehmungen der Welser. Er war der erste Statthalter der deutschen Händlerfamilie in der Neuen Welt. Doch wie waren die Welser dazu gekommen? Als Gegenleistung für gewährte Kredite überließ ihnen der Habsburger Kaiser Karl V. Venezuela als Lehen. Für die Welser entwickelte sich das Venezuela-Geschäft jedoch zu einem Verlustunternehmen. 1556 wurden den Welsern aufgrund ihres „wucherischen Handels“ alle Konzessionsrechte entzogen.

Freiheitskampf unter Simón Bolívar. Nach dem Rückzug der Welser blieb der Ort nahezu verwaist, ehe 1567 der Konquistador Diego de Losada offiziell die Stadt Santiago de León de Caracas gründete. Durch die Kakaoexporte Mitte des 18. Jahrhunderts wurde Caracas eine der blühendsten Städte Südamerikas. Dies mag wohl auch ein Grund gewesen sein, warum die Spanier gerade hier besonders vehement gegen die Unabhängigkeitsbestrebungen des berühmtesten Sohnes von Caracas – Simón Bolívar – vorgegangen sind. Zehn Jahre lang mussten die Venezolaner kämpfen, ehe sie 1821 endlich erfolgreich waren und ihre

Rechts: Das Kapitol, Heimat des venezolanischen Kongresses.

Unten: Die Plaza Bolívar mit dem Reiterstandbild von Simón Bolívar.

Freiheit erringen konnten. Im Jahr 1831 folgte dann die Loslösung von Kolumbien, Caracas wurde Mittelpunkt des Landes.

Im Ölrausch. Einen zweiten Kampf neben dem gegen die Spanier mussten die Bürger dann nach dem 26. März 1812 führen. Ein verheerendes Erdbeben zerstörte fast ganz Caracas. Danach wurde die Stadt wieder aufgebaut, sie erholte sich allerdings zunächst nur langsam, dafür aber stetig. Und als 1917 nahe der Stadt Erdöl entdeckt wurde, bescherte dies der Stadt einen enormen wirtschaftlichen Aufschwung. Die Bevölkerungszahlen schossen über Nacht in die Höhe, ebenso die Gebäude der Stadt. Zeuge dieser Zeit ist das Centro Simón Bolívar mit seinen beiden Türmen aus den 50er-Jahren des letzten Jahrhunderts. Heute werden sie von den benachbarten Hochhäusern und insbesondere von den Wolkenkratzern des Parque Central um einiges überragt.

Caracas am Río Guaire war eine der wohlhabendsten spanischen Kolonialstädte in Südamerika. Heute ist die Stadt das Wirtschafts- und Industriezentrum von Venezuela. Aber trotz des Ölbooms und des immensen Wachstums der Stadt in der jüngsten Vergangenheit hat Caracas dennoch seine historischen Wurzeln stets zu bewahren gewusst. Allerdings blieb durch die immer wieder auftretenden Erdbeben die Bausubstanz der Kolonialepoche größtenteils auf der Strecke. Das Zentrum von Caracas ist jedoch heute wie einst die Plaza Bolívar, die Keimzelle der Stadt, dominiert von einem bronzenen Reiterstandbild des Nationalhelden Simón Bolívar. Gar nicht weit von Bolívars Aussichtsplatz befindet sich die 1614 erbaute und später barockisierte Kathedrale mit ihrem prächtigen vergoldeten Altar. Daneben erhebt sich die Casa Amarilla, der erzbischöfliche Palast.

Die Zentrale Universität. Ganz in der Nähe der Plaza befinden sich das Kapitol mit seiner goldenen Kuppel, das Panteón Nacional mit dem viel besuchten Grab Símon Bolívars und die Zentraluniversität von Venezuela (gegründet 1725). 87 Bauwerke umfasst das Areal der Universität. Der Venezolaner Carlos Raul Villanueva erschuf damit in den 1940er- bis 1960er-Jahren ein stadtplanerisches und architektonisches Meisterwerk. Mit seinem virtuos geformten Beton hat er einen noch immer aktuellen Baustil geprägt. Erst 25 Jahre nach seinem Tod wurde das Bauensemble im Jahr 2000 von der UNESCO in die Liste des Weltkulturerbes aufgenommen.

FAKTEN

* **Einwohner in Caracas:** ca. 1,82 Mio.
* **Einwohner in der Agglomeration:** ca. 5,72 Mio.
* **Sehenswürdigkeiten:** Arco de la Federacíon, Catedral de Caracas, Concejo Municipal, El Capitolio Macional, Galeria de Arte Nacional & Museo de Bellas Artes, Iglèsia de San Francisco, La Mezquita de Caracas, Museo de Arte Contemporaneo, Museo Sacra de Caracas, Palacio de la Gobernacíon, Pantéon Nacional, Parque Nacional El Avíla, Plaza Bolívar

BERÜHMTE PERSONEN

* **Simón Bolívar** (1783–1830), Unabhängigkeitskämpfer
* **Francisco de Miranda** (1750–1816), Freiheitskämpfer
* **Johnny Cecotto** (geb. 1956), Motorsportler

KOLUMBIEN

Bogotá

DIE HOCHEBENE, AUF DER SICH KOLUMBIENS HAUPTSTADT BOGOTÁ AUSBREITET, LIEGT ÜBER 2500 METER HOCH. DIE MILLIONENSTADT SCHMIEGT SICH AN DIE HÄNGE IHRER BEIDEN HAUSBERGE, DES GUADALUPE UND DES MONTSERRATE.

Ein verhängnisvoller Mythos war der Ausgangspunkt der Stadtgründung Bogotás. Bevor die Inkas oder Spanier hierher kamen, lebte das Volk der Chibcha in der Sabana de Bogotá, einer weitläufigen Hochebene in den Anden. Eine Zeit lang gehörte die Region zum Imperium der Inkas, doch als die Spanier, die der Reichtum der Indios magisch anzog, hier eindrangen, waren die Inkas schon lange Zeit weg.

Die Siedlung Bacatá, Hauptstadt eines Kazikenreiches, fiel dem Ansturm der goldgierigen Eindringlinge aus Europa zum Opfer, und am 6. August 1538 gründete der Konquistador Gonzalo Jiménez de Quesada auf den Überresten der Indiosiedlung die Stadt Santa Fe de Bogotá. Von Bogotá aus zogen die todesmutigen und goldgierigen Abenteurer aus Europa los, um das sagenhafte Goldland von Eldorado zu finden.

Die Legende der Kaziken. Den Ruf, der Vorhof des Goldlandes zu sein, hat die Region durch den etwa 30 Kilometer nordöstlich des Stadtzentrums liegenden See von Guatavita. Hier sollen der Legende zufolge die Kaziken der Muisca-Indianer gebadet haben – und zwar ganz mit Goldstaub bedeckt. Das Volk der Chibcha, zu dem die Muisca-Indios gehörten, scheint ungewollt für den Mythos von Eldorado gesorgt zu haben. Es konnte bis heute nicht gefunden werden. Sicher ist

Herzstück der Candelaria, der Altstadt, ist die weit ausladende Plaza Bolívar mit der klassizistischen Kathedrale.

FAKTEN

*** Einwohner in Bogotá:** ca. 7,19 Mio.

*** Einwohner in der Agglomeration:** ca. 8,25 Mio.

*** Sehenswürdigkeiten:** Capilla del Sagrario, Capitolio Nacional, Catedral, Guatavita, La Candelaria, Monasterio Santa Clara, Museo de Arte Colonial, Museu de Oro, Parque Metropolitano Simón Bolívar, Parque Nacional, Plaza Bolívar, Salz-Kathedrale, Cascada de Tequendama

BERÜHMTE PERSONEN

*** John Leguizamo** (geb. 1964), Schauspieler

*** Juan Pablo Montoya** (geb. 1975), Formel-1-Rennfahrer

*** Andrés Pastrana Arango** (geb. 1954), Politiker

auf jeden Fall, dass die Indios Smaragde als Tauschmittel nutzten. Allein diese Tatsache lockte so manchen Glücksritter in die Sabana de Bogotá.

Die Republik entsteht. Bogotá wurde schnell zu einem wichtigen Umschlagplatz in Spaniens Kolonialreich, und mit der Gründung des Vizekönigreiches Neugranada im Jahr 1717 dessen Hauptstadt. Abenteurer aus aller Welt besuchten die Stadt – manche blieben hier, andere machte sich auf die Suche nach Eldorado. Aus denen, die blieben, entwickelte sich eine einflussreiche Schicht spanisch- oder europäischstämmiger Kolumbianer. Sie strebten an der Wende zum 19. Jahrhundert nach Unabhängigkeit. Es entbrannte der Freiheitskrieg, der 1819 mit der Loslösung Kolumbiens aus dem Kolonialreich endete. Bogotá wurde Hauptstadt der neuen Republik, zu der damals noch Ecuador, Kolumbien und Venezuela gehörten, die sich aber im Lauf des Jahrhunderts (1830) von Kolumbien lösten.

Die Schachbrettstadt Bogotá präsentiert sich heute wie andere lateinamerikanische Städte auch: Wolkenkratzer, Barockbauten und Gebäude aus republikanischer Zeit fügen sich zu einem einzigartigen Ensemble zusammen. Mittendrin erhebt sich wie das Kolosseum in Rom die Stierkampfarena. Entlang der Avenida Caracas und der wichtigsten Geschäftsstraße „Séptima“ gehen die Straßen nummeriert wie Fischgräten ab, aufsteigend nach Norden mit zunehmendem Wohlstand – ab Straße 100 lebt es sich geordnetbürgerlich –, in Richtung Süden, unterhalb des alten Stadtzentrums, liegen die Elendsviertel.

La Candelaria. Die alte Bausubstanz ist in Bogotá, vor allem in der Altstadt La Candelaria an der Plaza Bolívar, trotz Bauboom in den letzten Jahrzehnten noch allgegenwärtig. Darunter sind vor allen Dingen Sakralbauten wie die Kirche von San Francisco oder die klassizistische Kathedrale an der Plaza Bolívar zu nennen. An der Plaza erheben sich auch die Capilla del Sagrario – hier liegt Gregorio Vásquez de Arce y Ceballos, der bedeutendste kolumbianische Maler der Kolonialzeit begraben – und das Capitolio Nacional, der Nationalpalast. Andere Bauwerke der Kolonialzeit dienen heute weitgehend als Museen oder Bibliotheken. Ein unbedingtes Muss für jeden Besucher der Stadt ist dabei das Museo de Oro. Hier zeigt sich anhand von 38 000 Exponaten der vergangene Glanz der Inka- und Chibchazeit, die den Mythos von Eldorado ins Leben gerufen hat.

Mitte: Die Quelle der Legende von Eldorado: der See von Guatavita.

Unten: Blick über die Dächer in die Hinterhöfe der Candelaria.

ECUADOR

Quito

QUITO IST DIE MIT ABSTAND SPANISCHSTE STADT DER NEUEN WELT. ECUADORS HAUPTSTADT BEFINDET SICH HEUTE IN EINEM SCHWEBEZUSTAND ZWISCHEN KOLONIALZEIT UND MODERNER CITY; NEUE STADTSTRUKTUREN MISCHEN SICH MIT DEM KOLONIALEN ERBE.

Eine beeindruckende und majestätische Kulisse für Quito bilden die Vulkane – manche aktiv, andere nur stumme Zeugen. Beeindruckend an Quito ist aber nicht nur das Panorama, sondern auch das quirlige Gewirr von Menschen und Märkten und die von der UNESCO zum Weltkulturerbe erklärte koloniale Altstadt mit ihrer schier unüberschaubaren Zahl an Kirchen und Klöstern.

Die Suche nach dem Goldland. Die Eroberer Quitos kamen zunächst nicht aus Spanien. Das Volk der Quitu, Namensgeber und die ursprüngliche Bevölkerung der Region, widerstand lange Zeit den Inkas, ehe es im 15. Jahrhundert dann endgültig unterworfen wurde. Als die Europäer im Jahr 1534 kamen, brannten die Inkas auf der Flucht ihre Provinzhauptstadt nieder. Sebastián de Belalcázar errichtete am 6. Dezember 1534 an der gleichen Stelle San Francisco de Quito. 1540 war diese Neugründung Ausgangspunkt für eine der spektakulärsten Expeditionen in der Neuen Welt: die „Zimtland"-Expedition. Man begab sich auf die Suche nach dem legendären Zimtland und dem sagenhaften Goldland von Eldorado – und fand den Weg zum Amazonas.

Das Kloster Amerikas. Im Gefolge der spanischen Konquistadoren kamen auch Mönche nach Quito. Die Stadt wurde zu einem Zentrum der katholi-

FAKTEN

✻ Einwohner in Quito: ca. 1,84 Mio.

✻ Sehenswürdigkeiten: Alt-Quito, Catedral, Convento de San Agustín, Ejido-Park, El Panecillo, La Basilica, La Ronda, Mariscal, Monasterio San Francisco, Museo de la Ciudad, Museo Nacional del Banco Central, Plaza de la Independencia, Plaza San Francisco, San Francisco, Telerifico, Vivarium

BERÜHMTE PERSONEN

✻ José Ayala-Lasso (geb. 1932), Diplomat und Politiker

✻ Rodrigo Borja (geb. 1935), Politiker

✻ José María Velasco Ibarra (1893–1979), Staatspräsident

✻ Manuela Sáenz (1797–1856), Freiheitskämpferin

schen Indio-Missionierung. Im Laufe der Zeit entstanden mehr als 30 Kirchen und Klöster und diese brachten der ecuadorianischen Hauptstadt Beinamen wie „Kloster Amerikas" und „barockes Juwel der Anden" ein. Das sakrale Prunkstück Quitos ist heute ohne Zweifel die an der Plaza San Francisco gelegene Kirche gleichen Namens. Im einstigen Franziskanerkloster entwickelte sich eine bekannte Kunstschule, in der die Indios ihre Talente in Malerei, Bildhauerei und Buchillustration unter Beweis stellten und noch immer stellen. Aber auch die Vielzahl anderer Kirchenbauten aus der Kolonialzeit machen Quito zu einem einzigartigen Freilichtmuseum für sakrale Baukunst.

Als erste Stadt Weltkulturerbe. Im Jahr 1978 wurde Alt-Quito, die koloniale Altstadt der ecuadorianischen Hauptstadt, als erste Stadt in die Liste des UNESCO-Weltkulturerbes aufgenommen. Mehr als 100 Kirchen und 55 Klöster – darunter die wunderbare Jesuitenkirche „La Compania" mit ihrem goldenen Hauptaltar –, Bürgerhäuser, Straßen und Plätze prägen die Altstadt. Quitos Klöster und Kirchen zeigen die klassischen Stilrichtungen der Renaissance, des Barock und des Klassizismus, jedoch stets abgewandelt durch den so genannten Mudejar-Stil, einer Verschmelzung maurischer und gotischer Formelemente, wie sie sonst im Süden Spaniens vorherrschen.

Am Rand der Plaza del Independencia steht die Kathedrale, rechts daneben der Palacio de Gobierno.

Tanz auf dem Vulkan. Die geografische Lage der Stadt in der Nähe des Äquators mit spektakulärer Aussicht auf vergletscherte und zum Teil aktive Vulkane, wie Cotopaxi, Cayambe, Antisana, Illiniza, ist berühmt, birgt aber auch Gefahren. Erdbeben und Aschefälle haben Quito in Vergangenheit und Gegenwart heimgesucht. Die Stadt liegt direkt am Fuße des aktiven Vulkans Pichincha. Seit 2005 führt im Westen der Stadt eine Seilbahn eine Flanke des Berges hinauf bis auf über 4000 Meter. Von dort aus hat man einen fantastischen Ausblick auf Stadt und Berge.

Oben: Die Quito Plaza ist ein sehr beliebter Treffpunkt.

Links: Der Pichincha machte sich am Morgen des 7. Oktober 1999 einmal mehr bemerkbar.

PERU

Lima

DAS IST LIMA: NEBEN TROSTLOSEN FABRIKVIERTELN LIEGEN ELEGANTE VILLENVORORTE, DÜSTERE GASSEN MÜNDEN AUF WEITE PLÄTZE UND BOULEVARDS MIT PRÄCHTIGEN BAROCKBAUTEN, NEBEN DENEN MODERNE HOCHHÄUSER IN DEN HIMMEL RAGEN.

Hingelagert auf einer weiten, rund 15 Kilometer breiten Ebene zwischen dem Pazifik und den Ausläufern der Anden, genießt Lima ein angenehm trockenes Klima. Abends wehen zumeist kühle Brisen vom kalten Humboldtstrom herein. Leider zeigt sich der Himmel über der peruanischen Hauptstadt eher smoggrau und bedeckt – aber es regnet eher selten.

Die erste Universität Amerikas. Der berühmte spanische Konquistador Francisco Pizarro (1476–1541) gründete Lima am 18. Januar 1535 als Ciudad de los Reyes, die „Stadt der Könige" – eigentlich der Vizekönige von Peru – am Südufer des Río Rimac. Das Tal zu beiden Seiten des Flusses war fruchtbar und die Lage strategisch günstig für Pizarros weiteres Vorgehen gegen die Inkas in den Anden. Anfänglich war Lima nur eine kleine Siedlung für einige wenige Konquistadoren. Erst mit der Ansiedlung von Benediktinermönchen begann die Siedlung aufzuleben, und schon im Jahr 1551 gründeten die Mönche die Universidad San Marcos – die allererste Universität auf amerikanischem Boden.

Die reiche Stadt der Vizekönige. In den folgenden Jahrhunderten entwickelte sich Lima zum religiösen, wirtschaftlichen und politischen Zentrum der spanischen Kolonien in Südamerika. Die Stadt wurde zu einem der wichtigsten spanischen Stützpunkte auf

Rechts: Die Kathedrale im Herzen der Altstadt.

Unten: Der Palacio Arzobispal.

dem südamerikanischen Halbkontinent ausgebaut. Es waren vor allem das Gold und Silber aus den Anden, auf das sich der Reichtum der Stadt gründete. Sichtbar ist dieser auch heute noch in den prachtvollen Bauwerken aus der spanischen Kolonialzeit, die trotz vieler Erdbeben bis heute überdauert haben: unter anderem La Catedral – hier wurde der Stadtgründer Francisco Pizarro zu Grabe getragen –, die Kirche und der Klosterkomplex von San Francisco und die Kirche von Santo Domingo.

Neue Zeiten brechen an. Mit dem Beginn des 19. Jahrhunderts schwappte die Unabhängigkeitsbewegung wie in ganz Südamerika auch bis in die peruanische Hauptstadt. Die Rebellen unter ihrem Führer José de San Martín (1778–1850) eroberten die Stadt im Jahr 1820 und erklärten Peru zu einer unabhängigen Republik und Lima zur Hauptstadt. Daran hat sich bis heute nichts geändert.

Ein buntes Völkergemisch. Im 19. Jahrhundert strömten große Zahlen chinesischer Bahnarbeiter ins Land, um der ersten südamerikanischen Bahnstrecke (eröffnet 1854) auf den Weg zu helfen. Die Entwicklung zur Millionenstadt setzte in Lima allerdings erst im 20. Jahrhundert ein. Bis zum Beginn des Zweiten Weltkrieges und danach vervielfachte sich die Einwohnerzahl durch den Zuzug von Immigranten aus aller Welt und nach 1950 durch Landflucht. So entstand im Lauf der Jahrzehnte ein multikulturelles Völkergemisch, das entscheidend zum heutigen kosmopolitischen Flair beigetragen hat.

Zwischen einst und heute. Aus der einst blühenden Kolonialstadt ist eine schier unüberschaubare Metropole geworden, in der die Natur durch Bauten aus Asphalt, Stahl und Beton fast vollständig überbaut worden ist. Lima hat sich heute zu einer modernen und durchaus attraktiven Stadt mit mondänen Vororten wie San Isidro und Miraflores gemausert, wo der größte Teil von Limas finanziellen und kommerziellen Aktivitäten konzentriert ist und auch die besten Hotels sowie ein vielfältiges Restaurantangebot zu finden sind. Das historische Zentrum der Stadt – die Altstadt steht seit 1991 auf der Liste des UNESCO-Weltkulturerbes – ist ein großartiges Beispiel der spanischen Kolonialarchitektur. Dies gilt besonders für die Umgebung der Plaza Mayor, ehemals hieß sie Plaza de Armas, an der sich das Rathaus, der peruanische Präsidentenpalast, das erzbischöfliche Palais und einige Sakralbauten wie die Kathedrale ein malerisches Stelldichein geben.

FAKTEN

* **Einwohner in Lima:** ca. 6,87 Mio.
* **Einwohner in der Agglomeration:** ca. 7,36 Mio.
* **Sehenswürdigkeiten:** Archäologisches Museum Rafael Larco Herrera, Basilica de San Pedro, Casa Aliaga, Catedral San Francisco, Huaca Pucllana, Iglesia di San Pedro, La Catedral, La Compania, Municipalidad, Museo de la Inquisicion, Museo de la Nación, Museo d'Oro, Palacio Arzobispal, Palacio de Gobierno, Palacio de Torre Tagle, Parque Central, Parque Kennedy, Plaza de Acho, Plaza Mayor

BERÜHMTE PERSONEN

* **Isabel Allende** (geb. 1942), Schriftstellerin
* **Alberto Fujimori** (geb. 1938), Politiker
* **Álvaro Vargas Llosa** (geb. 1966), Schriftsteller
* **Claudio Pizarro** (geb. 1978), Fußballspieler

BRASILIEN

Rio de Janeiro

DER ZUCKERHUT IST DAS BEKANNTESTE KENNZEICHEN RIOS, WAHRZEICHEN IST ABER DER CORCOVADO MIT DER CHRISTUSSTATUE. DIE STRÄNDE DER WELTBERÜHMTEN COPACABANA SIND DER LAUFSTEG EROTISCH-KNAPPER BADEMODEN. NUR GANZ OHNE IST VERPÖNT.

Rio de Janeiro liegt malerisch zwischen den sich wie Finger landeinwärts windenden Gebirgszügen des Tijuca-Massivs. Die Stadt räkelt sich elegant über Hügel, schmiegt sich an dichten Urwald, malerische Buchten und sonnenüberflutete Palmenstrände. Zwischen Luxus und hartem Existenzkampf lernt man hier schnell alle Fassetten des gesellschaftlichen Lebens kennen. Leider auch die Nischen. Aber trotz oftmals großer Armut lassen sich die „Cariocas" Lebensfreude, Körperkult und Gemeinsinn nicht nehmen.

Das Haus des weißen Mannes. Am 1. Januar 1502 sichteten die Seeleute einer portugiesischen Karavelle schon von weitem den Zuckerhut und den Corcovado. In der irrigen Annahme, sie befänden sich im Delta eines großen Flusses, gaben sie dem Ort den Namen Januarfluss, Rio de Janeiro. Spätere Expeditionen stellten dann aber fest, dass es eine Bucht war, die von den Tamoyo-Indios bewohnt war. Als am Ufer, ganz in der Nähe des heutigen Stadtzentrums, das erste Haus von Europäern erbaut wurde, nannten die Indios es „Carioca" oder „das Haus des weißen Mannes". So kamen die neuen Einwohner der Bucht zu ihrem heutigen Namen: Cariocas.

Grundsteinlegung mit Hindernissen. Der Küstenabschnitt rund um Rio de Janeiro war nicht reich an Edelmetallen, und so fand man es in Lissabon nicht

FAKTEN

* **Einwohner in Rio de Janeiro:** ca. 6 Mio.
* **Einwohner in der Agglomeration:** ca. 11,7 Mio.
* **Sehenswürdigkeiten:** Catedral Metropolitana, Christusstatue, Copacabana, Corcovado-Bergbahn, Drahtseilbahn „O Bondinho", Igreja da Candelária, Igreja e Convento de Santo Antônio, Ipanema, Kunstzentrum Hélio Oiticia, Mosteiro de São Bento, Museu de Arte Contemporânea, Museu Nacional, Paço Imperial, Parque Nacional da Tijuca, Quinta da Boa Vista, Teátro Municipal, Zuckerhut

Mit weit ausgebreiteten Armen „beschützt" die riesige Christusstatue auf dem Corcovado Rio de Janeiro.

weiter überlegenswert, hier große Anstrengungen zu unternehmen. Freibeuter und Korsaren waren die Ersten, die im Auftrag der französischen Krone Handel mit den Indios betrieben. Mehrere Inseln in der Bucht wurden dabei besiedelt. Erst jetzt reagierte Lissabon auf die drohende Gefahr. Ein umfangreiches Kontingent von Soldaten unter Führung eines Generalgouverneurs persönlich wurde nach Rio gesandt. Und am 1. März 1565 legte der Gouverneur den Grundstein für die Stadt São Sebastião do Rio de Janeiro. Aber erst zwei Jahre später wurden die Franzosen endgültig aus Brasilien vertrieben.

Großer Reichtum durch Zucker. Die portugiesischen Siedler, Sesmarias genannt, spezialisierten sich auf den Anbau von Zuckerrohr. Die ganze Kolonialzeit über brachte dieses Produkt der portugiesischen Krone mehr Einnahmen als das Gold aus dem Hinterland. Für Anbau und Verarbeitung holten die portugiesischen Kolonialherren viele afrikanische Sklaven über den großen Teich. Dies war der Ursprung der afro-brasilianischen Kultur. Rio de Janeiro expandierte bis ins Jahr 1750 kontinuierlich weiter. Die Straßen wurden gepflastert oder neu angelegt und Befestigungsanlagen verbessert, ein neuer Kanal brachte das Wasser vom Rio Carioca zu einem öffentlichen Springbrunnen auf der Praça Carioca im Zentrum der Stadt.

Das Königreich Brasilien. Noch einmal griffen die Franzosen in Brasiliens Geschicke ein. Als Napoleon Bonaparte Portugal eroberte, floh das Königshaus 1808 nach Rio, das König Johann VI. sieben Jahre später zur Hauptstadt des Königreiches Portugal erklärte. Dieses Zwischenspiel dauerte jedoch nicht allzu lang. Nach Napoleons Niederlage kehrte der Monarch Rio den Rücken, seinen Sohn Pedro ließ er als Gouverneur zurück. Dieser dankte es seinem Vater, indem er 1822 Brasiliens Unabhängigkeit verkündete und Rio de Janeiro zur Hauptstadt des Königreichs machte.

Oben: Fast eine Kopie der Pariser Oper – das Teátro Municipal.

Links: Carnaval do Brasil – Zug der Escolas de Samba durch das Sambódromo.

Tiefblaues Meer, weißer Strand – das ist die Copacabana. Und im Hintergrund grüßt der Zuckerhut.

Eine Stadt wird modernisiert. Im 19. Jahrhundert beschleunigte sich die Stadtentwicklung besonders aufgrund der Investitionen in das öffentliche Verkehrswesen: Pferdestraßenbahnen wurden eingeführt – und wohin diese Bahnen kamen, folgten sehr bald der Fortschritt und der Wohlstand. Rio entwickelte sich zu einer modernen Großstadt. Dazu gehörte natürlich auch der Bau der Eisenbahn und des „Central do Brasil". Damals kam es auch zu einer sprunghaften Entwicklung auf dem Bausektor: Eine große Zahl von Privathäusern, öffentlichen Gebäuden, Klöstern und Kirchen wurde in dieser Zeit errichtet.

Umbau einer Stadt. Nach 1900 – Rio de Janeiro war inzwischen Hauptstadt der Republik Brasilien – begann unter Bürgermeister Pereira Passos eine fast komplette Neugestaltung der Stadt. Boulevards und Alleen wurden gebaut, unter anderem die Avenida Central – später Avenida Rio Branco – zwischen der Parkanlage des Passeio Público und dem Hafen an der Praça Mauá. Dieser Boulevard durchquert das Zentrum von Rio und hat sich dadurch zum kulturellen, politischen und wirtschaftlichen Brennpunkt der Stadt entwickelt. Am Südende der Avenida im Stadtzentrum liegt heute die Praça Floriano, einer der eindrucksvollsten Plätze Rio de Janeiros, mit dem Viertel Cinelândia mit Cafés, Bars und Kinos im Süden. Um die Pläne Pereira Passos' umzusetzen, wurden die meisten kolonialen Gebäude geopfert. Das Museu Histórico Nacional ist eines der wenigen noch erhaltenen Bauwerke aus der Anfangszeit Rios. Es widmet sich dementsprechend der brasilianischen Geschichte. 1909 wurde ganz in der Nähe das Teátro Municipal, inspiriert durch das Pariser Opernhaus, eingeweiht. Verschiedene Marmor-Arkaden, aber auch Details in Bronze schmücken das stilvolle Gebäude. Im Untergeschoss befindet sich das mit Mosaiken ausgestattete Café do Teátro im Assírio-Saal.

Samba in Rio. Die boomende Phase der 1920er- und 1930-Jahre bot der Kunstszene der Stadt reichlich Raum, um sich auszutoben. So entwickelte sich Rio in diesen Jahren zu einer Stadt der Musik und des Tanzes – und purer überschäumender Lebensfreude. Der Karneval war geboren und mit ihm die vielen Tanz- und Sambaschulen, die noch heute ihren Wettstreit während der Karnevalszeit austragen und die Menschenmassen nach Rio de Janeiro locken.

Und Christus breitet seine Arme aus. Das nachfolgende Jahrzehnt war hingegen bestimmt von

Rechts: 103 000 Zuschauer füllen an manchen Tagen das Maracanastadion.

Unten: Blick über die Dächer der Rocinha Favela auf das mondäne Leblon.

politischen Themen. Der starke Mann der neuen autoritären Staatsregierung hieß Getulio Vargas. Er verschaffte den Arbeitnehmern mehr Rechte und Schutz. Und die Folge: Nun strömten Menschen aus dem ganzen Land auch nach Rio de Janeiro, wo sie auf Arbeit hofften. Die flachen Wohnsiedlungen im Süden der Stadt reichten bald schon nicht mehr aus, um alle Zuwanderer aufzunehmen. Radikal wurden sie abgerissen und durch neue Hochbauten ersetzt. Die 1930er-Jahre brachten aber noch eine Änderung für die Stadt am Januarfluss. Der 38 Meter hohe Christus wurde auf dem Corcovado errichtet – und die Stadt bekam endlich ein würdiges Wahrzeichen. Schon 50 Jahre zuvor hatte man eine Zahnradbahn bis knapp unterhalb des Gipfels gebaut.

007 – James Bond in geheimer Mission. Eine Drahtseilbahn geht seit 1913 auch auf den 394 Meter hohen Zuckerhut hinauf, der der Stadt auf einer Halbinsel im Atlantik, in der Guanabara-Bucht gelegen, vorgelagert ist. Die Bahn auf den Pão de Açúcar diente schon Roger Moore als Filmkulisse, als er 1979 als James Bond in „Moonraker – Streng geheim" im Namen Ihrer Majestät Queen Elizabeth II. von Großbritannien einen – wie immer – brandgefährlichen Auftrag erfüllen musste.

Über 20 Kilometer Strand. Südlich des Zuckerhuts liegen die berühmten Strände der Copacabana, von Ipanema und Leblon, wo das überschäumende Leben zu Hause ist. Schon der amerikanische Entertainer Barry Manilow sang von der Copa als einem Ort der Freude und der Liebenden, und auch Ipanema – „das aufgewühlte Wasser" – ist längst als Klassiker in die Musikgeschichte eingegangen. Diesen Status hat Leblon zwar nie erreicht, doch ist es das einzige der drei Viertel, das dann im Karneval eine märchenhafte Kulisse für die farbenprächtigen Umzüge der Samba-Schulen bietet.

„Fla-Flu". Rio wäre nicht Rio, gäbe es nicht den König Fußball. Von den vier großen Teams aus Rio sind zwei seit Jahren top in Brasilien: Flamengo und Fluminense. Letzterer wurde als erster Klub in Rio 1902 gegründet. 1911 folgte dann Flamengo – er ist eigentlich ein Ruderverein –, der sich damals aus vielen ehemaligen Kickern von Fluminense zusammensetzte. Die Rivalität des Fla-Flu war geboren, und das Maracana-Stadion, das zweitgrößte Stadion der Welt, wurde zur Bühne dieser legendären Rivalen.

BERÜHMTE PERSONEN

* **Paulo Coelho** (geb. 1947), Schriftsteller und Bestsellerautor
* **João Havelange** (geb. 1916), Fußballfunktionär, IOC-Mitglied
* **Kevin Kurányi** (geb. 1982), deutscher Fußballspieler
* **Nelson Piquet** (geb. 1952), Formel-1-Rennfahrer
* **Ronaldo Luís Nazário de Lima** (geb. 1976), dreifacher Weltfußballer des Jahres
* **Heitor Villa-Lobos** (1887–1959), Komponist und Dirigent

BRASILIEN

São Paulo

SÃO PAULO – DAS BEDEUTET VOR ALLEN DINGEN KAFFEE. IM UMLAND DER STADT FINDEN SICH RIESIGE KAFFEEPLANTAGEN. IN DIESER STADT IST ALLES BESSER UND GRÖSSER ALS IM REST VON BRASILIEN – LEIDER AUCH DIE ARMUT.

São Paulo ist der Motor Brasiliens. Hier schlägt der Puls der Wirtschaft und der Börse, und die Einkommen sind doppelt so hoch wie im Landesdurchschnitt. Die Stadt pflegt Reisende beim ersten Anblick zunächst einmal zu schockieren: 80 Kilometer lang und 40 Kilometer breit, Wolkenkratzer, so weit das Auge reicht, ein Höllenverkehr und in alle Himmelsrichtungen irrende Menschenmengen.

Im Auftrag des Herrn. São Paulos Geschichte ist so alt wie die Brasiliens. Im Jahre 1545 waren es Jesuiten, die auf einer Hochebene mit fruchtbarem Boden und ausreichenden Niederschlägen den geeigneten Ort fanden, um ihren Auftrag im Sinne des heiligen Paulus zu erfüllen. Die alte Missionsstation gab der Stadt ihren Namen. Die strategisch günstige Lage in der Nähe eines Passes über die Serra do Mar, hinunter nach São Vicente an der Atlantikküste, führte im Jahr 1711 zur Stadtgründung.

Der Kaffee begründete den Reichtum. Von São Paulo aus drangen portugiesische Konquistadoren, Bandeirantes genannt, immer tiefer in den Kontinent ein. Diese verwegenen Männer sorgten dafür, dass sich die Grenzen des portugiesischen Gebietes immer weiter ins Landesinnere ausdehnten. Die Bandeirantes wurden sesshaft, als sie feststellten, dass es in dieser Region Bodenschätze in Hülle und Fülle gab: Die

Die Kathedrale von São Paulo ist das letzte erhaltene Zeugnis der kolonialen Epoche.

FAKTEN

*** Einwohner in São Paulo:** ca. 10 Mio.

*** Einwohner in der Agglomeration:** ca. 19 Mio.

*** Sehenswürdigkeiten:** Catedral da Sé, Catedral Metropolitana, Ibirapuera-Park, Igreja de Nossa Senhora da Lúz, Mirante do Vale, Museu de Arte Contemporanea, Museu de Arte Sacra, Presépio Napolitano, Solar da Marquesa de Santos, Téatro Municipal, Velódromo

BERÜHMTE PERSONEN

*** Rubens Barichello** (geb. 1972), Formel-1-Rennfahrer

*** Marcos Evangelista de Moraes Cafù** (geb. 1970), Fußballspieler

*** Ayrton Senna** (1960–1994), Formel-1-Rennfahrer

*** Paulo Sérgio** (geb. 1969), Fußballspieler

Bundesstaaten Minas Gerais und Mato Grosso wurden zu Synonymen des Goldrausches. Goldsucher und zwielichtige Gestalten aus aller Welt – und mit ihnen Sklaven aus Afrika – machten auf dem Weg in die Goldgruben Halt in São Paulo. Ab etwa 1850 blieben aber immer mehr Menschen in der Stadt hängen: Der Kaffeeanbau hatte São Paulo erreicht, und ein wahrer Boom ließ die Stadt explosionsartig in die Höhe schießen.

Sightseeing auf dem Weg zum Stadtzentrum. Baulich gesehen in die Höhe schoss die Stadt ab den 20er-Jahren des letzten Jahrhunderts. Der alte Stadtkern wurde förmlich platt gewalzt und neu aufgebaut, nur die große Kathedrale hat diesen Sturm überlebt. Nach dem Zweiten Weltkrieg gab es einen großen Zuwanderungsschub, die Stadt platzte aus allen Nähten und breitete sich ringförmig immer weiter aus. Diesen Ausbau sieht man heute auf der Fahrt vom Flughafen bis ins Zentrum in einer ersten unfreiwilligen „Sightseeingtour" durch den 20 Kilometer breiten Gürtel aus Industriekomplexen, Arbeitersiedlungen und Elendsquartieren aus unverputzten Ziegeln, Holz, Blech und Pappe, genannt „Favelas".

Ein Meer aus Wolkenkratzern. Die beste Übersicht über die 20-Millionen-Metropole bietet das Dachrestaurant „Terraço Itália" auf São Paulos höchstem Gebäude, dem Edificio Italia. Die Zahl der Hochhäuser scheint unendlich. Auf und um die vielen Erhebungen der Stadt gebaut, vermitteln die Skyscraper eindrucksvoll das Bild eines Meeres aus Stein, Stahl, Beton und Glas. Nur im Nordwesten ist ein Ende zu erkennen – manchmal unter dem dichten Smog aber auch nur zu erahnen. Dort erhebt sich schemenhaft der Gebirgszug der „Serra da Cantareira", Naturreservat und eines der wichtigsten Trinkwasserreservoire der Stadt.

Die „Jardins". Wer sich jedoch unten am Boden bewegt, erstickt fast unter all den Menschen, Autos, Bussen, dem Staub und noch mehr Menschen. Flucht in die „Jardins" ist angesagt. Dabei handelt es sich keineswegs um Gärten, sondern vielmehr um das schickste Einkaufs-, Flanier- und Vergnügungsviertel der Stadt. Purer Wohlstand und Luxus überall. Oberhalb der „Jardins" thront die Vorzeigestraße São Paulos – die Avenida Paulista. Hier – eingerahmt von Glas und Beton – schlägt das Herz brasilianischer Hochfinanz. Sehenswert sind die Villen im italienischen Neo-Renaissancestil inmitten der Bürotürme.

Mitte: Die Avenida Paulista.

Unten: Dem Entdecker Brasiliens haben die Paulistas ein Denkmal gesetzt, das Monumento Pedro Alvares Cabral.

CHILE

Santiago de Chile

DIE CHILENISCHE HAUPTSTADT SANTIAGO WIRKT LÄNDLICH UND RUHIG. NICHTS MONDÄNES, NICHTS URBANES, SONDERN AKKURAT IN EINEM GITTERNETZ AUFGEREIHTE HÄUSER MIT SAUBEREN BÜRGERSTEIGEN UND EINEM FAST GERUHSAMEN AUTOVERKEHR.

Chiles Metropole besticht durch großzügige Parkanlagen, moderne Einkaufszentren und eine für lateinamerikanische Großstädte eher seltene Sauberkeit. Im Zentrum Chiles, um die Plaza de Armas, befinden sich die historischen Sehenswürdigkeiten, und bei der Wachablösung am Präsidentenpalast wird bevorzugt deutsche Blasmusik gespielt.

Am Rio Mapocho. In einer feierlichen Zeremonie wurde die spanische Stadtgründung „Santiago del Nuevo Extremo" oder „Santiago de la Nueva Extremadura" am 12. Februar 1541 auf dem Hügel von Santa Lucía vollzogen. Der Konquistador Pedro de Valdivia, einst Offizier unter dem berühmten Konquistador Francisco Pizarro, wählte den Ort aufgrund seiner einfachen Verteidigungsmöglichkeiten: Denn er wird auf drei Seiten vom Rio Mapocho umspült und dadurch geschützt.

In die Unabhängigkeit. Bis 1778 war Chile, und damit auch Santiago, Teil des Vizekönigreiches Peru. Der gesamte chilenische Handel lief über Callao, den peruanischen Haupthafen. Dies, die Plünderungen durch englische Freibeuter sowie endlose Kämpfe gegen die Araukaner (Mapuche) verhinderten einen Aufschwung des Armenhauses unter den spanischen Überseeprovinzen. Mit Beginn des 19. Jahrhunderts wurde der Drang der „Chilenen" nach Unabhängigkeit

Rechts: Die Plaza de la Constitución mit dem Präsidentenpalast.

Unten: Das Reiterstandbild von Pedro de Valdivia auf der Plaza de Armas.

übermächtig. Und am 12. Februar 1818, also exakt 277 Jahre nach der Gründung der Stadt, wurde Chile nach blutigen Kämpfen ein unabhängiger Staat. Einer der Hauptakteure wird noch heute als Nationalheld verehrt: Bernardo O'Higgins (1776–1842).

Aufschwung und Wohlstand. Die Salpeterfunde in den reichen Nitratlagerstätten von Antofagasta knapp 70 Kilometer nördlich von Santiago bescherten dem jungen Staat und seiner Hauptstadt einen kontinuierlichen Aufschwung. Wohlstand kehrte ein, allerdings meist nur für die traditionelle Oberschicht und ausländische Investoren. In den 30er-Jahren des letzten Jahrhunderts begann eine Umwandlung der Stadt in eine moderne, industrialisierte Metropole. Rund um La Moneda, den Präsidentenpalast, entstand das Verwaltungsviertel Barrio Cívico mit vielen Ministerien und anderen öffentlichen Einrichtungen. Die Bevölkerungszahl stieg durch die Zuwanderung aus Nord- und Südchile rapide an.

Rund um die Plaza de Armas. Das traditionelle Herzstück von Santiago ist heute die Plaza de Armas mit der neoklassizistischen Kathedrale und dem Reiterdenkmal ihres Stadtgründers Valdivia. Durch breite Fußgängergassen gelangt man zum Zentralmarkt mit seinen vielen Fischrestaurants. Von den Bauwerken aus der spanischen Kolonialzeit rund um die Plaza und den Zentralmarkt hat kaum eines sein ursprüngliches Aussehen bewahrt. Am ehesten kommt dem noch die Casa Colorada aus dem späten 19. Jahrhundert nah. Der Präsidentenpalast an der Plaza de la Constitución ist Zeuge der tragischen Geschehnisse des Jahres 1973. Hier fand der beliebte Präsident Salvador Allende beim Staatsstreich der Armee unter der Führung von Augusto Pinochet am 11. September den Tod.

Alltäglicher Smog über Santiago. Wer die Ruhe sucht, der macht sich auf zum Cerro Santa Lucía, dem Gründungsberg, den heute ein kleiner Park umgibt. Von hier aus hat man einen herrlichen Blick auf die Altstadt. Wer noch etwas höher hinaufsteigt, auf den 860 Meter hohen Cerro San Crístobal, befindet sich im Einkaufszentrum Santiagos. Grundsätzlich hat man von hier aus einen guten Ausblick auf das gesamte Tal und die Kordilleren, jedoch verhindert meistens der Smog die Aussicht. Um dem Problem Smog Herr zu werden, dürfen je nach Wochentag immer nur Autos mit geraden oder ungeraden Autonummern fahren. Die reichen Chilenen leisten sich aus diesem Grund zumeist mehrere Autos – dann kann man täglich ganz „legal" durch die Stadt kurven.

FAKTEN

* **Einwohner in Santiago de Chile:** ca. 5 Mio.
* **Einwohner in der Agglomeration:** ca. 6,5 Mio.
* **Sehenswürdigkeiten:** Catedral de la Ciudad, Casa Colorada, Cerro San Cristóbal, Cerro Santa Lucia, Iglesia San Francisco, Mercado Central, Museo Chileno de Arte Precolombino, Museo Nacional de Bellas Artes, Palacio de La Moneda, Paseo Ahumada, Plaza de Armas, Posada del Corregidor, San Francisco

BERÜHMTE PERSONEN

* **Isabel Allende** (geb. 1945), Politikerin, Präsidentin des Unterhauses von Chile
* **José Miguel Carrera** (1785–1821), Nationalheld und Politiker
* **Ricardo Lagos** (geb. 1938), Politiker
* **Marcelo Rios** (geb. 1975), Tennisspieler

ARGENTINIEN

Buenos Aires

ZWISCHEN ATLANTIK UND ANDEN, ZWISCHEN FEUERLAND UND DEN WASSERFÄLLEN VON IGUAZÚ LIEGT DIE WOHL EUROPÄISCHSTE STADT SÜDAMERIKAS. BUENOS AIRES IST – WIE JEDERMANN WEISS – DIE WELTHAUPTSTADT DES TANGOS.

Argentiniens größter Dichter, Jorge Luis Borges, hat einmal gesagt: „Buenos Aires ist so ewig wie das Wasser und die Luft." Doch die Stadt am Río de la Plata musste von den Konquistadoren aus Spanien gleich zweimal gegründet werden. Das erste Mal durch Don Pedro de Mendoza im Jahr 1536 als Nuestra Señora Santa María del Buen Ayre. Das zweite Mal dann durch Juan de Garay im Jahr 1580. Doppelt hält eben bekanntlich besser.

Der zweite Versuch. Erst beim zweiten Gründungsversuch waren die Eindringlinge aus Europa erfolgreich. Juan de Garay nannte seine 1580 gegründete Siedlung Ciudad de la Santísima Trinidad y Puerto Santa María de los Buenos Aires. Problematisch für einen baldigen Aufschwung der Stadt war allerdings eine Verordnung der spanischen Kolonialverwaltung: Sämtliche Waren aus Argentinien mussten über Lima, die Hauptstadt der Vizekönige, nach Europa gehen. Unter den Händlern des Landes brodelte es daher gewaltig, Schmuggelei war die Antwort der Handeltreibenden. Erst gegen Ende des 18. Jahrhunderts wurde Buenos Aires zum offenen Hafen erklärt und bekam damit mehr Freiheit. Die Stadt blühte jetzt auf, sie wurde Hauptstadt des Vizekönigreichs Río de la Plata, und im Jahr 1880 Zentrum und Hauptstadt Argentiniens.

FAKTEN

* **Einwohner in Buenos Aires:** ca. 2,75 Mio.
* **Einwohner in der Agglomeration:** ca. 11,55 Mio.
* **Sehenswürdigkeiten:** Bolsa de Comercio, Cabildo, Casa Rosada, La Boca, La Catedral, Museo de Arte Español Enrique Larreta, Museo de Arte Latinoamericano de Buenos Aires (MALBA), Museo de Arte Moderno, Museo Nacional de Bellas Artes, Obelisk, Palacio de Congreso, Parque Reconquista, San Ignacio de Loyola, Teatro Colón

BERÜHMTE PERSONEN

* **Daniel Barenboim** (geb. 1942), Pianist und Dirigent
* **Jorge Luis Borges** (1899–1986), Schriftsteller
* **Chris de Burgh** (geb. 1948), irischer Popmusiker
* **Giora Feidman** (geb. 1936), Klarinettist
* **Sky du Mont** (geb. 1947), deutscher Schauspieler

An der Plaza de Mayo, dem historischen Kern von Buenos Aires, liegt der Präsidentenpalast, die Casa Rosada.

Buenos Aires ist eng mit der Familie Perón verbunden. Obwohl ihr Mann Juan Präsident war, erinnern sich selbst in Argentinien viel mehr Menschen an Eva Perón, allgemein nur Evita genannt. Sie engagierte sich für die Armen ihrer Heimat und ist durch das Musical „Evita" und den Titel „Don't cry for me Argentina" von Andrew Lloyd Webber unsterblich geworden. Ihr Grab auf dem Friedhof von Recoleta ist ein Besuchermagnet und fast schon eine Wallfahrtsstätte geworden, zu der jedes Jahr mehrere Tausend Menschen pilgern.

Im Herzen der Stadt. Der historische Altstadtkern konzentriert sich im Bereich der Plaza de Mayo, einem weitläufigen Oval, um das sich wichtige Gebäude wie die Kathedrale, der Regierungssitz mit dem Spitznamen „La Casa Rosada" und das Rathaus gruppieren. Wann immer die „Porteños", die Bewohner von Buenos Aires, protestieren und demonstrieren, versammeln sich auf der weitläufigen Plaza de Mayo. Hier wurde im Mai 1810 auch der erste Schritt in die Unabhängigkeit von Spanien getan. Daran erinnert in der Mitte des Platzes die Pirámide de Mayo, die von einer Freiheitsfigur gekrönte Unabhängigkeitspyramide. Bis heute ist die Plaza de Mayo auch das Symbol für die nicht verheilten Wunden der verhängnisvollen Militärdiktatur von 1976 bis 1983.

Autolärm und perfekte Akustik. Pompös geht es zu auf der Avenida 9 de Julio. Hier laufen die wichtigsten Verkehrsströme der Stadt zusammen. Der Fußgängersprint um das blanke Leben gehört hier ebenso zum Alltagsbild wie die vielen mobilen Zeitungsverkäufer am Morgen. Der Prunkboulevard wird von einem 67 Meter hohen Obelisken überragt, der an die erste Stadtgründung durch Mendoza erinnert. Zwei Ecken weiter liegt das weltberühmte Teatro Colón, bekannt für seine perfekte Akustik – hier schmetterte bereits Placido Domingo seine Arien.

Oben: Buenos Aires ist die Welthauptstadt des Tangos.

Links: Nicht weit entfernt von der Avenida 9 de Julio, steht das berühmte Teatro Colón.

Schachbrettmuster und am Reißbrett entworfen – dieses Image trifft wohl fast ausnahmslos auf alle Städte Nordamerikas zu. Der absolute Prototyp der nordamerikanischen Stadt ist die auf dem Papier geplante US-Hauptstadt Washington D. C. Die klaren Strukturen erleichtern die Orientierung gewaltig – sogar in der Megacity New York.

NORD-AMERIKA

KANADA

Vancouver

VANCOUVER LIEGT HERRLICH AN EINEM SCHMALEN KÜSTENSTREIFEN IM ÄUSSERSTEN WESTEN KANADAS IM BREITEN FLUSSDELTA DES FRASER RIVER ZWISCHEN DEM WELLENRAUSCHEN DES PAZIFIKS UND DER GEWALTIGEN BERGKULISSE DER COAST MOUNTAINS.

Vom Grouse Mountain, dem Hausberg Vancouvers, nur 15 Fahrminuten mit der Seilbahn von der Innenstadt entfernt, ist der Blick über die Stadt, das Meer, dahinter Vancouver Island und die umliegenden Coast Mountains einfach grandios – sofern nicht gerade Nebel über dem Land liegt. Ein beeindruckender Rahmen für die XXI. Olympischen Winterspiele im Februar 2010.

Auf Holz gebaut. Das heutige Vancouver war anfänglich nur ein Handelsposten, der vor allem dank der Holzindustrie von Bedeutung war. Zwei Sägemühlen bildeten den Grundstock, aus dem Vancouver hervorgehen sollte: 1863 die Säge in Moodyville (heute North Vancouver) und 1865 Stamp's Mill. Neben den beiden entstand bis 1870 die Gemeinde Granville – meist Gastown genannt nach Jack „Gassy" Deighton, der hier 1867 den ersten Saloon eröffnet hatte. Heute steht an gleicher Stelle eine Statue des Namensgebers. Nicht sehr weit von hier befindet sich Granvilles berühmtestes Wahrzeichen: die Dampfuhr, die übrigens immer noch in Betrieb ist.

Der 6. April 1886. 1885 erreichte die Canadian Pacific Railway die Westküste und brachte den Aufschwung nach Vancouver. Da Vancouver Island vor der Küste im Rest Kanadas bereits ein Begriff war, Granville hingegen ein unbedeutendes Provinznest,

Rechts: Am False Creek liegt die Science World, ein Überbleibsel der Expo von 1986.

Unten: Mit dem Holzhandel begann Vancouvers Aufstieg.

legten die Eisenbahner den Honoratioren der Stadt nahe, diese in Vancouver umzubenennen. Man kann daher nicht wirklich behaupten, dass es geschah, um George Vancouver zu ehren, der um 1792 hier gelandet war. Trotzdem erhielt Vancouver am 6. April 1886 seinen Namen.

1858 mit dem Goldrausch und dem Bau der Eisenbahn kamen zahlreiche chinesische Einwanderer nach Vancouver. Heute gilt die Chinatown als zweitgrößte chinesische Exklave nach San Francisco außerhalb Chinas. Aber so groß ist sie – flächenmäßig betrachtet – gar nicht, nur wenige Blocks im Quadrat. Und sie fängt ganz unvermittelt an, man biegt einfach um die Ecke und schon ist man mittendrin. Das einzig Kanadische hier sind letztlich die Dollars. Selbst die Schilder in manchen Läden sind einfach nur chinesisch, sprich: schwer verständlich. Und typisch asiatisch ist auch der Dr.-Sun-Yat-Sen-Park. Gebaut haben ihn chinesische Gartenarchitekten zur Weltausstellung im Jahr 1986: ein typischer chinesischer Park mit See und Seerosen, vielen Stegen und kleinen Brücken, Bambuspflanzungen sowie den in British Columbias Küstenregion so typischen Krähen – eine Oase der Ruhe.

Der Aussichtspunkt schlechthin. Vancouver besitzt Wolkenkratzer wie jede Millionenmetropole. Das moderne Wahrzeichen der Stadt ist der Harbour Centre Tower. 1977 wurde der 177 Meter hohe Turm von Neil Armstrong, dem ersten Menschen auf dem Mond, eröffnet. Er ist das höchste Bauwerk Vancouvers. Vom Besucherinformationszentrum „The Lookout" hat man einen traumhaften 360-Grad-Panoramablick auf die Stadt und ihre Umgebung.

Achtung Aufnahme! North Hollywood: So nennt man Vancouver seit einigen Jahren. Dies ist beileibe kein Wunder, liegt die Stadt doch hinter Los Angeles auf Platz zwei in Sachen Film- und TV-Produktionen. Viele US-Firmen drehen bereits große Teile ihrer Produktionen hier. Zum einen liegt dies an den günstigeren Konditionen und dem Dollar-Kurs, zum anderen zieht die malerische Umgebung British Columbias die Filmschaffenden nach Kanada. Die landschaftliche und architektonische Vielfalt in und rund um Vancouver und die verhältnismäßig kurzen Wege sind für die Produktionsfirmen ideal. So wird Vancouver in TV-Serien und Filmen hin und wieder zu New York, Seattle oder Boston oder einer anderen nordamerikanischen Stadt, das „Stargate" aus der erfolgreichen TV-Serie steht hier und nicht im US-Bundesstaat Wyoming, und auch das Hausboot von „MacGyver" Richard Dean Anderson lag nicht in Los Angeles vor Anker – sondern eben hier in Vancouver.

FAKTEN

* **Einwohner in Vancouver:** ca. 550 000
* **Einwohner in der Agglomeration:** ca. 2,16 Mio.
* **Sehenswürdigkeiten:** Capilano Suspension Bridge, Chinatown, Dr. Sun Yat-Sen Classical Chinese Garden, Gastown, Granville Island, Grouse Mountain, Lions Gate Bridge, Little Italy, Robson Street, Science World British Columbia, Stanley Park, Vancouver Aquarium

BERÜHMTE PERSONEN

* **Bryan Adams** (geb. 1959), Rockmusiker
* **James Doohan** (1920–2005), Schauspieler („Scotty" aus „Raumschiff Enterprise")
* **Michael J. Fox** (geb. 1961), Schauspieler
* **Mike Jackel** (geb. 1959), deutscher Basketballspieler
* **David McTaggart** (1932–2001), Greenpeace-Aktivist

USA

Seattle

SEATTLE GILT ALS EINE DER SCHÖNSTEN STÄDTE DER VEREINIGTEN STAATEN. DAS IST KEIN WUNDER BEI DER LAGE – ZAHLREICHE SEEN UND GRÜNANLAGEN PRÄGEN DAS STADTBILD, UND IN EINIGER ENTFERNUNG ERHEBT DER MOUNT RAINIER SEIN WEISSES HAUPT.

Grün ist die vorherrschende Farbe in Seattle. Es scheint allgegenwärtig zu sein. Nicht umsonst nennt man die Stadt am tiefblauen Pazifik „The Emerald City" – die smaragdgrüne Stadt. Und innerhalb der Stadt sorgen die natürlichen Grenzen aus Hügeln und Wasser dafür, dass sich verschiedene „Districts" entwickelt haben, von denen jeder seinen ganz eigenen Charme versprüht.

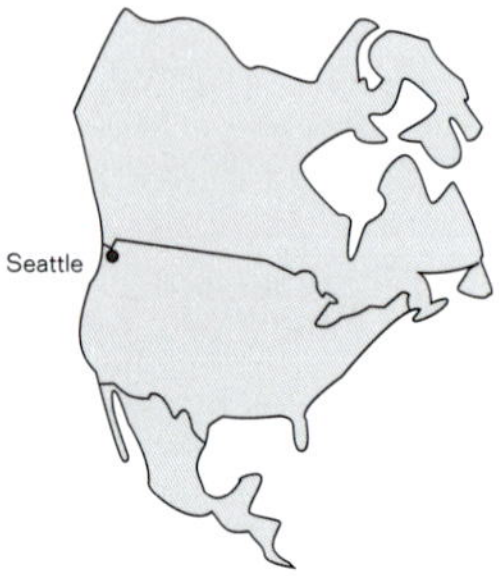

Die Stadt der Dennys. Vor der Ankunft der ersten Europäer wurde die Umgebung um Seattle von den friedfertigen Duwamish-Indianern bewohnt. Im Jahre 1851 führte der New Yorker David Denny die erste Gruppe von Siedlern in den pazifischen Nordwesten. Denny erkannte, dass sich die Gegend gut für einen künftigen Seehafen eignete und steckte seinen Claim am Alki Point im heutigen West Seattle ab. Nach einem Winter mit viel Wind und Regen verlegte die Gruppe ihre Siedlung nach Elliott Bay und taufte sie „Seattle" – die offizielle Stadtgründung und die Namensgebung erfolgten im Jahr 1869 –, nach dem Duwamish-Häuptling Chief Sealth, der offenbar einen bleibenden Eindruck bei den ersten Siedler hinterlassen haben muss.

Die Sache mit den Frauen. Seattle war nicht unbedingt eine blühende Stadt. Zunächst wohnten fast ausschließlich unverheiratete Männer in der

Das Wahrzeichen von Seattle ist ohne Frage die markante Space Needle.

FAKTEN

*** Einwohner in Seattle:** ca. 571 480

*** Sehenswürdigkeiten:** Burke Museum of Natural History and Culture, Frye Art Museum, Key Arena, Klondike Gold Rush National Historic Park & Museum, Maritime Heritage Museum, Monorail, Museum of Flight, Pioneer Square, Science Center, Seattle Aquarium, Seattle Art Museum, Smith Tower, Space Needle, Waterfall Garden Park, Waterfront, Woodland Park Zoo

BERÜHMTE PERSONEN

*** Bill Gates** (geb. 1955), Mitbegründer von Microsoft

*** Jimi Hendrix** (1942–1970), Gitarrist, Sänger und Komponist

*** Jennifer Warnes** (geb. 1947), Sängerin

*** Kurt Cobain** (1967–1994), Sänger der Band „Nirvana"

Gemeinde, bis einer der Gründerväter schließlich zurück in den Osten reiste, um junge, unverheiratete Frauen dazu zu bewegen, nach Seattle zu kommen. Zweimal zog der Mann los und brachte dabei insgesamt 57 Frauen in den Westen Amerikas. Die Frauen heirateten in den Siedlerclan ein, und mit ihnen zog in der rauen Holzfällerstadt doch eine etwas zivilisiertere Note ein.

Der Aufschwung der Holzfällerstadt. Im Jahr 1893 wurde eine Schienenstrecke der Northern Pacific Railroad von Portland nach Seattle verlegt, womit die Stadt endlich Anschluss an den Rest der USA gefunden hatte. Die Holzwirtschaft, neue Transportmöglichkeiten und der durch die neuen Siedler angekurbelte Handel ließen die Einwohnerzahl der Stadt so rasch anwachsen, dass selbst der große Brand von 1889 den Aufschwung kaum abbremste. Nachdem an einem einzigen Tag 50 Blocks der aus Holzhäusern bestehenden Altstadt Opfer der Flammen geworden waren, wurde die Stadt aus Stein und Eisen rund um den heutigen Pioneer Square wieder aufgebaut. Der Goldrausch am Yukon tat ein Übriges, und Seattle erfuhr einen Boom ohnegleichen.

Wahrzeichen einer modernen Stadt. Die beiden Weltkriege haben aus Seattle eine Hochburg des Schiffs- und Flugzeugbaus gemacht, heute hingegen ist es die Computer- und Internetbranche mit Businessgiganten wie Microsoft oder Amazon, die Seattles Wirtschaft prägt. Als Beginn dieses neuen und modernen Seattles gilt die Weltausstellung von 1962, in deren Gefolge viele Wahrzeichen der Stadt wie die Space Needle, die Key Arena (Coliseum), das Science Center und der Monorail (zwischen Westlake Center und Seattle Center) entstanden sind. Das erste Wahrzeichen der Stadt aber wurde bereits fast 50 Jahre zuvor erbaut: der Smith Tower. 1914 wurde er eröffnet, das damals höchste Gebäude westlich des Mississippi.

Über 11 000 Coffee Shops weltweit. Bei aller Modernität – Seattle ist eine lebens- und liebenswerte Stadt mit einer großartigen Kultur- und Musikszene. Es gibt zahlreiche Galerien und Museen – und fast immer findet irgendwo ein Festival statt. Von hier aus trat mit der Rockband „Nirvana" um den charismatischen Leadsänger Kurt Cobain der Grunge seinen Siegeszug um die Welt an und hier am Pike Place Market in Seattle eröffnete Starbucks Coffee die erste seiner weltweit über 11000 Filialen.

Mitte: Am Pioneer Square mitten in der City stehen Totempfähle.

Unten: Blick von der Space Needle auf „The Emerald City".

KANADA

Montréal

MONTRÉAL IST EINE AUSGESPROCHEN EUROPÄISCHE STADT, DIE SEHR STARK DURCH FRANZÖSISCHE ELEMENTE GEPRÄGT IST. ES WIRD ÜBERWIEGEND „QUÉBECOIS" GESPROCHEN – UND DAS KLINGT WIE FRANZÖSISCH MIT ENGLISCHEM AKZENT.

Die strengen kanadischen Winter sind gefürchtet, doch auch hier hat man in Montréal vorgesorgt. Die Stadt existiert ein zweites Mal unterirdisch. Bei 30 Grad minus geht man im T-Shirt aus dem Haus und taucht sofort in eine subterrane Welt ein. Bars, Kneipen, Einkaufszentren und Erlebnisparks bieten alles, was die Seele gegen die winterliche Depression benötigt. Und die Lebensart und das Laissez-faire erinnern stark an die französische Mentalität.

Die europäische Besiedlung der Region begann ab 1642, als 50 französische Siedler die Stadt Ville-Marie am Ufer des St. Lawrence River gründeten. Diese kleine Kolonie sollte alsbald als Montréal bekannt werden, benannt nach dem Berg Mont-Royal, der der höchste Punkt der Stadt ist und aus dem Häusermeer emporragt. Der erste Europäer auf dem 233 Meter hohen Gipfel war der Entdecker Jacques Cartier. „Quel mont royal!", soll er gerufen haben, als er die wunderbare Aussicht vor sich wahrnahm. Heute steht am Gipfel des Berges das Saint Joseph's Oratory, eine eindrucksvolle Basilika in modernem Baustil mit einer 97 Meter hohen Kuppel. Nicht weit entfernt erhebt sich ein 31 Meter hohes Kreuz (1924 erbaut). Je nach Sonneneinstrahlung leuchtet das Kreuz in unterschiedlichen Farben. Und rund herum erstreckt sich der Parc du Mont-Royal.

FAKTEN

* **Einwohner in Montréal:** ca. 1,8 Mio.
* **Einwohner in der Agglomeration:** ca. 3,6 Mio.
* **Sehenswürdigkeiten:** Biodôme, Botanischer Garten, Centre Bell, Christ Church Cathedral, Hotel de Ville, Lachine Canal National Historic Site, Mont-Royal, Old Customs House, Molson Centre, Notre-Dame, Parc Jean-Drapeau, Parc Olympique, Place d'Armes, Saint Joseph's Oratory, Séminaire Saint-Sulpice

BERÜHMTE PERSONEN

* **Leonard Cohen** (geb. 1934), Schriftsteller, Komponist und Sänger
* **William Shatner** (geb. 1931), Schauspieler, Sänger, Autor
* **Pierre Trudeau** (1919–2000), Politiker und ehemaliger Ministerpräsident

In der Montréaler Altstadt lohnt ein Abstecher nach Notre-Dame de Bonsecours, auf deren Kirchturm die Jungfrau Maria zur Begrüßung die Arme ausbreitet.

Das historische Zentrum spiegelt den Glanz des goldenen Zeitalters der Industrialisierung im 19. Jahrhundert wider, als sich die Stadt zum wirtschaftlichen Zentrum des Landes entwickelte. Nach einer aufwändigen Renovierung wurde Old Montréal im Jahr 1965 zum historischen Distrikt erklärt. Hier findet man Gebäude aus drei Jahrhunderten. Sehenswürdigkeiten gibt es in der Altstadt en masse. Besonders hervorzuheben ist dabei die gotische Basilika von Notre-Dame (erbaut 1824–1829). Als Geheimtipp gilt die kleine Seefahrer-Kapelle Notre-Dame de Bonsecours.

Am alten Hafen. Für Reisende ist das Pointe-à-Callière, das Museum für nationale Geschichte, am „Old Port" ein Muss. Zu dem dreiteiligen Gebäudekomplex gehört unter anderem das neuklassische Old Customs House, eines der ersten architektonischen Elemente, das die Gegenwart der Briten in Montréal seit der Eroberung im Jahr 1760 bescheinigt. Rund um den Komplex hat sich am Old Port eine mehr als zwei Kilometer lange Freizeitmeile entwickelt.

Das moderne Stadtzentrum liegt südlich am Fuß des Mont-Royal. Es umfasst dutzende Hochhäuser, alle laut Stadtratsbeschluss niedriger als der Berg, und ist bekannt für seine fast unendlichen Shoppingmöglichkeiten – und zwar sowohl überirdisch entlang der Sainte Catherine Street wie auch unterirdisch in der Underground City: die Ville Souterraine. Lohnenswert ist zudem das Quartier Latin mit seinen vielen Bars, Straßencafés und Restaurants. Das weitläufige Gebiet vom Mont-Royal bis zum Quartier Hochelaga-Maisonneuve gilt als die grüne Lunge Montréals. Östlich davon erstreckt sich der innovative Parc Olympique mit Olympiastadion, Jardin Botanique und Insectarium sowie dem Biodôme, der Oase im Herzen von Montréal. Unter einem Glasdach leben rund 4000 Tiere und 5000 Pflanzen – und ein Erkundungspfad führt durch alle Regionen des Landes.

Oben: Der Platz vor dem Rathaus trägt den Namen des Entdeckers Jacques Cartier.

Links: Montréal war 1976 Schauplatz der Olympischen Sommerspiele.

KANADA

Toronto

TORONTO SCHLÄFT NIEMALS. AM TAG IST TORONTO EINES DER GRÖSSTEN FINANZZENTREN NORDAMERIKAS UND NACHTS WIRD DIE STADT AM LAKE ONTARIO ZUM PULSIERENDEN ZENTRUM FÜR UNTERHALTUNG UND KUNST.

Unzählige Festivals und Veranstaltungen, viele Nachtclubs und Restaurants sowie vielfältige Attraktionen machen Toronto zum kulturellen Mittelpunkt Kanadas. Außerdem ist es eines der großen Zentren der nordamerikanischen Film- und Fernsehindustrie. Die kommerzielle Theaterszene der Stadt bietet im Durchschnitt 50 verschiedene Produktionen pro Monat. Toronto ist eine saubere und sichere Metropole: „Ein New York wie von Schweizern geführt." So bemerkte einmal Weltbürger Sir Peter Ustinov lächelnd.

Vom Außenposten zur Einwandererhochburg. Französische Pelzjäger waren um 1615 die ersten Europäer in Ontario. Lange Zeit streiften sie durch die bewaldete Ontariohalbinsel, ohne sich häuslich einzurichten. Lediglich ein kleiner Handelsposten entstand – im heutigen Toronto (um 1720). Die Wyandot nannten den Ort Tarantua, den Treffpunkt, an dem sie ihre Zusammenkünfte abhielten. Im Jahr 1788 waren es die Briten, die die Siedlung York gründeten. Doch erst mit der Ernennung zur Stadt im Jahre 1834 wurde sie in Toronto umbenannt. Emigranten aus ganz Europa und den benachbarten Vereinigten Staaten folgten den englischen und schottischen Einwanderern.

Die Nadel im Heuhaufen. Wie eine Nadel sticht seit 1976 der 553 Meter hohe CN Tower in den Him-

Rechts: Das alte Rathaus am Nathan Philipps Square.

Unten: Das Rogers Centre, Heimat der Blue Jays (Baseball) und Argonauts (Canadian Football).

mel und dominiert die Skyline. Seitdem haben sich weitere imposante Gebäude hinzugesellt. Am Fuß des Turms steht das Rogers Centre, inzwischen besser bekannt als SkyDome. Östlich davon liegt das Air Canada Centre, die brandneue Hockey- und Basketballarena der Sporthochburg Toronto. Und direkt nördlich des CN Towers bilden zahlreiche Bürohochhäuser den Rahmen des Finanzbezirks, unter anderem gehören dazu einige architektonische Meisterwerke von Mies van der Rohe (Toronto-Dominion Centre) und von Santiago Calatrava (die Galerie im BCE Place).

Sauber und sicher – aber noch lange nicht langweilig. Torontos Nachtleben ist ein wichtiger Aspekt des Stadtlebens, mit dem der Ruf der Stadt, sie sei zu farblos, einfach widerlegt werden kann. Die beliebtesten und heißesten Bars und Clubs befinden sich im Herzen des Stadtzentrums – westlich des Geschäftsbezirks in der Theatergegend rund um King Street und Queen Street. Also heißt die Devise: Nach dem Theaterbesuch geht man noch lange nicht nach Hause. Und Freunde des lieben Sports, in Kanada besonders Eishockey und Baseball, suchen sich da lieber Bars aus, in denen man bei Pils oder Dunkelbier und frittierten Hähnchenflügeln Live-Spiele im Fernsehen ansehen kann. Apropos Eishockey: Die Bar „Wayne Gretzky's", dessen Inhaber seines Zeichens der erfolgreichste kanadische Eishockeyspieler aller Zeiten ist, ist eine Art Eishockey-Museum.

Erholung direkt vor der Haustüre. Die Toronto Islands liegen gegenüber vom Stadtzentrum am Hafen und gelten seit langer Zeit schon als beliebte Freizeitoase der Stadtbewohner. Die Inseln entstanden erst im Jahr 1858 durch einen Sturm, der die ehemalige Halbinsel vom Festland trennte. Seitdem sind die bewaldeten Eilande zu beliebten Erholungsorten geworden. Auf Centre Island zum Beispiel befindet sich das älteste Gebäude der Stadt: das Gibraltar Point Lighthouse. Heute sind die Inseln der ideale Ort zum Entspannen und um einen unvergleichlichen Ausblick auf die Skyline der Stadt zu bekommen, die sich dann im Wasser des Ontariosees spiegelt.

„Das donnernde Wasser". Es ist nicht weit, nur gut 100 Kilometer, bis zu den berühmtesten Wasserfällen der Welt, den Niagarafällen, die jedes Jahr über 18 Millionen Besucher anlocken. Der Niagara River rauscht über die Klippe des Niagara Escarpment, einer steilen Felsformation – ein Überbleibsel der letzten Eiszeit –, und fällt in Stufen in die Tiefe. 1990 wurde das Niagara Escarpment offiziell von der UNESCO als Welt-Biosphären-Reservat anerkannt.

FAKTEN

*** Einwohner in Toronto:** ca. 4,77 Mio.

*** Einwohner in der Agglomeration Golden Horseshoe:** ca. 5,2 Mio.

*** Sehenswürdigkeiten:** Algonquin Park, Casa Loma, CN Tower, Eaton Centre, Hockey Hall of Fame, Rogers Centre (SkyDome), Royal Ontario Museum, Toronto Islands, Yonge Street

BERÜHMTE PERSONEN

*** Frank O. Gehry** (geb. 1929), Architekt und Designer

*** Glenn Gould** (1932–1982), Pianist und Komponist

*** Neil Young** (geb. 1945), Rockmusiker

USA

Boston

BOSTON GILT ALS DIE WIEGE DER AMERIKANISCHEN FREIHEIT UND DER UNABHÄNGIGKEIT. DIE STADT WEISS DEN CHARME DER ALTEN WELT BESSER MIT DEN ANNEHMLICHKEITEN DER AMERIKANISCHEN MODERNE ZU VERBINDEN ALS DIE MEISTEN ANDEREN US-STÄDTE.

Ansätze einer katastrophalen „Stadterneuerung" in den 1950er-Jahren bewirkten in Boston eine derart radikale Kehrtwende, dass die Stadt heute stolz auf einige der am besten erhaltenen historischen Gebäude und Viertel der USA verweisen kann. In einigen Fällen erinnern die Sanierungsmaßnahmen zur Stadterhaltung allerdings eher an Kitsch: Der Bezirk North End ist so sauber und ordentlich wie ein Puppenstädtchen, und Faneuil Hall Marketplace ist eine einzigartige Kombination aus Themenpark und Shopping-Mall.

Die Pilgerväter. Boston wurde 1630 von englischen Puritanern auf einer Halbinsel an einem Naturhafen gegründet. Ihren heutigen Namen erhielt die Stadt „Trimountain" – inzwischen sind die „drei Hügel" abgetragen – erst einige Jahre nach der Gründung in Anlehnung an eine Stadt gleichen Namens in Lincolnshire in England, aus der einige der frühen Siedler stammten. In diese Zeit fällt auch die Gründung der weltberühmten Harvard University (1636), die erste Hochschule Nordamerikas.

Auslöser des Unabhängigkeitskrieges. In Boston kam es am 16. Dezember 1773 zu jenem folgenschweren Ereignis, das die Unabhängigkeit der Vereinigten Staaten einleiten sollte: die Boston Tea Party. Proteste gegen eine Erhöhung der Teesteuer durch die britische Krone führten zu Unruhen. Bos-

Das Massachusetts State House wurde nach den Entwürfen des Bostoner Architekten Charles Bulfinch (1763–1844) erbaut.

FAKTEN

* **Einwohner in Boston:** ca. 569200

* **Einwohner in Greater Boston:** ca.3,8 Mio.

* **Sehenswürdigkeiten:** Boston City Hall, Boston Common/Public Gardens, Custom House Tower, John Hancock Tower, Harvard University, Museum of Fine Arts, New England Aquarium, North End, Old South Meeting House, Old State House, Rowes Wharf, Theatre District

BERÜHMTE PERSONEN

* **Charles Francis Adams sen.** (1807–1886), 6. US-Präsident

* **Benjamin Franklin** (1706–1790), Politiker und Naturwissenschaftler

* **Leonard Nimoy** (geb. 1931), Schauspieler und Produzent („Mr. Spock")

* **Edgar Allan Poe** (1809–1849), Dichter und Schriftsteller

toner Bürger drangen als Indianer verkleidet in den Hafen ein und warfen drei Schiffsladungen Tee ins Hafenbecken. Dieser Vorfall bildete den Höhepunkt des Streits zwischen den Kolonien und England. Die britische Regierung ließ den Hafen schließen, Sanktionen gegen die amerikanischen Kolonien wurden verhängt – und ab April 1775 sprachen dann die Waffen. Was dann geschah, ist Geschichte: England verlor den Krieg, und ab 1783 waren die Vereinigten Staaten ein freies Land.

Wie ein roter Faden. Heute findet man an allen Ecken und Enden Bostons den Hauch amerikanischer Geschichte. Eine rote Pflasterspur, der zirka vier Kilometer lange Freedom Trail, Amerikas „Pfad der Freiheit", führt zu 16 historischen Stätten in der Stadt, darunter der Boston Common, die grüne Lunge der Stadt, der als zentraler Anlaufpunkt für Touristen gilt. Hier verhalfen die ersten Siedler einst den verirrten Seelen und „Hexen" mithilfe von Fußblock, Pranger und Galgen wieder auf den rechten Weg, hier exerzierte später die Bürgerwehr und bis 1830 weideten auf dem saftigen Grün die Kühe. Ein weiterer lohnenswerter Haltepunkt am Trail ist das Massachusetts State House mit seiner filigranen goldenen Kuppel. Spaziert man weiter, kommt man an vielen sehenswerten und geschichtsträchtigen Bauwerken vorüber. Erwähnt sei hier aber nur noch das Old State House am Ende der Washington Street. Hier residierte von 1713 bis zum Ende der Kolonialzeit der britische Gouverneur – und heute noch schmücken es die königlichen Wappentiere Löwe und Einhorn.

Moderne Architektur. Modern zeigt sich Boston im Government Centre, das von den zwei Türmen des John F. Kennedy Federal Buildings und der umgekehrten Pyramide der City Hall überragt wird. Die strenge moderne Architektur der Gebäude wird durch das markante rote Ziegelsteinpflaster und viele freie Plätze aufgelockert. Architektonisch bedeutend ist der hoch aufragende John Hancock Tower. Der 260 Meter hohe prismaförmige Turm zieht mit seiner V-Einkerbung an beiden Seiten die Aufmerksamkeit auf sich. In der blauen Glasfassade spiegelt sich die Trinity Church aus dem späten 19. Jahrhundert. Und vom Aussichtsdeck im 50. Stockwerk des Prudential Tower reicht der Blick über den Charles River nach Cambridge und an klaren Tagen bis zum Ausflugsparadies Cape Cod.

Mitte: Die rekonstruierte Beaver II im Bostoner Hafen – Teil des Boston Tea Party Museums.

Unten: Die Harvard Business School ist weit über die Grenzen Bostons hinaus berühmt.

USA

Detroit

DETROIT, DIE AMERIKANISCHE „MOTOR CITY“, HAT, SEIT HENRY FORD HIER ZU BEGINN DES 20. JAHRHUNDERTS SEIN ERSTES AUTOMOBILWERK ERÖFFNETE, DAS STEUER IN SACHEN AUTOMOBILINDUSTRIE FEST IN DER HAND.

Aufgrund der städtischen Strukturen und des Fehlens öffentlicher Transportmittel ist der Besitz eines Autos unumgänglich – sogar in der Innenstadt. Was im Gegenzug verwunderlich ist: Parkplätze gibt es eigentlich immer und überall. Und trotz der noch immer weiter wachsenden Industrie lebt die Stadt am Eriesee inzwischen in großem Maße vom Tourismus, wobei vor allem die Seen und weitläufigen Wälder der Umgebung die Touristen anziehen.

Das Fort am See. Am 24. Juli 1701 gründete der französische Offizier Antoine de la Mothe, Sieur de Cadillac, am Ausfluss des Eriesees das „Fort Pontchartrain d'Etroit“. Das Fort wurde zu einem wichtigen Stützpunkt im Kampf um die Vorherrschaft auf dem amerikanischen Kontinent. Erst spät fiel es den Briten dann doch noch in die Hände – kampflos übergab die französische Besatzung am 29. September 1760 das Fort an die Engländer, die es nach dem Unabhängigkeitskrieg 1783 wiederum an die Vereinigten Staaten verloren.

Industriestadt Detroit. In der Mitte des 19. Jahrhunderts entwickelte Detroit sich zu einer florierenden Industriestadt, denn die ständig wachsende Stadt verfügte nicht nur über ausgezeichnete Verlade- und Transportmöglichkeiten, sondern auch über große Rohstoffvorkommen. Doch nicht nur Farmer, die sich

FAKTEN

* Einwohner in Detroit: ca. 951 300
* Einwohner in der Agglomeration: ca. 5,89 Mio.
* Sehenswürdigkeiten: Belle Isle, Charles H. Wright Museum of African American History, Comerica Park, Detroit Institute of Arts, General Motors Headquarter Towers, General Motors World, Greektown, Grosse Pointe, Henry Ford Museum & Greenfield Village, Historic Fort Wayne, Motown Historical Museum, People Mover, Renaissance Center

BERÜHMTE PERSONEN

* William Edward Boeing (1881–1956), Flugzeugkonstrukteur
* Francis Ford Coppola (geb. 1939), Filmregisseur
* Alice Cooper (geb. 1948), Rockmusiker
* Eminem (geb. 1972), Rapper
* Tom Selleck (geb. 1945), Schauspieler

Greektown ist die Sehenswürdigkeit in der Downtown. Hier reihen sich die Shops und Restaurants wie an einer Perlenkette aneinander.

auf dem Weg nach Westen in den fruchtbaren Ackergebieten rund um die Stadt niederließen, wurden von Detroit angezogen, das vielen Menschen Arbeitsplätze in den neuen Fabriken und Industrien versprach, auch wohlhabende Investoren waren nur allzu gern bereit, in die aufblühende Automobilindustrie zu investieren.

Autobauer der ersten Stunde. Detroit wurde Anfang des 20. Jahrhunderts zum Zentrum der amerikanischen Automobilproduktion. Die „großen Drei" – Chrysler, Ford und General Motors – schufen hier die Autostadt schlechthin. Lange Zeit prahlte Detroit mit einem Wirtschaftswachstum sondergleichen. Während der 1920er-Jahre entstand ein Hochhaus nach dem andern; Warenhäuser und Kinopaläste säumten die Straßen.

Nach 1950 erlebte Detroit einen dramatischen Einschnitt: Die weiße Mittelschicht zog sich immer mehr aus der Innenstadt und der Downtown zurück und übersiedelte an den Stadtrand. Das Zentrum verlor seinen Stellenwert und seine Anziehungskraft. Heute liegt rund ein Drittel der gesamten Stadtfläche brach. Zahllose Gebäude wurden beseitigt. Ungefähr 4000 Bauten stehen leer: verlassen, verschlossen, zugenagelt und vermauert. Straßenschilder rosten. Auf den Bürgersteigen wächst bereits Gras, wilde Hunde streunen umher.

Renaissance und Antike. Dennoch gab und gibt es immer wieder Versuche einer erneuten Belebung der Innenstadt: in den 1970er-Jahren der wohl eher misslungene Glas- und Stahlpalast des Renaissance Centers – heute weithin sichtbares „Wahrzeichen" der Stadt –, und in den 1990er-Jahren die ausnehmend erfolgreiche Greektown. Dieses nur wenige Häuserblocks umfassende Viertel liegt mitten in Downtown an der Monroe Street. Restaurants, Unterhaltung, Kasinos – alles ist hier versammelt. Und das Ganze im griechischen Ambiente und Stil.

Oben: Downtown Detroit am Abend.

Links: Der Comerica Park ist die Heimat der Detroit Tigers, einer der renommiertesten Baseballmannschaften des Landes.

USA

Chicago

AN EINEM KALTEN TAG IN CHICAGO, WENN MAN BEI TIEFEN TEMPERATUREN UND STARKEN WINDBÖEN KEINEN FUSS VOR DIE TÜR SETZEN MÖCHTE, STELLT MAN SICH UNWEIGERLICH DIE FRAGE: „WER IST NUR AUF DIE IDEE GEKOMMEN, HIER EINE STADT ZU BAUEN?"

Die drei Millionen Chicagoer aber sind hart im Nehmen. Sie leben gern hier und sie können sich bei ihren europäischen und asiatischen Vorfahren und den Zuwanderern aus dem Süden der Vereinigten Staaten für deren Mut und Fantasie bedanken. Dieses denkbar bunte Gemisch schuf eine Stadt mit erstaunlicher Architektur, beispielloser Jazz- und Bluestradition, Universitäten voller Nobelpreisträger und den hartgesottensten Sportfans, die man sich vorstellen kann.

Checaugou – Land, das nach Zwiebeln stinkt. „Der erste weiße Mann, der sich hier niederließ, war ein Schwarzer." So erzählen es die alten Überlieferungen der Algonkin-Indianer. Und der „schwarze Mann" hieß Jean Baptiste Point du Sable. Er war der Sohn eines Québecer Kaufmanns und einer afroamerikanischen Sklavin. In den 1770er-Jahren gründete er an der Stelle des heutigen Chicago einen Handelsposten, der im 19. Jahrhundert nach dem Anschluss an die Eisenbahn zum wichtigsten Wirtschaftsstandort des amerikanischen Mittelwestens heranwuchs.

Das erste Hochhaus der Welt. Beim „Großen Brand" im Oktober 1871 wurde fast ein Drittel der Stadt zerstört. Rasch wurde die Stadt wieder aufgebaut. Berühmte Architekten wie Louis Sullivan und Frank Lloyd Wright kamen nach Chicago. Explodie-

Rechts: Der Lincoln Park; dahinter das John Hancock Center mit seinen beiden Antennen.

Unten: Das Adler-Planetarium am Lake Shore Drive.

rende Grundstückspreise zwangen dann gegen Ende des Jahrhunderts die Eigentümer zum Bau in die Höhe. Dank neuer Erfindungen wurde dies nun möglich. Das im Jahr 1885 erbaute Home Insurance Building – es wurde 1931 jedoch wieder abgerissen – war das erste Hochhaus der Welt.

Al Capone und die Mafia. Um die Jahrhundertwende galt Chicago als Inbegriff korrupter Politik. Dies führte immer wieder zu handfesten Krawallen, Streiks und sogar bis zum Wahlbetrug. Die Zeit nach dem Ersten Weltkrieg war geprägt von sozialen und Rassenunruhen und noch mehr von den Verbrechen der Mafia, angeführt von Al Capone, dessen Mythos nicht zuletzt auf etlichen Verfilmungen beruht. „Scarface", wie er auch genannt wurde, wurde am Ende lediglich wegen Steuerbetrugs und nicht wegen seiner üblen Mafiamethoden hinter Gitter gebracht.

Hier liegt Amerika. Chicago ist heute die amerikanische Großstadt in Reinkultur. Nach New York findet man hier die größte Ansammlung an Wolkenkratzern. Kein Wunder, denn Chicago ist die eigentliche Geburtsstadt der Wolkenkratzer. Und heute befinden sich in Chicago zwei der beeindruckendsten frei stehenden Bauwerke der Welt – Fernsehtürme mit eingeschlossen –, einmal der Sears Tower (527 Meter) und dann das John-Hancock-Center (457 Meter); beide Höhenangaben inklusive Antennen. Und damit ist die Skyline von Chicago zumindest höher als die von Manhattan/New York.

Kulturstadt Chicago. Doch die Stadt im Mittelwesten hat mehr zu bieten als die markante Skyline und ihren einst so schlechten Ruf als Stadt der Mafia. Das Adler-Planetarium und das Astronomiemuseum gehören zu den größten Attraktionen der Stadt. Im Jahr 1930 – dank der Unterstützung von Max Adler, einem österreichischen Politiker – erbaut, zählt es mit zu den ältesten Planetarien in Nordamerika. Es liegt sehr malerisch unmittelbar am Lake Michigan, direkt hinter dem John G. Shedd Aquarium, dem größten Indoor-Aquarium der Welt, und dem Field-Museum für Naturgeschichte.

Jazz, Blues und Soul. Musik hat eine lange Tradition in der „Windy City". Viele bedeutende Musiker hat es hierher verschlagen. Aus dem swingenden Jazz und dem Delta-Blues Louisianas wurde der harte Chicago-Blues und die Stadt gilt heute als das Zentrum des Blues schlechthin. Während in San Francisco in den Sixties Flower-power und Hippiesound in Mode kamen, wurde die Stadt am Lake Michigan zum Ausgangspunkt des Chicago-Soul. Und immer wieder setzt Chicagos Musikszene neue Trends.

FAKTEN

*** Einwohner in Chicago:** ca. 2,86 Mio.

*** Einwohner in der Agglomeration:** ca. 9,29 Mio.

*** Sehenswürdigkeiten:** Adler-Planetarium, AON-Center, Art Institute of Chicago, Brookfield-Zoo, Goodman-Theater, John-Hancock-Center, Merle-Reskin-Theater, Museum of Contemporary Art, Sears Tower, Shedd Aquarium

BERÜHMTE PERSONEN

*** Edgar Rice Burroughs** (1875–1950), Schriftsteller

*** Raymond Chandler** (1888–1959), Schriftsteller

*** Hillary Clinton** (geb. 1947), Politikerin

*** Walt Disney** (1901–1966), Trickfilmproduzent und Erfinder von „Mickymaus"

*** Harrison Ford** (geb. 1942), Schauspieler

*** Benny Goodman** (1909–1986), Jazzmusiker

USA

New York City

DIE FASZINATION, DIE VON NEW YORK AUSGEHT, LÄSST SICH NUR SCHWER IN WORTE FASSEN, ZU ÜBERWÄLTIGEND IST DIE FÜLLE VON ATTRAKTIONEN, DIE DIE GRÖSSTE STADT DER USA BEREITHÄLT. SIGHTSEEING, SHOPPING, SPORT, KULTUR – ALLES IST MÖGLICH.

New York ist die Stadt der Superlative – und mehr als nur die Insel Manhattan. Über Jahrzehnte war die Stadt das Tor zum „Gelobten Land", dem Land der unbegrenzten Möglichkeiten.

Heute kommen die meisten Menschen aus anderen Gründen nach New York als die Einwanderer von einst. Sie wollen den rasenden Lebensrhythmus der Riesenmetropole spüren, die kreative Hektik der Stadt und das dichte Gedränge rund um den Times Square erleben.

„Hügeliges Land". Man schrieb das Jahr 1609, als Henry Hudson – Namensgeber des Hudson River – in die Bucht von New York einsegelte. Seine vorzüglichen Beschreibungen des natürlichen Hafens von New York brachten seine holländischen Auftraggeber ins Spiel. Ab 1624 begannen diese mit der Besiedlung der Insel, die die Algonkin-Indianer Manahatta („hügeliges Land") nannten. 1626 kauften sie diese den Indianern für Waren im Wert von 60 Gulden oder 24 Dollar ab: Nieuw Amsterdam war geboren. Am 24. September 1664 wurde Neu Amsterdam – nach dem niederländisch-englischen Krieg – britische Kolonie und umbenannt in New York, zu Ehren des Herzogs von York.

Die junge Republik. Während des amerikanischen Unabhängigkeitskrieges (1776–1783) wurde die Stadt von den Briten besetzt. 1776 und zum wie-

FAKTEN

* **Einwohner in New York:** ca. 8 Mio.

* **Einwohner in der Metropolregion:** ca. 22,3 Mio.

* **Sehenswürdigkeiten:** American Craft Museum, American Museum of Natural History, Brooklyn Bridge, Carnegie Hall, Cathedral Church of Saint John the Divine, Central Park, Chrysler Building, Ellis Island, Empire State Building, Empire Theatre, Flatiron Building, Freiheitsstatue, General Assembly Building, Grand Central Terminal, Ground Zero, Lyceum, Metropolitan Opera, Museum of Modern Art, New Museum of Contemporary Art, Riverside Church, Rockefeller Centers, Saint Patrick's Cathedral, Solomon R. Guggenheim-Museum, Trinity Church, Woolworth Building

derholten Male 1778 fiel die Stadt den Flammen zum Opfer und brannte nieder. Trotzdem entwickelte sich New York nach der amerikanischen Unabhängigkeit 1783 stetig weiter. 1788 wurde New York Hauptstadt der Vereinigten Staaten. Zwei Jahre später löste Philadelphia New York in dieser Rolle ab. New York entwickelte sich stattdessen zur Wirtschaftsmetropole der USA. Die Börsengründung in der Wall Street 1792 unterstreicht diese Entwicklung.

Der Krieg in den Straßen. Das gesamte 19. Jahrhundert über glich New York einer einzigen großen Baustelle. Fast täglich wurden neue Häuser errichtet und Parks angelegt. So auch zwischen 1858 und 1866 der Central Park, der heute eine viel besuchte Attraktion nicht nur für Touristen ist. Und New York bekam sein heute typisches schachbrettartiges Straßennetz, nur der Broadway blieb davon verschont. Immer mehr Emigranten aus Europa kamen in die aufstrebende Stadt. Und mit ihnen Gewalt und Unruhen, denn die „Neuen" mussten sich zunächst in Slums wie den berüchtigten Five Points oder der Bowery ansiedeln. Der Konflikt zwischen den Ortsansässigen und den Zuwanderern entlud sich in den Draft Riots im Juli 1863 in blutigen Straßenschlachten. Mindestens 120 Menschen fanden in dem vier Tage andauernden Chaos den Tod, über 100 Gebäude wurden zerstört. Der Film „Gangs of New York" von Martin Scorsese und mit Leonardo diCaprio schildert diese unruhige Zeit in beeindruckenden Bildern.

Die Freiheitsstatue auf Liberty Island begrüßt alle Seereisenden in New York. In Paris befindet sich im Jardin du Luxembourg das zwei Meter hohe Original.

Höhenrausch und Katerstimmung. Wie so viele Städte der Vereinigten Staaten boomte auch New York in den 1920er-Jahren. Die Stadt befand sich im „Börsenrausch". Das erwirtschaftete Geld floss unter anderem in den Bau der New Yorker Skyline: Woolworth, Chrysler und Empire Stadt Building trieben das Stadtbild in die Höhe. Doch wie immer, dem Rausch folgt der Brummschädel. Am 24. Oktober 1929, dem

Oben: Das Gebäude der Vereinten Nationen liegt am Rand der Skyline von New York an der Union Plaza.

Links: Zwischen 1858 und 1866 wurde der Central Park angelegt.

Die Brooklyn Bridge über den Hudson River wurde 1883 eröffnet.

„Schwarzen Donnerstag", brach alles wie ein Kartenhaus zusammen. Die Stadt versank in einem Schuldenberg, unzählige Menschen standen von heute auf morgen auf der Straße – ohne Arbeit und Geld. Die Arbeitslosenquote stieg auf über 25 Prozent.

Theaterstadt Manhattan. Heute ist New York wieder Sitz der Welthochfinanz und seit 1945 ebenso der Vereinten Nationen. Aber noch mehr ist die Stadt eine Kulturmetropole. Nirgendwo sonst findet man so viele Kunstgalerien, Museen oder Theater. New York gilt als kulturelles und künstlerisches Zentrum der US-Ostküste. Die Stadt besitzt darüber hinaus in diesen Bereichen weltweit den Ruf als Trendsetter schlechthin. Der berühmte Broadway – Inbegriff für kulturelle Highlights – ist das Herz der New Yorker Theaterlandschaft. Rund um den Times Square herum findet man ungefähr 40 Theater – nicht zuletzt die Metropolitan Opera (eröffnet 1883), kurz Met genannt, das Empire Theatre (eröffnet 1893) und zudem das Lyceum (eröffnet 1903). Für jeden Geschmack ist etwas dabei.

Es gibt so viel zu besichtigen. Ganz egal, ob naturwissenschaftlich oder historisch, ob technisch oder künstlerisch, New Yorks Museenlandschaft hält für jeden das Richtige bereit. Fast alle Einrichtungen besitzen zudem weltweit einen ausgezeichneten Ruf. Eines der größten Naturkundemuseen der Welt ist beispielsweise das American Museum of Natural History. Ein Tag hier reicht bei weitem nicht aus, um alles zu sehen, was die fünf Etagen zu bieten haben – mehr als 30 Millionen Exponate. Und auch Kunstliebhaber kommen in New York voll auf ihre Kosten. Das MoMa (Museum of Modern Art) beherbergt eine der bedeutendsten Sammlungen moderner Kunst. Von 2002 bis 2004 hat das Museum ein neues Ambiente erhalten. Für 70 Millionen Dollar wurde das Museum durch Yoshio Taniguchi umgestaltet. Während der Umbauphase durfte sich auch die Berliner Neue Nationalgalerie für sieben Monate mit 212 Meisterwerken aus New York schmücken – aber nur leihweise.

Zwei sehr bedeutende Inseln. Auf dem kleinen Liberty Island in der oberen New York Bay steht die Lady, die jeden Schiffsreisenden bei der Einfahrt begrüßt: die 46 Meter hohe Freiheitsstatue auf ihrem riesenhaften Sockel. Das massive Eisenskelett hatte Gustave Eiffel, der Konstrukteur des Eiffelturms, entworfen, die Statue selbst stammt von Frédéric Auguste Bartholdi. Dieses Freundschaftsgeschenk Frankreichs wurde mit einer „kleinen" Verspätung 1886 einge-

Blick aus einer Straßenschlucht Manhattans auf das Chrysler Building.

weiht. Geplant war es eigentlich zum 100-jährigen Jubiläum der Vereinigten Staaten zehn Jahre früher. Besichtigungstouren per Schiff nach Liberty Island beginnen meist im Battery Park an der Südspitze von Manhattan. Vielfach steuern die Rundfahrtsschiffe dabei auch Ellis Island an. Dort lag einst das „Tor nach Amerika". Hier mussten sich fast 17 Millionen Emigranten durch die Formalitäten der Einwanderungsbehörde quälen. Heute beherbergen die Bauwerke der ehemaligen Anlaufstelle für Einwanderer das Ellis Island Immigration Museum.

Brooklyn Bridge. Auch mit architektonischen Sehenswürdigkeiten ist die Stadt am Hudson River im Übermaß ausgestattet. Und dabei handelt es sich keinesfalls nur um Wolkenkratzer à la Empire State. Mit rund 5500 Gebäuden mit mehr als zwölf Etagen ist New York allerdings zweifellos eine Stadt der Hochhäuser und Skyscraper. Auch die Bauwerke der Kolonialzeit und des 19. Jahrhunderts sind mehr als einen Blick wert – genauso die Brücken, die Manhattan mit dem Festland verbinden. Die Brooklyn Bridge war bei ihrer Eröffnung im Jahr 1883 die längste Hängebrücke der Welt. Und um die Traglast zu prüfen, ließ man vorab den Zirkus Barnum mit zahlreichen Elefanten die Brücke überqueren.

Greenwich Village ist ein Stadtteil von Manhattan zwischen der 14th Street im Norden, der Houston Street im Süden, dem Hudson River im Westen und dem Broadway im Osten. „The Village" ist ein beliebtes Wohnviertel. Einer der prominentesten Bewohner ist mit Sicherheit Hollywoodstar Dustin Hoffmann, bekannt aus „Die Reifeprüfung" und „Asphalt Cowboy". Greenwich Village ist aber auch ein Künstler- und Szeneviertel mit vielen Cafés, Bars, Restaurants und experimentellen Theatern. Das großartige Duo Paul Simon und Art Garfunkel hat hier seine musikalischen Wurzeln.

Der 11. September 2001. An einem Dienstag im September 2001 geschah das Unfassbare: Zwei Flugzeuge rasten in die beiden Türme des World Trade Centers (fertig gestellt 1973). Über 3000 Menschen kamen ums Leben, der Atem der Welt stand für einen kurzen Moment still, die Menschen waren geschockt. An der Stelle, an der die Twin Towers standen, dem Ground Zero, soll der neue Freedom Tower entstehen, mit 541 Metern das höchste begehbare Gebäude der Welt. Ein Denkmal wurde im Rahmen der Bauarbeiten bereits aufgestellt.

BERÜHMTE PERSONEN

* **Humphrey Bogart** (1899–1957), Schauspieler
* **Robert de Niro** (geb. 1943), Schauspieler
* **Kirk Douglas** (geb. 1916), Schauspieler
* **Lyonel Feininger** (1871–1956), Maler
* **Jane Fonda** (geb. 1937), Schauspielerin
* **Stanley Kubrick** (1928–1999), Regisseur
* **Herman Melville** (1819–1891), Schriftsteller
* **Arthur Miller** (1915–2005), Schriftsteller
* **Jack Nicholson** (geb. 1937), Schauspieler
* **Robert Oppenheimer** (1904–1967), Physiker
* **Al Pacino** (geb. 1940), Schauspieler
* **Donald Trump** (geb. 1946), Unternehmer

Mitte: Die Wall Street mit der New Yorker Börse.

Unten: Ein Blick von oben auf den Times Square, das Herz der amerikanischen Theaterwelt.

USA

Denver

DENVER, EINE DER JÜNGSTEN STÄDTE AMERIKAS UND HAUPTSTADT DES STAATES COLORADO, LIEGT EXAKT EINE MEILE – 1609 METER UND EIN PAAR ZENTIMETER – ÜBER DEM MEERESSPIEGEL AUF DER HOCHEBENE AM FUSSE DER ROCKY MOUNTAINS.

Denver bietet einen sehr interessanten Mix aus „Good Old West" und moderner Architektur. Wolkenkratzer prägen auch hier das Bild, aufgelockert durch über 200 Parks und Gärten – mehr als irgendwo sonst in den USA. Und das historische Erbe der Stadt spiegelt sich in den sorgfältig restaurierten Straßenzügen wider. Mit 300 Sonnentagen im Jahr – mehr als selbst Miami Beach – ist Denver die „hellste" Stadt Nordamerikas.

Gegründet wurde Denver am South Platte River im Jahr 1858 aufgrund der Goldfunde ein Jahr zuvor. Für die Pioniere waren die Anfangsjahre harte Jahre. Die noch junge Stadt – das offizielle Gründungsdatum ist der 7. November 1861 – musste sich mit Überschwemmungen, Großfeuern, Indianerangriffen und sogar mit einem Übergriff konföderierter Truppen während des Amerikanischen Bürgerkriegs auseinander setzen. Neuerliche Goldfunde in den Rocky Mountains ließen Denver schließlich zur Boomtown werden. Zahlreiche Saloons und Kasinos öffneten ihre Pforten. Denver wurde zum Anziehungspunkt für Siedlertrecks, aber auch für die Gesetzlosen des Westens. Im Jahr 1870 erreichten dann die verschiedenen Eisenbahnlinien Denver, so die Denver Pacific und die Kansas Pacific and Colorado Central Railroads, was einen enormen Aufschwung bewirkte.

Rechts: Im Herzen der Stadt liegt die 16th Street.

Unten: Das Colorado State Capitol wurde 1890 erbaut.

Tendenz steigend. Um die Wende zum 20. Jahrhundert wurden bereits früh überschüssige Gewinne in die Verschönerung der Stadt investiert. Es wurden die ersten Parks angelegt, Statuen errichtet und ganz gewöhnliche Straßen in malerische Alleen umgewandelt. Denver entwickelte sich zur elegantesten Stadt im Umkreis von 1000 Meilen. Auch wenn die Energiekrise dann Ende der 1980er-Jahre dem Boom Denvers einen Dämpfer versetzt hat, so hat sich die Einwohnerzahl seit 1960 bereits mehr als verdoppelt. Inzwischen zählt die Stadt wieder zu den am schnellst wachsenden Städten der USA.

Keine Olympiade. Eigentlich sollten in Denver 1976 die Olympischen Winterspiele ausgetragen werden, doch der damalige Gouverneur von Colorado Richard Lamm lehnte dies wegen der damit verbundenen hohen Kosten ab. Übel genommen hat ihm das in Colorado und Denver kaum einer. Ganz im Gegenteil, der sparsame Lamm blieb von 1974 bis 1987 im Amt und ist damit der am längsten amtierende Gouverneur des Bundesstaates Colorado.

Fotografieren verboten! Die Sparsamkeit in allen Ehren – doch in Denver steht eine von zwei Münzprägeanstalten der USA, die U.S. Mint. Zehn Milliarden Geldstücke verlassen sie alljährlich. Es ist die zweitgrößte Lagerstätte Amerikas für Goldbarren nach Fort Knox. Dies sollte man bei einer eventuellen Besichtigung in jedem Fall beherzigen (das ist tatsächlich möglich und es kostet nicht einmal Eintritt). Fotografieren ist hier strengstens verboten!

Ein Hauch von Joan Collins. Die 16th Street oder „The Mall" ist das Herzstück des historischen Stadtzentrums von Denver. Die rund zwei Kilometer lange Flanierstraße wurde zu einer schmucken Fußgängerpromenade mit Bäumen, Blumenrabatten und Bänken umgestaltet. Hier laden zahlreiche Boutiquen, Kaufhäuser und Cafés zum entspannten Bummeln ein. Als einziges Fahrzeug verkehrt ein Shuttle-Bus. Einige der Wolkenkratzer, die am Südende der Mall emporragen, kamen in der US-Fernsehserie „Denver-Clan" („Dynasty") zu Ruhm.

Einkaufen wie in Paris. Unweit der Innenstadt liegt der Cherry Creek Shopping District. Entlang den von Bäumen gesäumten Straßen von Cherry Creek North und des dazugehörigen Cherry Creek Shopping Centers finden sich über 420 Kaufhäuser, Boutiquen, Kunstgalerien, Cafés und Restaurants. Bereits Joan Collins – alias Alexis Carrington – und Linda Evans (Crystal Carrington) haben hier nach und während den Dreharbeiten zum „Denver-Clan" geshoppt.

FAKTEN

*** Einwohner in Denver:**
ca. 556850

*** Einwohner in der Agglomeration:**
ca. 2,6 Mio.

*** Sehenswürdigkeiten:**
Black American West Museum & Heritage Center, Brown Palaca Hotel, Buckhorn Exchange, Buffalo Bill's Grave & Museum, Colorado State Capitol, Confluence Park, D&F Tower, Denver Art Museum, Denver Pavilion, Denver Zoo, Four Mile House, The Molly Brown House Museum, Red Rocks Park, Richthofen Castle, Pepsi Centre, Wings Over the Rockies Air & Space Museum

BERÜHMTE PERSONEN

*** Tim Allen**
(geb. 1953), Schauspieler und Komiker

*** John Kerry**
(geb. 1943), Politiker

*** Debra Paget**
(geb. 1933), Schauspielerin

*** Jan-Michael Vincent**
(geb. 1944), Schauspieler

USA

St. Louis

UNTERHALB DES ZUSAMMENFLUSSES VON MISSISSIPPI UND MISSOURI LIEGT ST. LOUIS, GEBURTSORT DES GROSSEN AMERIKANISCHEN DICHTERS T. S. ELIOT. EINST WAR ES EIN ORT FÜR ABENTEURER, PELZJÄGER UND PIONIERE, DIE DEN WESTEN ZUGÄNGLICH MACHTEN.

Heute ist die Stadt ein bedeutender Verkehrsknotenpunkt und ein modernes Handels-, Industrie- und Kulturzentrum. St. Louis ist eine kosmopolitische Metropole mit einem spürbar europäischen Flair – Spanier, Franzosen und Deutsche haben hier ihre Spuren hinterlassen. Der Mississippi-Kult von einst wird immer noch liebevoll aufrechterhalten, an den Ufern des Flusses hört man Ragtime, Dixieland, Blues, Jazz – und den fetzigen Rock 'n' Roll von Chuck Berry, einem der großen Söhne der Stadt.

15 Millionen Dollar. 1763 errichtete der französische Pelzhändler Pierre Laclède auf dem heutigen Stadtgebiet einen Handelsposten. Ein Jahr später erfolgte die Gründung der Stadt am 15. Februar 1764, die nach König Louis IX. von Frankreich benannt wurde. Zunächst unter spanischer Herrschaft, wurde die Stadt zur Zeit Kaiser Napoleons I. an Frankreich zurückgegeben, bevor sie 1803 im Rahmen des „Louisiana Purchase" an die Vereinigten Staaten fiel. Am 10. März 1804 wurde in St. Louis eine offizielle Feier zur Übergabe des Territoriums abgehalten. Danach brach eine Expedition auf, die im Auftrag des amerikanischen Präsidenten feststellen sollte, wofür die US-Regierung eigentlich gerade 15 Millionen Dollar ausgegeben hatte – für eine Verdoppelung des Staatsgebietes.

Seit 1870 wird hier Bier nach deutschem Vorbild gebraut: in der Anheuser-Busch Brewery, einer der größten Brauereien der Vereinigten Staaten.

FAKTEN

*** Einwohner in St. Louis:** ca. 348 200

*** Einwohner in der Agglomeration:** ca. 2,6 Mio.

*** Sehenswürdigkeiten:** Campell House Museum, Forest Park, Gateway Arch, Laclède's Landing, Memorial Plaza, Missouri Botanical Garden, Old Cathedral, Old Courthouse, Scott Joplin Museum, Six Flags Over Mid America, St. Louis Art Museum, St. Louis Science Center, Union Station

BERÜHMTE PERSONEN

*** Josephine Baker** (1906–1975), Entertainerin

*** Chuck Berry** (geb. 1926), Rock 'n' Roll-Musiker

*** T. S. Eliot** (1888–1965), Dramatiker und Essayist (Nobelpreis 1945)

*** John Goodman** (geb. 1952), Schauspieler

Gateway to the West. Eine entscheidende Rolle spielte die Stadt in der Pioniergeschichte der Vereinigten Staaten – St. Louis war einer der wichtigsten Ausgangspunkte zur Erschließung des Westens, einer der letzten Außenposten der Zivilisation. Unzählige Siedler machten hier auf ihrem Weg nach Westen Halt. Die Bedeutung der Stadt als Tor zum Westen symbolisiert der Gateway Arch, ein 192 Meter hoher Stahlbogen im Zentrum des Jefferson National Expansion Memorial. Seit seiner Fertigstellung im Jahr 1965 gilt diese eindrucksvolle und unübersehbare Konstruktion als Wahrzeichen von St. Louis. Eine Spezialbahn fährt zum höchsten Punkt des Bogens, wo sich eine Aussichtsterrasse befindet. Unter dem Gateway Arch legen nachgebaute Raddampfer zu Rundfahrten ab.

Na denn Prost! Der einsetzende Zuzug der Siedler von der amerikanischen Ostküste erreichte seinen Höhepunkt, nachdem St. Louis 1857 Anschluss an die Eisenbahn erhalten hatte. Auch aus Deutschland kamen viele Emigranten – fast ein Drittel der damaligen Stadtbevölkerung. Sie brachten die Traditionen ihrer Heimat mit nach Amerika, von denen sich viele bis auf den heutigen Tag erhalten haben, wie etwa das alljährlich stattfindende Oktober- oder Badenfest. Die Zuwanderer brachten auch die Braukunst nach St. Louis – mit der Anheuser-Busch Brewery findet sich in der Metropole am Mississippi heute eine der größten Bierbrauereien der Welt.

Forest Park – das grüne Herz. Das Jahr 1904 markiert einen Höhepunkt in der Stadtchronik: Die Olympischen Spiele und dazu die Internationale Weltausstellung fanden in St. Louis statt. Der Schauplatz der Weltausstellung liegt westlich der Innenstadt im Forest Park. Er zählt mit seinen Wäldern, Seen und Prachtbauten unter den Stadtgärten zu den schönsten amerikanischen Parks und ist größer als zum Beispiel der New Yorker Central Park. Der Forest Park wurde zum 100. Jahrestag modernisiert und bietet seinen Besuchern einiges an Sehenswürdigkeiten. Dazu gehört vor allem das St. Louis Art Museum auf dem Art Hill, ein Gebäude im Beaux-Arts-Stil, das seinerzeit für die Weltausstellung gebaut wurde und deren letztes erhaltenes Bauwerk es ist. Das Museum beherbergt rund 30 000 Objekte internationaler Kunst sämtlicher Epochen, darunter eine der größten und bedeutendsten Sammlungen der deutschen Expressionisten.

Mitte: Das alte Gerichtsgebäude von St. Louis.

Unten: Sie prägen seit fast 200 Jahren das Bild auf dem großen Strom: die Mississippi-Raddampfer.

USA

Washington D.C.

WASHINGTON IST KEIN BUNDESSTAAT, ABER WEIT MEHR ALS EINE STADT. DER DISTRICT OF COLUMBIA WURDE VOM US-KONGRESS IM JAHR 1790 ALS VERSAMMLUNGS- UND ERFÜLLUNGSORT DER GESCHÄFTE DER US-REGIERUNG AUSGEWIESEN.

In die US-Hauptstadt kommen Jahr für Jahr etwa 20 Millionen Besucher. Manche gehen in eine der über 140 Landesvertretungen, doch die meisten besuchen die Stadt wegen ihrer zahlreichen Sehenswürdigkeiten: das Weiße Haus, das Pentagon und das Capitol. Washington ist Heimat berühmter Denkmäler und Museen, kurz, ein kulturelles und intellektuelles Schwergewicht.

Am Reißbrett entstanden. Stadtplaner war der Franzose Pierre Charles L'Enfant (1755–1825), der Seite an Seite mit Präsident George Washington gegen die Briten gekämpft hatte. 1792 legte er der Regierung seinen Plan vor, und am 13. Oktober des selben Jahres begannen mit der Grundsteinlegung des Weißen Hauses (heute liegt es an der 1600 Pennsylvania Avenue) die Bauarbeiten in einem Gebiet am Potomac River, das sowohl Teile von Maryland als auch von Virginia umschloss. Washington selbst soll die Stelle ausgesucht haben. Bereits um 1791 machte das geflügelte Wort von der „City of Washington" die Runde, und diesen Namen sollte die Stadt beibehalten. Die Vollendung der Stadt wurde für den ersten Donnerstag im Dezember 1800 festgelegt – ein ziemlich enger Zeitrahmen für eine ganze Stadt.

Washington in der Krise. Und L'Enfant? Schon nach wenigen Monaten Bauzeit verkrachte er sich mit

FAKTEN

* **Einwohner in Washington:** ca. 553 500
* **Einwohner in der Metropolregion (inkl. Baltimore):** ca. 8 Mio.
* **Sehenswürdigkeiten:** Blair House, Jefferson Memorial, John F. Kennedy Center for the Performing Arts, Hirshhorn Museum, Lincoln Memorial, National Gallery of Art, National Mall, National Museum of the American Indian, Smithsonian Institution, United States Capitol, Vietnam Veterans Memorial, Washington Monument, White House

BERÜHMTE PERSONEN

* **Eva Cassidy** (1963–1996), Sängerin
* **John Foster Dulles** (1888–1959), Politiker
* **Marvin Gaye** (1939–1984), Soulsänger
* **J. Edgar Hoover** (1895–1972), FBI-Gründer

Im Capitol tagen das Repräsentantenhaus und der Senat der Vereinigten Staaten von Amerika.

dem Bauleiter Benjamin Banneker. Er schmollte und trat einige Wochen später von dem Projekt zurück – es wird aber auch gemunkelt, dass er vielleicht entlassen wurde: von Banneker. Ein Denkmal erinnert heute an den einst als Helden gefeierten Schöpfer der amerikanischen Hauptstadt. Ähnlich wechselhaft erging es der jungen Hauptstadt. Kaum war sie bezogen, da eroberten 1814 britische Truppen im britisch-amerikanischen Krieg die Stadt. Das mehr oder weniger unfertige Capitol auf dem kleinen Hügel am Ostende der Mall wurde niedergebrannt – und für Jahrzehnte fiel Washington in eine Depression. Heute steht an gleicher Stelle das neue Capitol, der Sitz der Abgeordnetenkammer und des Senats.

John F. Kennedy und das Provinznest. Im Zuge eines Verschönerungsplans wurden dann zur Jahrhundertwende zahlreiche Landschaftsgärten, Parks und Monumente errichtet. Jedoch bis weit in das 20. Jahrhundert hinein musste sich Washington noch mit dem Image eines Provinznestes herumschlagen. Erst Präsident John F. Kennedy verlieh Washington einen prägnanten Stempel als „Stadt, die die Effizienz des Südens mit dem Charme des Nordens vereinigt". Das als Gedenkstätte für JFK errichtete Kennedy Center trug wesentlich dazu bei, mehr kosmopolitisches Flair in die bürokratische Beamtenstadt zu bringen.

Am 11. September 2001 war Washington das Ziel von Terroristen. Ein entführtes Flugzeug stürzte in das Pentagon. Zur gleichen Zeit rasten zwei Flugzeuge in das World Trade Center in New York. Trotz anhaltender Sicherheitsmaßnahmen um die wichtigsten Bauwerke ist spürbar, dass die Stadt große Fortschritte gemacht hat, das Pentagon wieder in Stand zu setzen. Auch die Besucher kehren zurück, und die vier Kilometer lange National Mall mit all den großen Attraktionen füllt sich wieder mit Touristen aus der ganzen Welt.

Oben: Das Smithsonian Castle ist Teil des großen Museumsviertels.

Links: Das Weiße Haus, der Amtssitz der amerikanischen Präsidenten.

USA

San Francisco

THE BELLE OF THE DAY – DAS IST SAN FRANCISCO. GOLDEN GATE BRIDGE, ALCATRAZ UND DIE UNERMÜDLICH AUF UND AB GONDELNDEN STRASSENBAHNEN – DAS SIND DIE BEKANNTESTEN WAHRZEICHEN DER EINSTIGEN HIPPIEMETROPOLE.

San Francisco – eine Heimstätte für Romantiker, Träumer und Kreative – besticht noch immer durch sein Flair. Die Stadt ist multikulturell. Jede europäische Nation scheint hier vertreten, dazu liegt ein Hauch von Lateinamerika und Asien in der Luft. Es herrscht eine Atmosphäre von „Carpe diem". Vielleicht liegt das ja auch ein bisschen daran, dass das nächste Erdbeben – „The Bigger One" – das letzte sein könnte.

Aufschwung nach dem Goldrausch. Die ersten Siedler an der San Francisco Bay waren die Ohlone-Indianer. Sie nannten die Gegend den „Rand der Welt". Vom Meer aus wurde die Bucht erst im Jahre 1775 entdeckt. Die europäische Besiedlung begann mit dem Jahr 1776, mit der Gründung der Mission Dolores, die als einziges Bauwerk des frühen San Francisco de Asís – benannt nach Franz von Assisi – heute noch erhalten ist. Nicht weit davon entfernt gründeten amerikanische Siedler eine Stadt mit Namen Yerba Buena, heute die geschäftige Innenstadt von San Francisco. Sie wurde Ausgangsbasis für europäische und russische Pelzhändler, Pioniere und Siedler – und Glücksritter, die nach den Goldfunden von 1848 ins Land kamen. Mit dem Goldrausch zogen der Reichtum und auch das Laster ein. Lynchfreudige Bürgerwehren säuberten die Straßen jedoch mit großem Erfolg – San Francisco

Rechts: In der Bucht von San Francisco liegt die ehemalige Gefängnisinsel von Alcatraz.

Unten: Typisch für San Francisco sind die berühmten Cable Cars.

wurde zu einem Zentrum der Banker, Hotels wurden hochgezogen und Theater schossen aus dem Boden.

Erdbeben als Motivationshilfe. Die Lage an und auf dem San-Andreas-Graben sorgte in der Geschichte der Stadt immer wieder für Erdbeben. Besonders hart getroffen wurde San Francisco am 18. April 1906 – mit einem Beben – „The Big One" – der Stärke 8,3 auf der Richterskala. Auf die Erdstöße folgte der große Brand, der beinahe die ganze Stadt zerstörte. Doch schon in den 1920er-Jahren war San Francisco wieder obenauf, die Stadt erblühte in neuem Glanz. Die Golden Gate Bridge und die Bay Bridge entstanden als eine Art Arbeitsbeschaffungsmaßnahme während der Weltwirtschaftskrise. Und auch der Zweite Weltkrieg griff der Stadt hilfreich unter die Arme: Die gesamte Pazifikflotte der US Army wurde hier zusammengehämmert und -geschweißt und vom Stapel gelassen.

Summer of Love – und die Nachwehen. Die Sixties gehörten in San Francisco Träumern wie Scott McKenzie, der mit seinem Lied „San Francisco" eine ganze Generation geprägt hat. Die Stadt an der Bucht sah zugleich soziale Revolutionen – wie den aufkommenden Feminismus, die Gay Rights und Free Speech Movements. Wachsende Gewalt und der Drogenmissbrauch bereiteten dem legendären „Summer of Love" von 1969, angetrieben von weltbekannten Bands wie „Grateful Dead" und „Jefferson Airplane", bald ein sang- und klangloses Ende, das von Rassenkrawallen und Straßenschlachten zwischen der Polizei und der Schwulenbewegung begleitet wurde.

San Francisco für Touristen. Für den Touristen von heute gibt es viel zu sehen. Kirchen wie Saint Mary, die Dolores-Kirche und Grace Cathedral und Museen, zum Beispiel das Exploratorium, Telegraph Hill, das Naturhistorische, das Asian Art, das Cable Car oder das San Francisco Museum of Modern Art, gibt es reichlich. Parkanlagen (Golden Gate, Buena Vista und Yerba Buena), Naturdenkmäler und idyllisch gelegene oder belebte Plätze findet man en masse. Ein Muss für jeden Besucher sind sicherlich auch das Hafenviertel Fisherman's Wharf und der Pier 39, das berühmte Einkaufszentrum mit seinen Cafés, Kneipen und Restaurants – mit Fischerei hat man hier schon lange nichts mehr am Hut. Exquisite Fischlokale aber gibt es sehr viele. Und zu guter Letzt muss natürlich Alcatraz erwähnt werden, das aus Film und Fernsehen bekannte ehemalige Hochsicherheitsgefängnis. Der berüchtigte Chicagoer Mafiapate Al Capone saß auf „The Rock" ein.

FAKTEN

* **Einwohner in San Francisco:** ca. 744 230

* **Einwohner in der Agglomeration:** ca. 4,16 Mio.

* **Sehenswürdigkeiten:** Alcatraz, Aquarium, Buena Vista Park, Cable Car Museum, California Academy of Science, Coit Tower, Comic Art Museum, Exploratorium, Fisherman's Wharf, St. Mary of the Assumption, St. Mary of the Immaculate Conception, Grace Cathedral, Lombard Street, Mission Dolores, Pier 39, San Francisco Museum of Modern Art, Telegraph Hill, Transamerica Pyramid, Twin Peaks, Yerba Buena

BERÜHMTE PERSONEN

* **Clint Eastwood** (geb. 1930), Schauspieler

* **Dian Fossey** (1932–1985), Zoologin

* **Bruce Lee** (1940–1973), Schauspieler und Kampfkünstler

* **Jack London** (1876–1916), Schriftsteller

USA

Las Vegas

IN LAS VEGAS FINDET MAN EINE GROSSE ANZAHL AN HOCHZEITSKAPELLEN. NIRGENDWO SONST AUF DIESEM PLANETEN IST ES SO EINFACH ZU HEIRATEN WIE IM ZWANGLOSEN NEVADA. UND ECHTE SPIELERNATUREN FÜHLEN SICH HIER NATÜRLICH GANZ ZU HAUSE.

Mehr als 35 Millionen Besucher zieht es jährlich in die Spielermetropole Las Vegas in der Wüste Nevadas. In dieser Stadt wird aber nicht nur gespielt – mittlerweile wird nur noch etwa ein Viertel des Umsatzes von den Kasinos erwirtschaftet. Die zahlreichen Attraktionen, wie die Shows oder auch die vielen Boxkämpfe, machen Las Vegas zu einem unvergesslichen Urlaubsparadies.

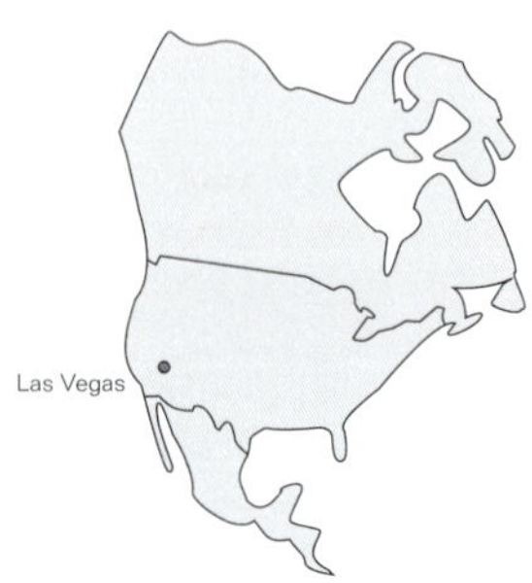

Mit Glücksspiel zum Erfolg. Um 1865 errichtete die Armee an der Stelle des heutigen Las Vegas Fort Baker, das schon bald aufgrund der lebenswichtigen Quellen („las vegas") ein wichtiger Stützpunkt für die Erschließung des Landes wurde. Zu einer Stadt wurde es jedoch trotzdem sehr spät. Als 1905 die Nachfrage nach Grundstücken extrem anstieg, kam es schließlich am 15. Mai des gleichen Jahres zur offiziellen Stadtgründung. Der Bau des Hoover-Staudamms am Colorado River in den 1930er-Jahren sorgte für ausreichend Strom. Der Lake Mead hinter der Staumauer scheint inmitten der Wüstenlandschaft ziemlich ungewöhnlich mit seinen 593 Quadratmetern blauen Wassers.

Als nach der Prohibition das Glückspiel legalisiert wurde, setzte in Las Vegas ein schnelles Wachstum ein. Mafiaboss Bugsy Siegel ließ in den 1940er-Jahren das erste Hotel mit einem Spielkasino erbauen.

Die Fußgängerzone der Fremont Street Experience wird von einem riesigen Baldachin überspannt.

FAKTEN

✱ Einwohner in Las Vegas: ca. 534 850

✱ Einwohner in der Agglomeration: ca. 1,7 Mio.

✱ Sehenswürdigkeiten: Bellagio, Caesar's Palace, Death Valley, Excalibur Hotel, Golden Gate Hotel, Golden Nugget, Hoover-Staudamm, Luxor, Mirage, New York New York Hotel, Paris Las Vegas, Red Rock Canyon, Treasure Island

BERÜHMTE PERSONEN

✱ Andre Agassi (geb. 1970), Tennisspieler

✱ Pat Morita (1932–2005), Schauspieler

✱ Charisma Carpenter (geb. 1970), Schauspielerin

Damit löste er eine Entwicklung aus, die auch heute noch kein Ende zu finden scheint. Einen kurzen Einbruch erlebte dieser Bauboom, der erst 1989 gebremst werden konnte, insbesondere durch die Eröffnung des „Mirage“, eines der berühmtesten Hotels der Stadt.

Kasinos sind die Attraktionen. Eine Fahrt entlang dem Las Vegas Boulevard, meist kurz „The Strip“ genannt, führt dies jedermann deutlich vor Augen: gigantische Pyramiden, der Sphinx, der Eiffelturm, ein Ritterschloss, ein Feuer speiender Vulkan, New York en miniature und, und, und – ein einziges großes, buntes Lichtermeer empfängt den Besucher. Neben den Spielhöllen sind es heute jedoch verstärkt die Shows, die die Menschenmassen anlocken. Einige davon sind Produktionen mit absoluten Superstars: Früher gingen hier Dean Martin, Frank Sinatra und Sammy Davis Jr. dem Showgeschäft nach und lockten die Menschen herbei, heute heißen die Stars unter anderem Celine Dion, Sheena Easton und Neil Sedaka.

Die Fremont Street. Gelegenheiten zum Einkaufen gibt es am „Strip“ in Hülle und Fülle. Die meisten der Hotels und Kasinos haben verschiedenartige Geschäftsalleen. Die Besichtigung der Geschäfte allein ist schon lohnenswert. Der Stadtkern von Las Vegas gruppiert sich um die Fremont Street. Hier findet man eine Fußgängerzone, die von einem riesigen Baldachin, der tagsüber Schutz vor der sehr heißen Wüstensonne bietet, mit 30 Meter Höhe überspannt wird. In der Nacht dienen zirka zwei Millionen Lichter dazu, um eine farbenprächtige Show zu erzeugen.

Tagesausflüge in jede Himmelsrichtung. Wer nicht gerade zum Hoover-Damm will, der ist wohl in Richtung Grand Canyon unterwegs; nahezu 500 Kilometer Fahrspaß. Viel näher liegend ist hingegen ein Besuch der Red Rock Canyon National Conservation Area. Unzählige Hollywoodwestern wurden zwischen den beeindruckenden Felsformationen mit seinem roten Stein gedreht. Ganz besonders bei Sonnenauf- oder -untergang bieten sich den Besuchern faszinierende Lichtspiele. Berühmt ist der Valley of Fire State Park (rund 55 Kilometer nördlich der Stadt) für seine Steinformationen. In rund 150 Millionen Jahren haben Zeit, Wind und Wetter die Blöcke aus Sandstein bearbeitet und zu verschiedensten Figuren und Gebilden geschliffen und gestaltet. Elephant Rock ist eine der bekanntesten und grandiosesten Skulpturen, die hier zu bestaunen sind.

Mitte: Einer der berühmten Klassiker in Las Vegas ist Caesar's Palace.

Unten: Heiraten leicht gemacht, wie hier in der Little White Chapel.

USA

Los Angeles

LOS ANGELES IST DIE GRÖSSTE STADT KALIFORNIENS. SIE GLIEDERT SICH IN DOWNTOWN, HOLLYWOOD, WESTSIDE, DIE MALERISCHEN TÄLER UND DIE SONNIGEN STRÄNDE, AN DENEN DIE MONDÄNEN VIERTEL VON SANTA MONICA, MALIBU UND VENICE BEACH LIEGEN.

El Pueblo de Nuestra Señora de la Reina de los Angeles de Porciuncula – bedeutet „Die Stadt unserer lieben Frau der Königin der Engel von den Ketten", Los Angeles, L. A. Ähnlich wie das ursprüngliche Namensungetüm präsentiert sich die Stadt selbst: Eine riesige, unüberschaubare Metropole, eine Ansammlung aus Vororten, separaten Gemeinden, aus Häusern, Küsten und Stränden.

Let's go to Hollywood. Fast 100 Jahre nach der ersten Besiedlung Kaliforniens durch die Spanier wurde Los Angeles am 4. September 1781 gegründet. Schnell wurde die Stadt zum Schmelztiegel verschiedenster Einwanderer und damit auch mannigfaltiger Kulturen: Amerikaner, Chinesen und eben die Spanier lebten hier miteinander, noch bevor 1850 die Vereinigten Staaten die Stadt annektierten. Es sollte allerdings noch etliche Jahre dauern, ehe die Eisenbahn schließlich Südkalifornien und damit Los Angeles erreichte. Aber dann setzte eine rasante Entwicklung ein: Es wurde Kohle gefördert und 1892 wurden Erdölvorkommen entdeckt. Die Menschen strömten jetzt nach Kalifornien. Und mit dem Beginn des neuen Jahrhunderts breitete sich Los Angeles immer weiter aus. In dieser Zeit blühte die noch junge Filmindustrie in Hollywood auf, New Yorker Produktionsfirmen zogen nach Los Angeles.

FAKTEN

✻ Einwohner in Los Angeles: ca. 3,87 Mio.

✻ Einwohner in der Metropolregion: ca. 17,55 Mio.

✻ Sehenswürdigkeiten: Bradbury Building, Dodger Stadium, Disneyland, Echo Park Lake, El Pueblo de Los Angeles State Historic Park, Getty Center, Grauman's Chinese Theater, Griffith Park, Hollywood Bowl, Kathedrale „Our Lady of the Angels", Library Tower, Los Angeles Theater, Museum of Contemporary Art, Ocean Front Walk, Walt Disney Concert Hall

BERÜHMTE PERSONEN

✻ Leonardo DiCaprio (geb. 1974), Schauspieler

✻ Jodie Foster (geb. 1962), Schauspielerin

✻ Dustin Hoffman (geb. 1937), Schauspieler

✻ Angelina Jolie (geb. 1975), Schauspielerin

✻ Marilyn Monroe (1926–1962), Schauspielerin

Der Rodeo Drive in der Filmstadt Hollywood ist eine der mondänsten Einkaufsstraßen von Los Angeles.

Beverly Hills ist das weltberühmte Viertel der Reichen und Schönen. Wer hier leben darf und ein Haus sein Eigen nennt, hat es geschafft. Die luxuriösen Villen bieten jeden erdenklichen Komfort und die High Society ist in Beverly Hills unter sich. Filmschauspieler oder Musiker finden hier ihr Zuhause. Einige Scouts – wie man sie hier nennt – bieten sich zu einer Rundfahrt an, um bestimmte Filmgrößen zu sehen oder wenigstens deren Häuser zu bestaunen.

Der berühmte Walk of Fame breitet sich auf beiden Seiten des Hollywood Boulevard aus. Darüber hinaus verläuft der Walk of Fame noch drei Blöcke in nordöstlicher Richtung, beginnend am Sunset Boulevard – bis hinauf zur Yucca Street. Auf diesen Straßenstücken sind über 2200 Sterne eingelassen, mit denen Prominente geehrt werden, die eine wichtige Rolle in der Unterhaltungs- und Filmindustrie spielen.

Als Frank O. Gehry in den 1970er-Jahren sein kleines Eigenheim in Santa Monica mit Maschendraht und schrägen Eisenstangen munter verfremdete, wollten ihn die Nachbarn am liebsten aus der Stadt jagen. Heute hingegen blickt die gesamte Welt bewundernd auf Gehrys letzten Architekturstreich mitten in L. A. – auf die schimmernde Stil- und Stahlblüte der neuen Walt Disney Concert Hall. Sie dient jetzt dem Los Angeles Philharmonic Orchestra als Heimat.

Was die meisten Besucher nun wirklich suchen, sind die Pazifikstrände. Venice Beach mit dem Ocean Front Walk wurde in unzähligen Hollywoodfilmen abgelichtet. Nördlich davon liegt Santa Monica, es ist der älteste und bekannteste Badeort der Region und gilt als der Ursprung des Westcoast Sounds. Und der Inbegriff dessen, was die Beach Boys in den Sixties besangen, findet sich an Malibus Surfrider Beach: „Surfin' USA" und jede Menge „California Girls".

Oben: Der Strand von Malibu – die Kulisse der US-Kultserie „Baywatch" mit David Hasselhoff.

Links: 2003 wurde die Walt Disney Concert Hall eröffnet.

USA

Dallas

DALLAS, VON SEINEN EINWOHNERN LIEBEVOLL „BIG D" GENANNT, NIMMT IN VIELERLEI HINSICHT EINEN SONDERSTATUS IN TEXAS EIN. MIT DEM BENACHBARTEN FORT WORTH BILDET ES DAS GRÖSSTE WIRTSCHAFTSZENTRUM DES AMERIKANISCHEN SÜDWESTENS.

Dallas – einst Stadt der Cowboys und großen Viehherden – ist heute eine moderne, pulsierende Handelsmetropole mit extravaganten Hochhausbauten und kommerziellen Anziehungspunkten. Doch auch das kulturelle Angebot kann sich sehen lasssen – die Stadt leistet sich einen eigenen Kunstdistrikt, der in den USA seinesgleichen sucht. Und das Angebot an Bars, Restaurants und Entertainment ist ebenso reichhaltig wie hochwertig, ergänzt durch hervorragende Einkaufsmöglichkeiten. Dallas besitzt in der Tat mehr Shopping-Center als jede andere US-amerikanische Stadt.

Vom Erdöl zu „J. R. Ewing". 1846 wurde Dallas von den ersten Pionieren als Handelsposten gegründet. Es entwickelte sich bis Ende des 19. Jahrhunderts zur größten texanischen Stadt. Die Erdölfunde 1930 beschleunigten den weiteren rasanten wirtschaftlichen Aufstieg. Traurige Berühmtheit erlangte Dallas, als hier am 22. November 1963 das tödliche Attentat auf US-Präsident John F. Kennedy verübt wurde. Mit einem Schlag machte die Stadt negative Schlagzeilen, und es sollte Jahrzehnte dauern, bis sich die Stadt von diesem Schock erholte. So sah man denn auch dem Start der TV-Serie „Dallas" mit der intriganten Figur des J. R. Ewing – brillant gespielt von Filmbösewicht Larry Hagman – eher mit gemischten Gefühlen ent-

Rechts: Das Old Red Courthouse aus dem 19. Jahrhundert.

Unten: Der Old City Park ist ein fünf Hektar großes Freilichtmuseum im Herzen von Dallas.

gegen. Doch die erste große Soap-opera entwickelte sich zu einem Kassenschlager und bescherte der Stadt einen durchaus positiven Imagewandel. Noch heute ist die „Southfork Ranch" der Fernsehfamilie Ewing eine beliebte Touristenattraktion.

Die Schatten der Vergangenheit verarbeitet die Stadt im Sixth Floor Museum, das sich ausschließlich mit dem Attentat auf John F. Kennedy beschäftigt. Es befindet sich im früheren Texas School Book Depository. Aus dem Fenster heraus feuerte der Todesschütze seine Schüsse auf den Präsidenten ab. Die Öffentlichkeit hat allerdings keinen Zugang zu diesem Fenster. Die Ausstellung des Museums ist gänzlich dem Leben, Schaffen und Vermächtnis Kennedys gewidmet sowie den Auswirkungen, die sein Tod auf die amerikanische Nation und die Welt hatte. Fotografien, Filme, Dokumente und andere Artefakte beleuchten den sozialen und politischen Hintergrund der frühen 1960er-Jahre, die Ereignisse des 22. Novembers 1963 und John Fitzgerald Kennedys nachhaltigen Einfluss auf die amerikanische Geschichte.

Der Geist von JFK. Man stößt auch im historischen Distrikt auf John F. Kennedy, zum Beispiel am gleichnamigen Memorial, das 1970 aus weißem Kalkstein errichtet wurde. Das offene Dach soll laut Architekt Philip Johnson „die Freiheit des Geistes von JFK" symbolisieren. Das Innere des Memorials ist leer bis auf eine marmorne Platte, in die der Name „John F. Kennedy" eingraviert ist.

Wo alles begann. Neben futuristischer Wolkenkratzerarchitektur hat Dallas auch einiges an historischen Stätten zu bieten. Da ist vor allem die Dallas County Historical Plaza. Dieser Platz gilt als der Ort, an dem einstmals die Besiedlung der Stadt begann. John Neely Bryan, ein Kolonist und Stadtgründer aus Tennessee, besuchte im Jahr 1839 das Gebiet nahe beim Trinity River. 1841 baute er an dieser Stelle eine Blockhütte. Heute steht hier nur noch ein Nachbau des Originals. Im Old City Park wird die Pioniergeschichte von Texas lebendig und hautnah aufbereitet. Das fünf Hektar große Freilichtmuseum besteht aus einer Ansammlung von 38 Gebäuden aus der Zeit von 1840 bis 1910. Darunter befinden sich eine Farm, elegante viktorianische Häuser, ein Eisenbahndepot, ein General Store, eine Arztpraxis und ein Restaurant sowie der typische Saloon. Zeitgemäß gekleidete „Bewohner" nehmen die Besucher mit auf eine spannende Reise in die Vergangenheit – mit in den „Wilden Westen".

FAKTEN

*** Einwohner in Dallas:**
ca. 1,2 Mio.

*** Einwohner in der Agglomeration:**
ca. 6 Mio.

*** Sehenswürdigkeiten:**
American Museum of Miniature Arts, City Hall, Dallas County Historical Plaza, Dallas Museum of Arts (DMA), Dallas Museum of Natural History, Pioneer Plaza, Old City Park, Reunion Tower, Sixth Floor Museum, The Conspiracy Museum, The Women's Museum

BERÜHMTE PERSONEN

*** Erykah Badu**
(geb. 1971), Soulsängerin

*** Meat Loaf**
(geb. 1947), Rocksänger und Schauspieler

*** Stevie Ray Vaughan**
(1954–1990), Bluesgitarrist und -sänger

*** T-Bone Walker**
(1910–1975), Bluesgitarrist, Sänger und Songschreiber

USA

San Diego

DAS LEBEN IN SAN DIEGO FINDET ÜBERWIEGEND IM FREIEN STATT. DIE FAHRRÄDER HABEN HALTERUNGEN FÜR DIE SURFBRETTER, UND VIELE LEUTE FAHREN PICK-UPS, WEIL DAS BOARD BESSER AUF DIE LADEFLÄCHE ALS IN EINEN KOFFERRAUM PASST.

Gesurft wird hier eigentlich immer: am Morgen vor der Arbeit, mittags in der Pause und am Abend nach Dienstschluss – Neoprenanzüge gehören neben Nadelstreifen und Krawatte zum alltäglichen Anblick in San Diego. Die Stadt ist mit ihren langen Stränden – es sind mehr als 100 Kilometer – und dem konstant schönen Wetter selbst unter den kalifornischen Sonnenstädten etwas Besonderes.

Die Franziskanermission. San Diego befindet sich an der Südküste des US-Bundesstaates Kalifornien in Nähe der mexikanischen Grenze. Die Stadt liegt am Rand einer großen Bucht, die von einigen flachen Halbinseln gut geschützt wird. Dieser prächtige natürliche Hafen verleitete den spanischen Missionar Pater Junipero Serra 1769 dazu, die Mission San Diego de Alcala zu gründen. Schon lange zuvor hatte ein Portugiese in spanischen Diensten – Juan Cabrillo – 1542 diese Region erreicht, die er San Miguel taufte. Erst 1602 erhielt der Ort, den später Pater Serra für seine Mission erwählen sollte, den Namen San Diego.

Erfolg durch das Militär. Ein wichtiger Schritt für die weitere Entwicklung der Stadt war der Anschluss an die Vereinigten Staaten 1850. Und als 1869 Gold gefunden wurde, begann der Boom in der und rund um die Stadt. Die Folge: Die Eisenbahn erreichte nun auch den südwestlichsten Zipfel der USA. Zudem pro-

Wie ins 19. Jahrhundert zurückversetzt fühlt man sich im Old Town San Diego Historic Park.

fitierte die Stadt von der Fertigstellung des Panamakanals im Jahr 1914 und den hier ansässigen Armee- und Marinestützpunkten. Nach dem Ende des Zweiten Weltkrieges wuchs die Bevölkerung stark an, da viele Soldaten, die hier im zweitgrößten Kriegshafen der Vereinigten Staaten stationiert waren, in San Diego blieben. Seit dem Zusammenbruch des Ostblocks bröckelt jedoch die militärische Fassade von San Diego. Die Präsenz des Militärs verringert sich jedes Jahr. Seitdem boomt in San Diego allerdings die Biotech- und die Telekommunikationsindustrie.

Sonne, Strand & Meer. Die knapp drei Millionen Einwohner des Großraums San Diego und ebenso die zahlreichen Besucher, erfreuen sich an insgesamt rund 300 Sonnentagen im Jahr an ihren Stränden – Pacific Beach, Mission Beach und Ocean Beach. Die Strände verbreiten, anders als die von Menschenmassen überfüllten Strände von Venice Beach oder Santa Monica Beach in Los Angeles, ein eher beschauliches und erholsames Flair. Besonders Ocean Beach ist eine sehr gefragte und beliebte Gegend. Dieses wahrlich traumhafte Fleckchen Erde wird den Gästen mit einladenden Cafés, edlen Boutiquen und peppigen Diskotheken schmackhaft gemacht. Wer nun im Urlaub gern einmal die unterschiedlichsten Wassersportarten ausprobieren möchte, ist hier genau richtig – eine große Anzahl an Verleihständen von Wassersportgeräten bietet seine Dienste an.

Die Welt der Ozeane. Ein unbedingtes Muss für jeden Besucher ist der Balboa Park, die „grüne Lunge San Diegos". Hier kann man sich einfach bei einem ausgedehnten Spaziergang erholen oder bei einem gemütlichen Picknick entspannen. Andererseits bietet der Park mit 18 (!) Museen, drei Theatern und dem berühmten San Diego Zoo einige Anlaufstellen für kulturell Interessierte und Wissensdurstige. Er ist übrigens der größte Zoo der Welt. Berühmt ist die Stadt aber weltweit für die SeaWorld San Diego. Die in der Mission Bay gelegene Anlage widmet sich völlig der Meereskunde und bietet einen unvergesslichen Eindruck in die Welt der Haie, Delfine, Killerwale und Pinguine. Dieser Tierpark steht nicht nur für Vergnügen und beeindruckende Shows, sondern setzt sich außerdem in besonderem Maß für Tierforschung ein.

FAKTEN

* **Einwohner in San Diego:** ca. 1,28 Mio.
* **Einwohner in der Agglomeration:** ca. 3 Mio.
* **Sehenswürdigkeiten:** Balboa Park, Border Field State Park, Eagle Mine, Gaslamp Quarter, Horton Plaza, La Jolla Playhouse, Miramar, Mission Basilica San Diego de Alcala, Mission Bay, Oceanside, Old Town, Point Loma, San Diego Zoo, SeaWorld San Diego, Villa Montezuma Museum, Wild Animal Park

BERÜHMTE PERSONEN

* **Cameron Diaz** (geb. 1972), Schauspielerin
* **Robert Duvall** (geb. 1931), Schauspieler
* **Barbara Hambly** (geb. 1951), Fantasy-Autorin
* **Gregory Peck** (1916–2003), Schauspieler

Mitte: San Diego ist ein Paradies für begeisterte Wassersportler – und besonders für Segler.

Unten: Die SeaWorld San Diego ist eines der größten Aquarien weltweit.

USA

New Orleans

EINGEKEILT ZWISCHEN DEN KÜSTENSEEN DES LAKE PONCHARTRAIN IM NORDEN UND DES LAKE SALVADOR IM SÜDEN, GETEILT DURCH DEN MISSISSIPPI, IST „THE BIG EASY" NEW ORLEANS SEIT LANGEM FÜR IHR REGES KULTURELLES LEBEN BEKANNT.

Bisher zählte die Stadt zu den wirtschaftlich bedeutendsten Zentren im Süden der Vereinigten Staaten. Doch was im Sommer des Jahres 2005 über die Jazzmetropole hereinbrach, bescherte New Orleans die wohl schwärzeste Phase in der Geschichte. Hurrikan Katrina fegte über die Stadt am Mississippi-Delta hinweg – und die nachfolgende Flut ließ die Dämme der größtenteils unter dem Meeresspiegel liegenden Stadt brechen. Die Stadt am Golf von Mexiko versank meterhoch in den Wassermassen.

Der Verkauf Louisianas. Das 1718 von Franzosen gegründete La Nouvelle Orléans sah alle drei Kolonialmächte Nordamerikas kommen und gehen. Für die Franzosen schlug hier das Unternehmen Louisiana genauso fehl wie für die Spanier. Und die Engländer sahen New Orleans meist nur vom Fluss oder vom Lake Ponchartrain aus – also aus der Ferne. New Orleans kostete vor allem eines: eine ganze Menge Geld. Es brachte im Gegenzug jedoch nur wenig ein. Daher wurde 1803 Louisiana inklusive New Orleans von den Franzosen schließlich an die Vereinigten Staaten verschachert. Napoleon Bonaparte verkaufte den ganzen amerikanischen Besitz Frankreichs (immerhin ein Territorium von über zwei Millionen Quadratkilometer) für lumpige 15 Millionen Dollar (nach heutigem Wert ca. 193 Millionen Dollar).

Rechts: Überall im French Quarter trifft man auf Jazzmusiker.

Unten: Die Gebäude des French Quarter sind Überbleibsel der französischen Vergangenheit.

Im 19. Jahrhundert entwickelte sich die Stadt schließlich zum wichtigsten Hafen am Mississippi. Ab 1867 verlor der Handel durch den amerikanischen Bürgerkrieg jedoch seinen Schwung, und es dauerte bis in die 1930er-Jahre hinein, ehe sich die Stadt von diesem Rückschlag erholen konnte. Während rund herum Erdöl zur Haupteinnahmequelle wurde, besann man sich in New Orleans ab den 1960er-Jahren auf den Tourismus. Die ganze Stadt wurde hergerichtet und frisch gestrichen. Mitte der 1970er-Jahre wurde im amerikanischen Viertel der gigantische Louisiana Superdome eröffnet – mit einer der weltweit größten freitragenden überdachten Hallen. Um die gewaltige Sport- und Messeanlage herum entstand dann in den Folgejahren der Central Business District mit seiner modernen City-Skyline.

Südlich des Central Business Districts liegt das französisch und spanisch geprägte French Quarter. Hier dominieren enge Straßen und alte Häuser mit schmiedeeisernen Balkonen und Arkaden, mit Cafés und Bars. Hier ist vom sonst üblichen Schachbrettmuster nordamerikanischer Städte nicht viel zu erkennen. Basin Street und Bourbon Street gelten als die Geburtsstätten des New-Orleans-Jazz mit seinem blechernen Bläsersound, meisterhaft interpretiert von einem großen Sohn der Stadt: von Louis Armstrong. Heute trägt der Flughafen von New Orleans seinen Namen. Am Jackson Square im Zentrum der Altstadt liegt die Kathedrale von Saint Louis. Hier beginnt auch die Hauptstraße des Viertels, die Royal Street, die dem Viertel sein Postkartenimage verpasst hat. Auf der anderen Seite des Jackson Square liegt der Cabildo, der ehemalige spanische Gouverneurspalast, heute ein historisches Museum.

Die grüne Lunge von New Orleans. Straßenbahnen prägen auch nach über 100 Jahren noch immer das Bild der Stadt. Die Riverfront-Linie, gerne auch als „Ladies in Red" tituliert, führt direkt ins French Quarter, und die St.-Charles-Linie mit ihren grünen Wagen durchquert die kolonialen Villenviertel und erreicht nach zweieinhalb Kilometer den Stadtteil Garden District mit dem Zoologischen Garten, der Tulane Universität sowie dem Lafayette Cemetery No. 1. Hier liegt das wohl meistbesuchte Grab der Stadt, die geheimnisumwitterte letzte Ruhestätte der Voodoo-Königin Marie Laveau, die durch Amulette und Kreidekreuze leicht erkennbar ist. Westlich des Garden District liegen der Audubon Park und der Lakeshore Park am Lake Ponchartrain. Hier tummeln sich rasante Inlineskater, Blader und Radler zu jeder Tages- und Nachtstunde. Aber Vorsicht ist geboten: Es gibt jede Menge Schlaglöcher!

FAKTEN

* **Einwohner in New Orleans:** ca. 490 000
* **Einwohner in der Agglomeration:** ca. 1,3 Mio.
* **Sehenswürdigkeiten:** Aquarium of the Americas, Beauregard-Keyes Home, Cemetery Nr. 1, City Park, Confederate Memorial Hall Museum, Fort Pike State, French Quarter, Jazzland Theme Park, Louisiana State Museum, Louisiana Superdome, New Orleans Historic Voodoo Museum, Preservation Hall, Storyville District, Straßenbahnen

BERÜHMTE PERSONEN

* **Louis Armstrong** (1901–1971), Jazzmusiker
* **Truman Capote** (1924–1984), Schriftsteller
* **Fats Domino** (geb. 1928), Jazz- und Bluessänger
* **Mahalia Jackson** (1901–1972), Gospel- und Bluessängerin
* **Randy Newman** (geb. 1943), Komponist

USA

Miami

ALLES HAT EIN WENIG DEN HAUCH EINER RIESIGEN HOLLYWOOD-KULISSE. DIE KLISCHEES ÜBER MIAMI UND SEINE ILLUSTRE STRANDGEMEINDE MIAMI BEACH SIND FAST ALLE RICHTIG. ABER SIE SIND GLEICHZEITIG NUR EIN KLEINER STEIN IM BUNTEN MOSAIK.

In Miami blühen heute nicht nur internationale Finanzgeschäfte. Kammerkonzerte, Theater und Kunstausstellungen, Ballett und Museen bieten beste Unterhaltung auf Weltklasse-Niveau. Die Stadt am südlichsten Ende Floridas ist auch stets von den Fernseh- und Filmteams belagert, Designer lassen ihre Supermodels an der türkisblauen See am Golf von Mexiko oder am tiefblauen Atlantik für die Hochglanzmagazine ablichten. Wo aber heute die markanten Wolkenkratzer die wirtschaftliche Macht der Region demonstrieren und symbolisieren, war früher ein moskitoverseuchtes Sumpfland.

Mit dem Bau der Eisenbahn begann eigentlich die Geschichte der am 28. Juli 1896 gegründeten Stadt am südöstlichen Ende der USA. Fröstelnde Kanadier und New Yorker – und von der Prohibition genervte Amerikaner – entdeckten das schöne sonnige Miami als Fluchtpunkt, denn während der Prohibition war in Miami im Gegensatz zum Rest des Landes das Glücksspiel erlaubt, und das Alkoholverbot wurde nicht ganz so ernst genommen. Der Bauboom setzte ein und nach und nach entstand die Skyline.

Schmelztiegel für Lateinamerikaner. Mit der Machtübernahme Fidel Castros auf Kuba 1959 setzte ein Flüchtlingsstrom ein, der besonders auf Florida große Auswirkungen hatte. Heerscharen kubanischer

FAKTEN

✱ Name in indianischer Sprache: Mayaimi („Großes Wasser")

✱ Einwohner in Miami: ca. 379 700

✱ Einwohner in der Agglomeration: ca. 2,2 Mio.

✱ Sehenswürdigkeiten: Art Deco Historic District, Bal Harbour, Coral Gables, Everglades National Park, Key Biscayne, Key West, Little Havanna, Miami Seaquarium, Miami Museum of Science, Ocean Drive

BERÜHMTE PERSONEN

✱ Patricia Cornwell (geb. 1956), Schriftstellerin

✱ Deborah Harry (geb. 1945), Popsängerin („Blondie")

✱ Eva Mendes (geb. 1974), Schauspielerin

✱ Sidney Poitier (geb. 1924), Schauspieler

Am weltberühmten Ocean Drive reihen sich die Art-déco-Hotels wie an einer Perlenschnur aneinander.

Emigranten kamen in die Stadt und siedelten sich im Viertel „Little Havana" an, wo heute Salsamusik in den Straßen klingt, Männer in den Parks Domino oder Schach spielen und die Luft von köstlichen Kaffeedüften und dickem Zigarrenrauch geschwängert ist.

Der Ocean Drive, die bekannte Flaniermeile von Miami Beach im Herzen des weltberühmten Art Deco Districts, bietet einen atemberaubenden Blick auf den Atlantischen Ozean, auf den Strand, die unzähligen Palmen und natürlich auf all die Schönen und Reichen, wenn sie ihre Villen am Intercoastal Waterway für einen Ausflug in die City verlassen. Das gesamte Viertel steht heute unter Bauschutz und bietet eine weltweit einzigartige Ansammlung von Art-déco-Architektur.

Der Bauboom der 1920er-Jahre hat der Natur einen erheblichen Schaden zugefügt. 1,2 Millionen Quadratmeter der berühmten Everglades wurden dabei trockengelegt. Und heute wird das Wasser der Everglades zum Teil zur Trinkwassergewinnung für die angrenzenden Städte verwendet, wodurch dieser einmaligen Landschaft die lebensnotwendige Grundlage entzogen und der Wasserkreislauf empfindlich gestört wurde. Nationalparks und Naturschutzgebiete machen heute kaum mehr als etwa 20 Prozent aus. Im Jahr 1979 wurden die Everglades mit ihrer einzigartigen Flora und Fauna von der UNESCO in die Liste des Weltkulturerbes aufgenommen. Sie wurden jedoch 1993 als gefährdet eingestuft.

Kein Aufenthalt in Miami wäre wirklich komplett ohne einen kleinen Abstecher in die Gemeinde Coral Gables, eines der ersten am Planungstisch entstandenen Wohnviertel des Landes. Hier dominieren schöne Villen im spanischen Kolonialstil, elegante Country Clubs und exzellente Kunstgalerien. Wahrzeichen ist Venetian Pool – ein exotisches Schwimmbad mit romantischen Steinbrücken und Wasserfällen.

Oben: Die Everglades bei Miami sind ein einzigartiges Naturschutzgebiet.

Links: Der Venetian Pool in Coral Gables ist der größte Hotelpool auf dem US-amerikanischen Festland.

Kolonialstil, Wolkenkratzer und sonnenüberflutete, weiße Palmenstrände – so kurz und prägnant könnte die Formel lauten, die auf die meisten australischen und neuseeländischen Großstädte anzuwenden ist, denn sie sind beinahe ausnahmslos – von Australiens Hauptstadt Canberra einmal abgesehen – Küstenstädte. Und alles ist „so very british".

OZEANIEN

AUSTRALIEN

Sydney

AM 26. JANUAR 1788 HISSTE DIE MANNSCHAFT VON KAPITÄN ARTHUR PHILLIP AN DER SYDNEY COVE DEN UNION JACK. DIE MÄNNER AN BORD DER „FIRST FLEET“, UNTER IHNEN 800 STRÄFLINGE, WAREN DIE ERSTEN SIEDLER AUF DEM NEUEN KONTINENT.

Trotz einiger Startschwierigkeiten – da gab es despotische Militärgouverneure, Hunger und immer wieder Rebellionen – entwickelte sich Sydney ab Mitte des 19. Jahrhunderts unter anderem aufgrund des Goldrauschs von 1851 zum wirtschaftlichen Zentrum Ostaustraliens. Die nachfolgende Expansion Sydneys wurde meist von europäischen und später asiatischen Einwanderern getragen, was der Stadt heute ein sehr multikulturelles Flair verleiht.

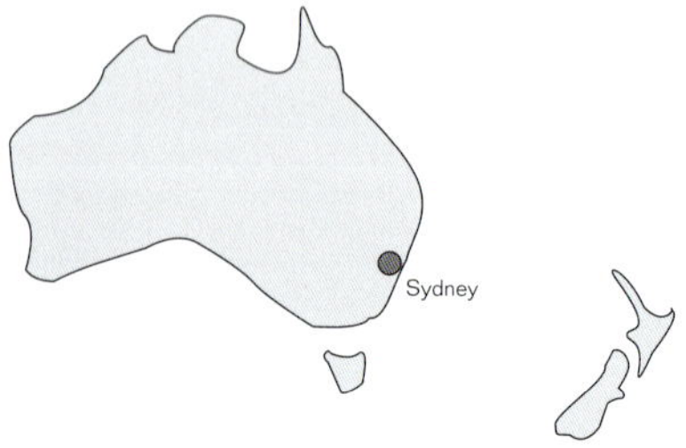

Cooks „Entdeckung“ hatte ein Nachspiel. Wie auch in Melbourne könnte man die Inbesitznahme des Landes eine große Gaunerei nennen. Als James Cook nach seiner Entdeckungsfahrt im Jahr 1770 nach England zurückkehrte, erzählte er der britischen Obrigkeit, dass die Region um die Botany Bay – hier, 30 Kilometer von Sydney entfernt, war er vor Anker gegangen – praktisch unbewohnt wäre. Dies war zwar eine glatte Lüge, aber die Region wurde von Großbritannien einfach zum Niemandsland erklärt und damit tausende Aborigines über Nacht einfach enteignet. Zu einem Nachspiel führte dies über 200 Jahre später. In einem Prozess im Jahr 1993 kam zu Tage, dass Cooks „Einschätzung“ ein Fehler gewesen war. Riesige Gebiete waren von diesem Urteil betroffen, in erster Linie Land, das der Krone und damit dem Staat gehörte.

Rechts: Royal Botanic Gardens – grüne Oase vor der Skyline Sydneys.

Unten: Die Sydney Harbour Bridge verbindet Nord- und Südsydney.

„Blei- und Zinkrausch". Nach der Auflösung der Strafkolonie 1841 ging es mit Sydney stetig bergauf. Der florierende Handelshafen sorgte für einen wirtschaftlichen Aufschwung, der mit dem ersten Goldrausch 1851 noch beträchtlich gesteigert wurde. Einschneidender aber war der Boom, der einsetzte, als in den 1880er-Jahren bei Broken Hill die größten Lagerstätten der Welt an Blei, Zink und Silber gefunden wurden. Die ergiebigen Vorkommnisse brachten der Stadt Reichtum und Wohlstand, der die Grundlage für den Bau vieler prunkvoller Gebäude bildete, zum Beispiel die Great Hall der renommierten Universität. Viele schöne Häuser der Vorstädte Paddington und Stanmore stammen ebenfalls aus dieser „silbernen" Zeit. Auch Woollahra – Bastion der traditionellen und konservativen wohlhabenden Bürger Sydneys – wurde in dieser Phase entscheidend für die nächste Zeit geprägt. Im Zuge des teilweise mondänen Ausbaus der Stadt wurden auch die Befestigungsanlagen erweitert, insbesondere am Hafen. Das markante Fort Dennison auf dem Rock Island steht noch heute als imposantes Bauwerk inmitten des Naturhafens. Der Centennial Park wurde im Jahr 1888 im Zuge der Hundertjahrfeier mit sehr viel Prunk und Getöse eingeweiht – er zählt zu den beliebtesten und wirklich schönsten Naherholungsgebieten der Stadt.

Federation Style und Weltwirtschaftskrise. Zu Beginn des 20. Jahrhunderts setzte der noch heute als Federation Style bekannte Baustil ein, dessen charakteristische Merkmale große, ausladende Grundstücke sind – denn Land war in Australien zu dieser Zeit beileibe nicht knapp. Die Häuser wurden passend dazu möglichst groß und mondän errichtet. Die Weltwirtschaftskrise traf 1929 auch Australien und Sydney. Allerdings halfen einige Projekte, wie zum Beispiel der Bau der monumentalen Harbour Bridge, bei der Überwindung der Krise, und so befand sich Australien nach 1932 schon bald wieder im Aufschwung.

„Australian Dream". Sydney ist die Stadt Australiens, die auf einzigartige Weise die Besonderheiten des Menschen in „Down Under" widerspiegelt. Neben pulsierendem Leben, einer Menge städtischer Sehenswürdigkeiten und einem interessanten Nachtleben bietet Sydney auch die Möglichkeit, auf einem kurzen Ausflug die unberührte Natur Australiens zu erleben und zu erkunden. Und das Wahrzeichen Sydneys ist zu einem Symbol des „Australian Dream" schlechthin geworden: das Sydney Opera House mitten im Sydney Harbour. Sensationell an diesem Bauwerk sind ohne Frage die über eine Million schwedischen Keramikziegel des Daches.

FAKTEN

* **Einwohner in Sydney:** ca. 3,77 Mio.
* **Einwohner in der Agglomeration:** ca. 4,4 Mio.
* **Sehenswürdigkeiten:** Blue Mountains, Bondi Beach, Chinatown, Harbour Bridge, Manly Beach, Sydney Aquarium, Sydney Cove, Sydney Olympic Park, Sydney Opera House, Sydney Tower, Sydney Zoo, State Theatre, The Rocks, Three Sisters

BERÜHMTE PERSONEN

* **Edmund Barton** (1849–1920), Politiker, 1. Premier Australiens
* **James Clavell** (1924–1974), Schriftsteller
* **Michael Hutchence** (1960–1997), Sänger der Rockband „INXS"
* **William McMahon** (1908–1988), Politiker

AUSTRALIEN

Canberra

CANBERRA IST AUSTRALIENS HAUPTSTADT UND DER SITZ DES PARLAMENTS. DIE STADT ENTSTAND AM REISSBRETT NACH EINEM LANGE ANHALTENDEN STREIT UM DIE HAUPTSTADTFRAGE ZWISCHEN SYDNEY UND MELBOURNE.

Im australischen Bundesstaat New South Wales entstand zu Beginn des 20. Jahrhunderts auf halbem Weg zwischen den streitenden Städten das selbstständige „Australian Capital Territory", das nur der Regierung unterstellt ist und keinem Bundesstaat angehört. Canberra ist eine schöne, moderne Großstadt mit großartigen Kunstgalerien, eindrucksvollen Museen, ausgezeichneten Restaurants und vielen Sehenswürdigkeiten. In den Nationalparks und Naturreservaten der Region kann man bei einer Buschwanderung auf einem der vielen Wanderwege wild lebende Tiere und Pflanzen beobachten.

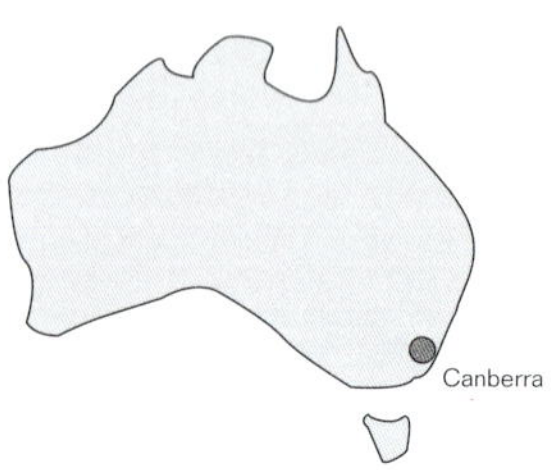

Ausgeprägte Jahreszeiten. Canberra wurde am 12. März 1913 gegründet. Umgeben von Mount Ainslie, Red Hill, Mount Pleasant und Black Mountain liegt der Ort amphitheaterartig 600 Meter hoch in den Limestone Plains. Ganz im Gegensatz zu den Städten an der Küste verzeichnet Canberra aufgrund seiner innerkontinentalen Lage vier ausgeprägte Jahreszeiten. Im Winter sinken die Temperaturen nachts bis auf den Gefrierpunkt ab. Die bis zu 1900 Meter hohen Bergrücken im Westen und Süden der Stadt sind im Winter schneebedeckt: ein wahres Paradies für die Skifahrer.

Canberra übernahm den Namen von der allerersten Niederlassung in diesem Gebiet, der von Joshua

FAKTEN

✻ Einwohner in Canberra: ca. 320 200

✻ Sehenswürdigkeiten: All Saints Church, Australian National Gallery, Namadgi National Park, National Aquarium & Wildlife Park, National Botanic Gardens, National Capital Exhibition, National Film & Sound Archive, National Museum of Australia, National War Museum, New Parliament House, Old Parliament House, Pine Island, Telstra Tower, Tidbinbilla Nature Reserve, War Memorial

BERÜHMTE PERSONEN

✻ Ross Stretton (1952 – 2005), Balletttänzer und Choreograf

✻ Michael Milton (geb. 1973), Skirennläufer

✻ Josip Simunic (geb. 1978), Fußballspieler

Nördlich der Anzac Parade liegt das alte Parlamentsgebäude mit dem Australian War Memorial.

Moore 1824 gegründeten Farmstation „Canberry“, was in der Sprache der Aborigines so viel wie Versammlungsplatz heißt. Der Stadtarchitekt war ein Yankee aus Illinois: Walter Burley Griffin (1876 – 1937). Er hatte den 1912 ausgeschriebenen Wettbewerb für die Stadtplanung Canberras gewonnen und konzipierte eine weitläufige Gartenstadt. Und noch heute sieht man dem Stadtbild mit seinen Plätzen, großzügig platzierten Regierungs- und Verwaltungsgebäuden sowie zahlreichen Parkanlagen an, dass es auf dem Reißbrett entstanden ist. Erst 1927 konnte die Bundesregierung von Melbourne in das provisorische „alte“ Parlamentsgebäude umziehen, denn eine gehörige Portion Bürokratie wie auch der Erste Weltkrieg behinderten das Vorankommen des Projekts nachhaltig. Und rundherum wohnten auch erst knapp 5000 Einwohner. Einen spürbaren Anstieg der Einwohnerzahlen verzeichnete die junge Stadt erst in den 1950er-Jahren.

Gutes Klima. Canberra gilt als „langweilig“ – vermutlich aufgrund der vielen Politiker und Beamten. Tatsächlich kann die Stadt nicht mit den Metropolen dieser Welt konkurrieren – sie hat andere Vorzüge. Ihre Einwohner schätzen das angenehme Klima und ganz besonders die Nähe zur Natur. Im Sommer laden die Seen zum Baden ein, im Winter sind die schneebedeckten Snowy Mountains nahe genug für Tagesausflüge zum Skifahren. Und von ihrer Schokoladenseite zeigt sich die Stadt alljährlich beim farbenprächtigen „Floriade Festival“ – einer großen Blumenshow.

Einen sehr schönen Blick auf Canberra kann man vom Mount Ainslie genießen, vor allem auf das neue Parlamentsgebäude sowie dem vorgelagerten, künstlich angelegten Lake Burley Griffin. Rund um den See reihen sich Museen, Galerien und viele sehenswerte Bauwerke aneinander: die Nationalgalerie, der Gerichtshof, die Nationalbibliothek, zahlreiche Museen und noch vieles mehr.

Oben: Das National War Museum wirkt wie ein islamischer Sakralbau.

Links: Der Platz vor dem neuen Parlamentsgebäude wurde von Aborigines gestaltet.

AUSTRALIEN

Melbourne

WIE OFTMALS IN DER GESCHICHTE AUSTRALIENS, GEHT DIE GRÜNDUNG MELBOURNES IM GRUNDE GENOMMEN AUF EINEN BETRUG ZURÜCK, ALS 1835 JOHN BATMAN IM AUFTRAG VON SPEKULANTEN EIN „GESCHÄFT" MIT DEN ABORIGINES ABSCHLOSS.

Für ein paar Gebrauchsgegenstände und größtenteils wertlose Schmuckstücke, die zusammen nicht einmal 200 britische Pfund gekostet hatten, erwarb John Batman rund 240 000 Hektar Land. Und in rascher Folge wurde danach die Gründung einer Siedlung vorangetrieben. Den Namen „Melbourne" erhielt die Siedlung 1837 nach dem britischen Premierminister William Lamb, der den Titel Viscount of Melbourne trug.

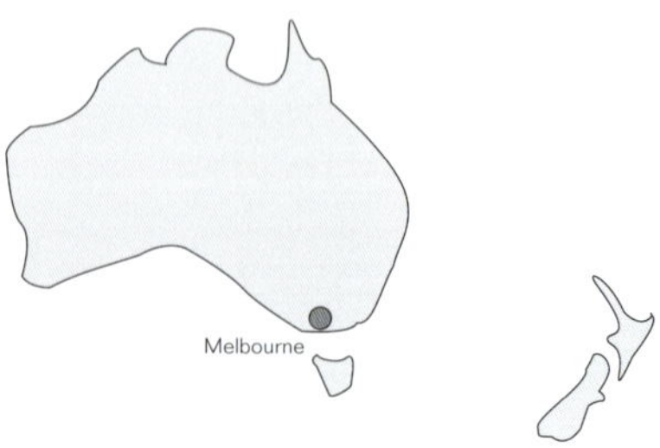

Das Schachbrett. Günstig war vor allem die Lage Melbournes: Nicht nur dass es sich bei dem „erworbenen" Ackerland um einen Boden von vorzüglicher Qualität handelte, auch die Lage am Ufer des Yarra River und die geschützte Port Phillip Bay waren Faktoren, die zur raschen wirtschaftlichen Entwicklung beitrugen. Der Zuzug tat- und finanzkräftiger Siedler aus England war einer der wichtigsten Faktoren für den schnellen Aufwärtstrend der jungen Stadt. Nach der Einwanderung von rund 5000 Einwohnern griffen Städteplaner ins Geschehen ein, um ein Ausufern der Stadt frühzeitig zu unterbinden. Melbourne wurde in einem schachbrettartigen Muster angelegt, in dem es Hauptstraßen mit 99 Fuß Breite und Nebenstraßen mit einer Breite von 33 Fuß gab.

Melbourne wurde 1851 Hauptstadt der neuen Kolonie Victoria. Glücklicher- oder vielleicht auch

Das Victoria Arts Centre besteht aus der Nationalgalerie, einer prächtigen Konzerthalle und einem Theaterkomplex.

FAKTEN

✱ Einwohner in Melbourne: ca. 3,38 Mio.

✱ Einwohner in der Agglomeration: ca. 3,73 Mio.

✱ Sehenswürdigkeiten: Fitzroy Gardens (mit Cook-Haus), Flinders Street Station, Melbourne Aquarium, Melbourne Museum, National Gallery of Victoria, National Museum of Victoria, 1 Freshwater Place, Royal Exhibition Buildings, St Patrick's Cathedral, State Parliament House

BERÜHMTE PERSONEN

✱ Cate Blanchett (geb. 1969), Schauspielerin

✱ Stanley Bruce (1883–1967), Politiker

✱ Kylie Minogue (geb. 1968), Sängerin und Schauspielerin

✱ Rupert Murdoch (geb. 1931), Medienunternehmer

dummerweise stießen vier Tage nach der Ernennung zur Hauptstadt Victorias Arbeiter im Hinterland der Stadt auf ergiebige Goldfunde, ein Umstand, der das Wachstum noch mehr ankurbeln sollte. Und so wuchs und gedieh Melbourne wie kaum eine andere australische Stadt, selbst nach dem Abflauen des Rausches. Ein zweiter Boom, der nach dem Ende des Zweiten Weltkriegs einsetzte, führte zu einem drastischen Anstieg der Einwohnerzahlen. Die Ebene um den Yarra River wurde langsam zu klein, die rund drei Millionen Menschen aus 140 verschiedenen Nationen drängten in alle Richtungen, was zum Bau und zur Entwicklung verschiedener Trabantenstädte führte. Und außerdem wuchs Melbourne nun auch in die Höhe.

Die moderne Großstadt Melbourne ist gemessen an großartigen Sehenswürdigkeiten und Superlativen eher eine bescheidene Stadt – ganz im Kontrast zum mondänen Sydney. Natürlich gibt es in einer Millionenstadt wie Melbourne eine Menge zu sehen – und vieles davon ist sicher nicht weniger interessant als die viel gepriesenen Attraktionen des Erzrivalen. Außergewöhnliche Bauwerke sind unter anderem das Melbourne Museum, das State Parliament House, die Royal Exhibition Buildings, die 1968 eröffnete Börse, die majestätische Kathedrale von St Patrick, die auffallende Flinders Street Station, 1 Freshwater Place (205 Meter hoch) und der 2006 fertig gestellte Eureka Tower (291 Meter hoch), das höchste Bauwerk der City of Melbourne.

Sportmetropole am Yarra River. Melbourne ist kulturelle Hochburg, aber auch weltbekannte Sportstadt. Der Formel-1-Grand-Prix in Melbourne (im Albert Park Circuit) genießt Beachtung bis weit über die Grenzen des kleinsten Kontinents hinaus. Doch gibt es auch eine Menge anderer sportlicher Höhepunkte in der Stadt zu erleben: Jedes Jahr zum Saisonauftakt treffen sich die besten Spielerinnen und Spieler bei den Australian Open und kämpfen um eine der vier wichtigsten Trophäen im Tennissport. Aber wenn die Magpies, Bombers oder Kangaroos aufs Spielfeld auflaufen, dann ist alles andere zweitrangig. Die sportlichen Helden der meisten Australier sind und bleiben die Australian Football-Spieler. Noch vor Cricket und Rugby ist diese Sportart der Nationalsport Nummer eins. Das Finale der Australian Football League (AFL) findet alljährlich im Melbourne Cricket Ground statt – und meist ist eines der acht Melbourner Teams mit von der Partie.

Mitte: Die Flinders Street Station ist der berühmteste Bahnhof Australiens.

Unten: Im Melbourne Central steht der markante Shot Tower.

NEUSEELAND

Auckland

FRAGT MAN DIE „TOWNIES" AUS AUCKLAND, SO IST DIE ANTWORT EINDEUTIG: EIGENTLICH IST AUCKLAND DIE HEIMLICHE HAUPTSTADT NEUSEELANDS, EIN DRITTEL ALLER NEUSEELÄNDER LEBEN HIER. FÜR WELLINGTON BLEIBT MEIST NUR EIN NASERÜMPFEN.

Wenn auch nicht Hauptstadt, so ist Auckland dennoch die größte und auch bedeutendste Stadt Neuseelands – und für viele Reisende erstes Ziel in dem grünen Inselstaat. Rund um die Stadt auf der Nordinsel liegen Ferienorte und Strandbäder mit unendlich langen Sandstränden, Parks und Thermalanlagen mit sprudelnden Geysiren. Hier kocht und blubbert die Erde und schießen Fontänen hoch. Außerdem ist die Nordinsel das Anbaugebiet der bekanntesten neuseeländischen Delikatesse: der Kiwifrucht.

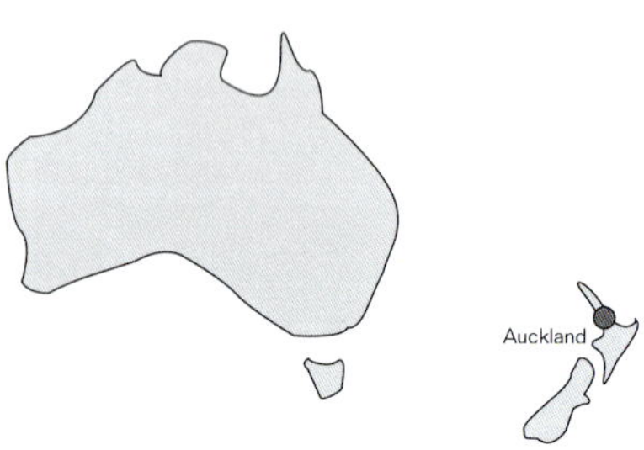

Die Legende von Hawaiiki. Die Maoris nennen Auckland „Tamaki Makau Rau", Stadt der 100 Liebenden. Den Namen bekam es aufgrund der herausragenden und geschützten Lage. Aber nur wenige konnten den Ort in Besitz nehmen. Woher die ersten Maoris gekommen waren, die hier siedelten, ist ungeklärt. Das sagenhafte Hawaiiki, die legendäre Heimat der ersten Neuseeländer irgendwo im Pazifik, hat man auf jeden Fall bis auf den heutigen Tag nicht gefunden.

Der erste Europäer, der in der Region Expeditionen unternahm, war um das Jahr 1820 Samuel Marsden. Seinen Bemühungen folgte im nächsten Jahrzehnt eine erste Siedlungsgründung am Mahurangi River. Ein einschneidendes Jahr für Auckland war das Jahr 1840. Über 50 Maorihäuptlinge aus der Region

Rechts: Blick vom Mount Eden auf die Skyline und den Hauraki Golf.

Unten: Sonnenaufgang über dem Waitemata Harbour.

unterzeichneten den Vertrag von Waitangi, das Gründungsdokument Neuseelands, – und das junge Auckland wurde Sitz der Kolonialverwaltung (bis 1865). Danach wuchs die Siedlung kontinuierlich an. Mitte und Ende des 19. Jahrhunderts lockten schließlich der Goldrausch und das wertvolle, bernsteinartige Harz des Kauri-Baumes weitere zahlreiche Einwanderer und Abenteurer aus allen Teilen der Welt an. Aus Kalifornien und China, später Inder und Kroaten, und nach 1945 auch viele Holländer.

Auckland wurde zum Anlaufpunkt vieler Emigranten aus der ganzen Welt. Noch vor der Wende zum 20. Jahrhundert bekam die Stadt ein kosmopolitisches Flair, die Sprachvielfalt war immens. Dieser Zuzug hielt bis in die 1950er-Jahre hinein an. Fast zwei Drittel der gegenwärtigen Bevölkerung sind europäischer Herkunft, der Rest verteilt sich auf Maoris, Pazifikanrainer und Asiaten. Diese Verschmelzung der Kulturen zeigt sich besonders in der Küche Aucklands, dem „Pacific Rim", deren wichtigste Zutaten direkt vor der Haustüre liegen: köstliche Meeresfrüchte. Und was liegt bei 25 Schafen pro Neuseeländer näher: Es gibt es auch Lammgerichte, und vor allen Dingen Käsespezialitäten in Hülle und Fülle. Als Weinproduzent, daran hatten insbesondere die kroatischen Einwanderer – zumeist aus Dalmatien – großen Anteil, hat sich die Region ebenfalls einen Namen gemacht. Die ältesten und besten Weingüter Neuseelands liegen nur wenige Kilometer außerhalb der Stadttore Aucklands.

Stadt der Segel. Geprägt wird das landschaftliche Bild der Stadt von insgesamt 48 nicht mehr aktiven Vulkanen, an deren Hänge sich Auckland schmiegt. Parkanlagen machen die Stadt zu einer grünen Oase, und die Lage an den geschützten und malerischen Meeresbuchten, umrahmt von den allgegenwärtigen Palmen, prägt das Bild. Und wer über den Waitemata Harbour blickt, dem wird der Beiname „Stadt der Segel" sehr deutlich vor Augen geführt: Segel, so weit das Auge reicht. Außerdem liegt hier am Waitemata Harbour das Zentrum Aucklands. Und vom Wasser aus genießt man den Blick auf die Skyline mit dem markanten Sky Tower.

Zu den absoluten Klassikern rund um Auckland zählt der Hauraki Maritime Park. Er wurde 1967 gegründet, erstreckt sich über eine riesige Fläche vor Auckland und der Ostküste und umfasst 47 Inseln. Zu diesen zählt auch das verträumte Waiheke Island, wo die besten Rotweine Neuseelands gedeihen. Ein sehr beliebtes Picknick-Ziel der Aucklander ist aber die Insel Motuihe. Und auf Rakino taucht die Sommersonne um die Weihnachtszeit die Pohutukawa-Bäume in ein glühendes Rot.

FAKTEN

*** Einwohner in Auckland:** ca. 417910

*** Einwohner in der Agglomeration:** ca. 1,23 Mio.

*** Sehenswürdigkeiten:** Aotea Center, Auckland City Gallery, Auckland War Memorial Museum, Auckland Zoo, Ferry Building, Kelly Tarlton's Antarctic Encounter & Underwater World, Mount Eden, One Tree Hill, Park Auckland Domain, Sky Tower, Town Hall, Viaduct Basin

BERÜHMTE PERSONEN

*** Andrew Adamson** (geb. 1966), Regisseur

*** Julian Bethwaite** (geb. 1957), australischer Konstrukteur von Segeljollen

NEUSEELAND

Wellington

WELLINGTON IST DIE SÜDLICHSTE HAUPTSTADT DER WELT. DER STRAMME WIND, DER BESTÄNDIG VON WESTEN HER ÜBER DIE COOK STRAIT IN DIE STADT WEHT, GAB DER NEUSEELÄNDISCHEN HAUPTSTADT DEN BEINAMEN „WINDY CITY".

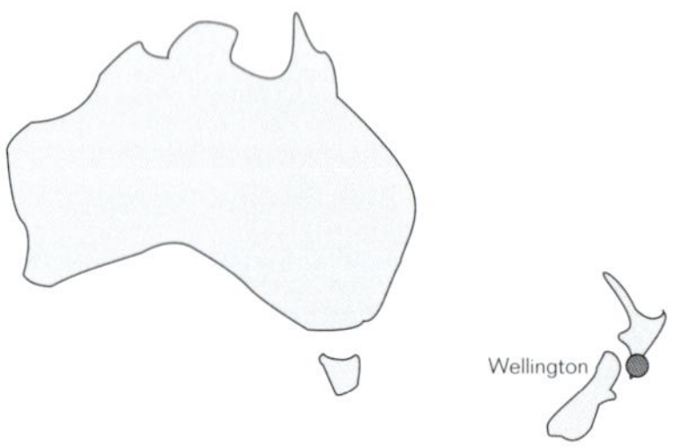

Die Lage der Stadt, eingekeilt zwischen steilen Hügeln, bewirkte frühzeitig, dass in die Höhe gebaut wurde. Viele viktorianische Bauwerke fielen so nach und nach dem Neubau und der Modernisierung zum Opfer – zugunsten der modernsten Skyline des Landes.

Die Maoris nannten einst die Gegend um Wellington „Te Upoko o te Ika a Maui" (Der Kopf von Mauis Fisch). Als James Cook 1773 einen Abstecher hierher machte, war die Bucht schon dicht besiedelt. Verschiedene Maoristämme lebten hier und bekämpften einander, um an den besten Platz an der Küste zu kommen. Vielleicht neben dem stetig wehenden Wind mit ein Grund, warum Cook nicht ankerte und an Land ging. Mit der Landung der „Tory" am 20. September 1839 begann die Besiedlung. Im Januar des darauffolgenden Jahres „kaufte" William Wakefield, Kommandant der ersten Neuseeland-Expedition, den Maori das Gebiet für 100 Musketen und ein wenig wertlosen Tand ab. Wakefield gilt damit als Gründer Wellingtons. Ihren Namen erhielt die Stadt zu Ehren Arthur Wellesleys, dem ersten Herzog von Wellington. Am 26. Juli 1865 wurde Wellington zur Hauptstadt Neuseelands.

Wellington ist heute nicht nur das politische Zentrum des Landes, es hat sich auch als Kulturstadt einen Namen gemacht. Wellington ist die Heimat von

FAKTEN

✻ Einwohner in Wellington: ca. 183900

✻ Einwohner in der Agglomeration: ca. 370000

✻ Sehenswürdigkeiten: Botanical Gardens, Cable Car, Colonial Cottage Museum, Dowse Art Museum, Maritime Museum, Mount Bruce National Wildlife Centre, Mount Victoria, Museum of New Zealand Te Papa Tongarewa, National Library, Old Government Building, Old St Paul's, Parliament House, Rimutaka Forest Park, Waterfront, Wellington Zoo, W. F. Massey Memorial

BERÜHMTE PERSONEN

✻ James Napier (geb. 1982), Schauspieler

✻ Russel Crowe (geb. 1964), Schauspieler

✻ Katherine Mansfield (1888–1923), Schriftstellerin

Die Wellingtoner Drahtseilbahn erklimmt den Kelburn Hill in Richtung Botanic Gardens.

Te Papa – dem bahnbrechenden interaktiven Nationalmuseum von Neuseeland –, des neuseeländischen Symphonieorchesters und nationaler Schätze wie dem Original des Vertrags von Waitangi (Gründungsdokument Neuseelands) und ist die Geburtsstätte der Schriftstellerin Katherine Mansfield, die durch Kurzgeschichten Berühmtheit erlangte. Neuseelands Hauptstadt ist kompakt angelegt und ausgesprochen abwechslungsreich, sie liegt eingebettet zwischen einem gewaltigen Hafenbecken und grünen Hügeln. Großartige Einsichten erhält man vom Gipfel des Mount Victoria, vom Kelburn Hill oder vom Botanischen Garten, zu dem die 1902 in Betrieb genommene Drahtseilbahn hochfährt. Der Garten wurde 1869 angelegt und umfasst heute zirka 26 Hektar.

Achtung Pinguine! Wellington ist vermutlich die einzige Hauptstadt der Welt, in der Pinguine frei auf der Straße herumspazieren. Diese Tatsache lockt die Besucher noch mehr zu einem Spaziergang durch die Straßen. Und das Zentrum von Wellington lässt sich auch wirklich ideal zu Fuß erkunden. Es besteht aus einer eigenen unverwechselbaren Mischung von tollen Einkaufsmöglichkeiten, schönen Cafés und natürlich dem stetig rollenden Verkehr. Nirgendwo im Land kann man den Lebensraum Stadt so intensiv erleben wie in Wellington.

Einzigartige Naturerlebnisse findet man an der Kapiti Coast. Der Weg dorthin führt an der zerklüfteten Küste entlang. Vor der Küste befindet sich das weltbekannte Vogelschutzgebiet von Kapiti Island. Das warme Klima und der entspannte Lebensstil dieser Gegend haben ein luxuriöses Landleben entstehen lassen. Direkt im Norden von Wellington liegt Hutt Valley, wo eine Vielzahl von Outdoorerlebnissen wie Busch- und Küstenwanderungen, Geländewagentouren, Golfen, Mountainbiken und Fischen auf den Besucher warten.

Oben: Das Wohnhaus von Katherine Mansfield ist heute ein Museum.

Links: Bienenstock, so nennen die Wellingtoner liebevoll ihr Parlamentsgebäude.

Bildnachweis

© Corbis: 199 u.; Paul Almasy 8 u. 2. v. l., 21 o. l., 63 o. r., 149 u. l.; Atlantide Phototravel 105 u. r., 113 u., 141 u.; Ricardo Azoury 33 u. l., 179 u. l., 181 o. l.; David Ball 69 o. r., 148; Omar Bechara Baruque 172; Peter Beck 31 o.; Bettmann 10; Bibliotheca Alexandrina 17 M.; Kristi J. Black 29 o. r., 29 u.; James P. Blair 213 u. l.; Tibor Bognár 8/9, 31 u., 70, 120, 127 u., 145 u., 167 o.; Bohemian Nomad Picturemakers 53 u. l.; B.S.P.I. 228 u. 2. v. l.; Luc Buerman 121 u.; Joao Luiz Bulcao 181 o. r.; Bruce Burkhardt 127 o. l.; Jan Butchofsky-Houser 175 o., 211 o.; Michelle Chaplow 233 o.; L. Clarke 221 o. l.; W. Cody 200, 201 u. r.; Stephanie Colasanti 60; Dean Conger 123 o. l.; Jerry Cooke 49 o.; Marco Cristofori 104; Richard Cummins 201 u. l., 216; Fridmar Damm 22, 97 M., 131 u. r., 196, 183 M., 169 u., 177 o. r.; Gillian Darley 157 u. l.; James Davis 15 o. r., 21 o. r.; Bennett Dean 57 o. r.; Dennis Degnan 187 u. r., 179 o.; Abbie Enock 19 u. l.; Ric Ergenbright 12; Macduff Everton 71 o., 86, 99 u. r., 155 u., 181 u., 185 u.; Eye Ubiquitous 158, 159 o. r.; Randy Faris 167 u. l.; Sandy Felsenthal 203 o. l.; Kevin Fleming 199 M.; Rufus F. Folkks 110, 219 u. l.; Owen Franken 174; Free Agents Limited 35 o. r., 76 u. 2. v. l., 77 u. 4. v. l., 87 o. l., 63 u., 121 M., 159 u., 207 M., 234; Franz Marc Frei 64, 89 u. l., 95 o. l., 95 u., 135 o. l., 152, 227 u. r.; Yves Gellie 43 u. l.; Audrey Gibson 212; Xavi Gomes 155 M.; Larry Dale Gordon 180, 183 u.; Philip Gould 224; Annie Griffiths Belt 51 o. l., 51 u., 211 u., 188/189 u. 3. v. l.; Darrel Gulin 17 u.; Rainer Hackenberg 141 o. r.; Robert Harding 69 u., 151 o. r., 189 u. 5. v. l., 213 u. r., 215 u., 217 u., 225 o. l., 225 u.; Blaine Harrington III 65 u. r., 209 u., 217 M.; Brownie Harris 197 o. l.; Thomas Hartwell 16; Martin Harvey 9 u. 4. v. l.; Jason Hawkes 116; Dallas and John Heaton 75 u.; Lindsay Hebberd 27 u. 5. v. l.; Chris Hellier 147 u.; Jon Hicks 23 o. r., 55 M., 55 u., 71 u. l., 89 o., 89 u. r., 101 o. l., 101 o. r., 101 u., 109 o., 109 u., 136; David Higgs 112; So Hing-Keung 59 o.; Andrew Holbrooke 219 u. r.; Robert Holmes 18, 203 o. r., 223 u., 239 u. r.; Angelo Hornak 117 o. r.; Jeremy Horner 56, 57 u., 117 o. l., 119 u. l., 164, 173 u.; Dave G. Houser 20, 83 u. r., 129 u. l., 159 o. l., 209 o. r., 227 u. l.; K. Imamura 77 u. 5. v. l., 127 o. r.; Hanan Isachar 29 o. l., 51 o. r.; Harald A. Jahn 131 u. l.; Ladislav Janicek 93 o. l., 105 o., 113 o. l., 133 o., 160; Andrea Jemolo 93 o. r.; Wolfgang Kaehler 74, 75 o. l., 161 o., 133 u., 237 o. r.; Catherine Karnow 68, 79 M.; Ed Kashi 40, 41 u., 42, 143 u. l.; Layne Kennedy 78, 201 o.; Michael John Kielty 109 M.; Karl Kinne 214; Kit Kittle 195 u. l.; Richard Klune 80, 81 o. r., 85 M., 97 u., 102, 103 o., 103 M., 103 u., 145 o., 139 u., 217 o., 221 o. r., 228/229, 229 u. 5. v. l., 231 o. r., 235 o., 239 u. l.; Wilfried Krecichwost 228/229 u. 3. v. l., 237 o. l.; Bob Krist 5 o., 6/7, 59 u. l., 73 M., 79 o., 150, 153 u. l.; Robert Landau 128, 219 o.; Otto Lang 143 o.; Danny Lehman 28, 83 u. l., 140, 166, 169 o. r.; Charles & Josette Lenars 177 o. l., 229 u. 4. v. l.; Michel Lewis 187 u. l.; Chris Lisle 33 o., 57 o. l., 61 M., 61 u., 67 o., 69 o. l., 88, 91 o., 91 u.; Liu Liqun 31 M.; Xiaoyang Liu 46, 47 o., 47 M.; Yang Liu 26/27; London Aerial Library 119 o. r.; Araldo de Luca 4; Frank Lukasseck 27 u. 4. v. l.; Ludovic Maisant 113 o. r.; William Manning 125 u. r.; Buddy Mays 129 u. r., 185 o. l.; Gunter Marx 191 u.; Gideon Mendel 23 o. l.; Samer Mohdad 41 M.; Gail Mooney 145 M.; Momatiuk-Eastcott 9 u. 5. v. l.,115 o.; Sally A. Morgen 191 o. l.; Francoise de Mulder 11 o. r., 11 u.; Colin McPherson 99 o.; Mike McQueen 58; Lance Nelson 76/77; Clive Newton 45 o. r.; Michael Nicholson 161 M., 132, 133 M.; Richard T. Nowitz 25 M., 79 u., 93 u., 94, 95 o. r., 107 o. l., 119 u. r., 178, 179 u. r., 190, 221 u.; Charles O'Rear 8/9 u. 3. v. l., 24, 25 u.; Diego Lezama Orezzoli 182; Christine Osborne 14; Karlheinz Oster 5 u., 157 u. r., 238; Parrot Pascal 11 o. l.; P. Pet 8 u. 1. v. l., 19 o.; Sergio Pitamitz 26 u. 1. v. l., 38, 39 o., 125 u. l., 141 o. l., 144, 171 u., 163 u. 4. v. l., 187 o.; Ann Purcell 173 o.; Carl & Ann Purcell 21 u.; Louie Psihoyos 53 o., 126; Jose Fuste Raga 13 M., 23 u., 25 o., 32, 33 u. r., 34, 36, 37 o. l., 37 o. r., 37 u., 47 u., 52, 55 o., 62, 65 u. l., 71 u. r., 72, 73 o., 87 o. r., 92, 114, 125 o., 138, 151 u., 154, 162 u. 1. v. l., 183 o., 186, 218, 236, 239 o.; Steve Raymer 82, 84, 85 u., 96, 90; Vittoriano Rastelli 30; Carmen Redondo 19 u. r., 43 o., 115 u. r.; Roger Ressmeyer 215 o. r.; Connie Ricca 211 M.; Joel W. Rogers 162/163 u. 3. v. l.; Galen Rowell 81 o. l.; Bill Ross 198, 205 o., 208, 209 o. l., 223 M.; Guenter Rossenbach 13 u., 15 o. l., 135 u.; Rachel Royse 137 o.; Thomas Rubbert 139 M.; Anders Ryman 15 u.; David Sailors 73 u., 188 u. 2. v. l., 213 o.; Santos 134; Christian Sarramon 107 o. r.; Alan Schein 188 u. 1. v. l., 226; Michel Setboun 146, 147 o. r.; Stephanie Sinclair 44; ML Sinibaldi 26/27 u. 3. v. l., 65 o., 76/77 u. 3. v. l., 124, 151 o. l.; Greg Smith 176; Rainer Schmitz 111 o. r.; Schmitz-Söhnigen 111 o. l., 111 u.; Lee Snider 203 u.; Joseph Sohm 199 o., 202, 210, 220, 222; Paul A. Souders 49 u., 63 o. l., 81 u., 161 u., 189 u. 4. v. l., 192, 193 M., 195 o., 232; Herbert Spichtinger 91 M., 131 o.; Hubert Stadler 177 u., 184, 185 o. r., 194; Mark L. Stephenson 53 u. r.; Kurt Stier 83 o., 87 u.; Vince Streano 153 u. r.; Eberhard Streichan 147 o. l.; Keren Su 48, 49 M., 100, 107 u.; Rudy Sulgan 195 u. r., 197 u., 205 u. l., 205 u. r., 206; Svenja-Foto 115 u. l., 169 o. l.; Murat Taner 35 u., 108, 117 u., 137 u. l., 137 u. r.; Liba Taylor 123 o. r.; Arthur Thévenart 39 u. r., 54; Jouanneau Thomas 142; Paul Thompson 97 o.; Thierry Tronnel 121 o.; Peter Turnley 59 u. r.; Penny Tweedie 233 u. l., 233 u. r.; Sandro Vannini 98, 105 u. l., 139 o., 149 o., 149 u. r., 153 o.; Pablo Corral Vega 163 u. 5. v. l., 165 u., 170, 171 o. l., 171 o. r., 175 u. l., 175 u. r.; Francesco Venturi 85 o., 165 M.; Brian A. Vikander 39 u. l., 67 M.; Patrick Ward 76 u. 1. v. l., 106, 155 o., 156, 157 o., 227 o.; David H. Wells 26 u. 2. v. l., 50; Nik Wheeler 13 o., 75 o. r., 123 u., 165 o., 167 u. r., 168, 197 o. r., 223 o.; WildCountry 118; Peter M. Wilson 17 o., 162 u. 2. v. l., 191 o. r.; Adam Woolfitt 135 o. r., 143 u. r., 173 M.; Alison Wright 41 o., 43 u. r., 61 o.; Michael S. Yamashita 35 o. l., 45 o. l., 45 u., 66, 237 u.; Bo Zaunders 99 u. l.; David Zimmerman 188/189, 204, 207 u.; Daniel Zheng 67 u.; Jim Zuckerman 130, 162/163

© Getty Images: Jerry Alexander 122

© Gerhard Klimmer: 193 o., 193 u., 231 u., 235 M., 235 u.

© MEV: 215 o. l., 225 o. r.

© Thomas Uhlig: 207 o., 129 o., 228 u. 1. v. l., 230, 231 o. l.